सुनो आनन्द !

(भगवान् बुद्ध पर आधारित उपन्यास)

सुनो आनन्द!

रामजी प्रसाद 'भैरव'

लोकभारती प्रकाशन

लोकभारती प्रकाशन
पहली मंजिल, दरबारी बिल्डिंग, महात्मा गाँधी मार्ग
इलाहाबाद-211 001
वेबसाइट : www.lokbhartiprakashan.com
ईमेल : info@lokbhartiprakashan.com
शाखाएँ : 1-बी, नेताजी सुभाष मार्ग, दरियागंज
नयी दिल्ली-110 002
अशोक राजपथ, साइंस कॉलेज के सामने
पटना-800 006
36-ए, शेक्सपियर सरणी, कोलकाता-700 017

प्रथम संस्करण : 2017

आस्था पेपर कन्वर्टर
इलाहाबाद द्वारा मुद्रित

SUNO ĀNAND
by Ramji Prasad 'Bhairav'

ISBN : 978-93-86863-12-6

मूल्य : ₹ 400

समर्पण

भगवान् बुद्ध के
प्रदत्त जीवन-मूल्यों
के प्रति आस्थानत
मनुष्य जाति के लिए

लेखन से पूर्व

भगवान् बुद्ध का जीवन व उनका दर्शन भटक रहे मानव मूल्यों को पुनर्स्थापित करने में अत्यन्त सहायक सिद्ध हुआ। बुद्ध का दर्शन सामाजिक चेतना में अभिवृद्धि करनेवाला वैश्विक दर्शन है। बुद्ध ने हमें प्रेम, अहिंसा, करुणा, मैत्री का जो पाठ पढ़ाया वह आज भी प्रासंगिक है। उनके जीवन पर उपन्यास लिखना चुनौती भरा कदम था। मेरा उद्देश्य धर्म ग्रन्थ लिखना नहीं था, अपितु बुद्ध के जीवन का सांगोपांग वर्णन करना था। लिखते समय मेरे मन में यह विचार अवश्य था कि एक ऐसा उपन्यास लिखूँ जो साधारण भाषा में जनसाधारण के लिए हो। हर किसी के लिए जटिल धर्मग्रन्थों का अध्ययन सम्भव नहीं है। पर इससे बुद्ध के विचारों की प्रासंगिकता समाप्त नहीं होती। दिनोंदिन मनुष्य का जीवन जटिल होता जा रहा है, ऐसे में बुद्ध का जीवन दर्शन ही दुःख मोचक एवं सहायक सिद्ध होगा। स्वयं तथागत का भी यही उद्देश्य था, हर प्राणी दुःख से मुक्त हो जाये। तथागत ने हर जाति, वर्ग के साधारण-से-साधारण व्यक्ति के लिए भी निर्वाण का मार्ग प्रशस्त कर दिया। यह तत्कालीन परिस्थितियों के लिए आवश्यक कदम था। मैंने कथानक के लिए उनके निर्वाण के अन्तिम तीन महीने को चुना है, इन तीन महीने में उनके जीवन का अधिकांश हिस्सा समेटने का प्रयास किया है, उनके विचार एवं व्यक्तित्व को चन्द पन्नों में सहेज पाना सम्भव नहीं है, फिर भी मैंने धृष्टता की और जहाँ तक हो सका मैंने उपन्यास में लिखने का प्रयत्न किया है।

मेरे घर से सम्बोधि स्थल सारनाथ की दूरी महज पचीस किमी. है। परन्तु मेरे मन में यह प्रश्न काफी दिनों से था कि क्या बुद्ध से जनसाधारण लोग परिचित हो पाते हैं, उन्हें पढ़ पाते हैं, सम्भवतः नहीं। कुछ अपने वैचारिक रूढ़ता के कारण तो कुछ धर्म जटिल व्यवस्था के कारण। उपन्यास विधा की लोकप्रियता में उन्हें प्रस्तुतकर उनके जीवन दर्शन को अधिकाधिक पाठकों तक पहुँचाना ही मेरा उद्देश्य है। कुछ विद्वानों ने उनके दर्शन को नास्तिक दर्शन कहकर खारिज किया है, यह उनकी सोच है, इस बारे में मुझे कुछ नहीं कहना है। जिसको बुद्ध के जीवन और उनके दर्शन में रुचि होगी। वह निश्चय ही इस उपन्यास को स्वीकृति देंगे। जिस समय बुद्ध अपने उपदेश दुनिया-भर में फैला रहे थे, उस समय प्रचलित धर्म, सामाजिक जीवन में विद्रूपता में

हाथ डालने से भयभीत थे। कोई धर्म जब सामाजिक दायित्वों से भटक जाये तो अपने पद से च्युत हो जाता है और यही दशा तत्कालीन परिस्थितियों में थी। जब धर्म से मनुष्य को कोई सम्बल नहीं मिल पा रहा था, चारों तरफ रूढ़िवादी तन्त्र-मन्त्र, टोने-टोटके, हिंसा, ढोंग आदि से जीवन आच्छादित हो चुका था। ऐसी परिस्थितियों में बुद्धदेव का प्रार्दुभाव सुषुप्त हो चुकी मानवीय चेतना को झकझोरने व उन्हें उन्नत करने का कार्य किया।

उपन्यास से जो कुछ थोड़ा बहुत आप जान पायेंगे, वही मेरी उपलब्धि व सार्थकता होगी।

यहाँ मृत्युशय्या पर बुद्धदेव द्वारा सुदत्त को दिये उपदेश का जिक्र करना चाहूँगा। **"सुनो सुदत्त! मृत्यु का भय व्यर्थ है, इससे मनुष्य को शारीरिक व मानसिक सुख नहीं मिलता, वह वर्तमान व भविष्य दोनों में कष्ट उठाता है। जो काम पहले करना हो, उसे पहले ही करना चाहिए तथा जीवन में द्वेषरहित सत्यभाषण करना चाहिए। जिस प्रकार हवा के तेज बहाव से पर्वत कम्पित नहीं होते, उसी प्रकार सज्जन व्यक्ति निन्दा से।"**

—रामजी प्रसाद 'भैरव'

चलते-चलते बुद्ध ने कुछ थकान-सी अनुभूति की। मार्ग की दुरूहता, ऊपर से शरीर की जीर्णता दोनों के इस संयोग से उनकी श्वास भी तेज हो चली थी। उन्होंने एक शिला का सहारा लिया। विश्राम से बिखरती ऊर्जा एकीकृत हो उठती है। आनन्द मौन होकर, पास बैठ गया और पैर दबाने लगा।

बुद्ध आनन्द के सिर पर हाथ फेरते हुए बोले, "सुनो आनन्द!"

"जी भगवन्!" आनन्द ने पैर दबाते हुए बुद्ध के मुखमण्डल को निहारा। एक नैसर्गिक आभा सदा उनके मुख की कान्ति को बढ़ाती रहती थी। शरीर की जीर्णता ने भले ही मांसपेशियों को ढीला कर दिया हो, परन्तु तपश्चर्या का तेज पूर्ववत् दीप्तमान् था।

"आनन्द! आज से तीन महीने बाद मैं निर्वाण को प्राप्त करूँगा।" कहकर बुद्धदेव आकाश की अनन्तता में कुछ निहारने लगे। मगर आनन्द के कर्णपटल में घुसकर वह वाक्य शरीर के रक्त प्रवाह को जैसे एकाएक रोक दिया हो। हृदय का स्पन्दन भी आश्चर्य से ठिठक गया, देव के चरणों को दबा रहे हाथ भी काष्ठवत् जड़ हो गये। आनन्द के चेहरे का तेज जाने कहाँ गायब हो गया, उसका स्थान पाण्डुरता ने ले लिया। जिह्वा तालू से चिपक गयी। कण्ठ में कुछ अवरोध आ खड़ा हुआ। भगवन् अनन्त विहार से लौट चुके थे। उन्होंने पुनः आनन्द के सिर पर हाथ फेरा, जैसे पिता वत्सलता में आपूरित हो पुत्र के शरीर पर हाथ फेरता है। विलुप्त हो चुकी चेतना लौट आयी। शरीर में रक्त संचार शुरू हो गया, पाण्डुरता गायब हो गयी। आनन्द की आँखों से आँसू निर्झर के समान बहने लगे। रुँधे हुए कण्ठ से स्वर फूटा—"भगवन्!"

बुद्ध उसी तरह शान्त थे। भला उनके लिए भी यह कोई सम्भावित घटना थी। आँसू की कुछ बूँदें बुद्ध के चरणों पर पड़ीं।

"मेरे उपदेश निरर्थक हैं आनन्द!"

"नहीं भगवन्!"

"फिर ये आँसू।"

"यह जानते हुए कि मनुष्य आसक्ति के कारण भ्रमित हो जाता है, परन्तु क्या करूँ देव! मैं अपनी भावनाओं पर नियन्त्रण नहीं कर पाया।"

"जिसके सामने लक्ष्य होता है, उसे अपनी भावनाओं पर नियन्त्रण करना पड़ता है, जैसे मैंने गृह त्याग के समय किया था।" बुद्ध उसी तरह आनन्द के सिर पर हाथ सहलाते हुए बोले।

"भूल हुई देव!" आनन्द ने दोनों हाथ जोड़कर कहा।

"मत भूलो आनन्द कि मेरे निर्वाण प्राप्त करने के पश्चात्, संघ के मार्गदर्शन की जिम्मेदारी तुम्हारी होगी और तुम्हारे बाद, उपालि संघ के लिए मेरे नियमों को आबद्ध करेगा।"

"मुझे इस बात की अब भी स्मृति है आनन्द कि पिता द्वारा मुझे अनेक सुख-सुविधाएँ प्रदान की गयी थीं। जब से मैंने होश सँभाला, स्वयं को वैभव में आबद्ध पाया। सैकड़ों की संख्या में अनुचर-अनुचरी मेरे आदेश की प्रतीक्षा में रहते थे। इसका लाभ उठाकर मैं अनुचरों को अनावश्यक तंग भी कर डालता था। यह मेरी बालसुलभ बुद्धि करवाती, मैं करता और प्रसन्न होता। प्रायः सभी बालकों में ऐसे गुण होते हैं, मेरे अन्दर भी थे। पर अचानक मेरे अन्दर से बाल चेष्टाएँ समाप्त हो उठीं, मैं राजकीय सुविधाओं के प्रति विरक्त हो उठा, मन उद्विग्न हो गया, परन्तु क्यों? यह उस समय मेरी समझ के बाहर था। परेशान अनुचर, पिताश्री तक मेरे व्यवहार परिवर्तन की सूचना देते। वह चिन्तित हो, मन्त्रिपरिषद् के खास सदस्यों से परामर्श करते और मेरी सुविधाएँ बढ़ा दी जातीं।"

कुछ क्षण रुककर आनन्द की ओर देखते हुए बोले—"सुन रहे हो न आनन्द!"

"हाँ भगवन्!" आनन्द बोला।

"हृदय की सबसे कोमल प्रस्तुति है स्मृति, इस पर मस्तिष्क का कठोर नियन्त्रण नहीं हो पाता। शायद यह अवस्था का दोष है। जानते हो आनन्द, मुझे लुभाने और प्रसन्नचित्त रखने के प्रयास जारी रहे। परन्तु यह मेरी इच्छा पर होता, कभी-कभी तो मैं इतना प्रसन्न हो जाता कि पिताश्री भी खिलखिला उठते, पर मेरे मन में संसार को लेकर अनेक प्रश्न होते थे। जिसका उत्तर मुझे बड़ी कठिनाई से मिलता या फिर भ्रामक। संसार का आकर्षण तर्क की कसौटी पर खरा नहीं उतरता, जैसे सूर्य पूर्व दिशा से क्यों निकलता है, पश्चिम से क्यों नहीं। आकाश में बिखरे तारे इतने दूर क्यों हैं, नजदीक होते तो हाथ से छू लेता। चन्द्रमा दिन में निकले और सूर्य रात में तो क्या होगा। वर्षा की बूँदें इतनी छोटी क्यों होती हैं, वह गेंद के समान बड़ी होतीं तो कैसा लगता। प्रायः सभी लोग परेशान हो मुझे सन्तुष्ट करने का प्रयास करते, परन्तु मुझे प्रसन्नता नहीं होती।"

इन सब परिस्थितियों के बीच में मैंने कब बचपन त्यागकर, किशोरवय में प्रवेश किया, इसका तो मुझे आभास तक नहीं हुआ। किशोरावस्था शारीरिक और मानसिक

परिवर्तन का समय होता है। इसे भाँपकर पिताश्री मुझे अनेक उत्सवों में ले जाने लगे। जहाँ कुशल नर्तकियों द्वारा नृत्य गान होता। नर्तकियाँ अपनी भाव-भंगिमा से मेरे हृदय पर आधिपत्य जमाने का प्रयत्न करतीं, मुझे छूतीं, मेरे मन-मस्तिष्क को तरंगित करने का प्रयत्न करतीं परन्तु सांसारिक राग-विलास मुझे आकर्षित नहीं कर पाते। मैं कब उठकर अपने कक्ष में चला जाता, यह मेरे मन पर निर्भर करता। और मेरे जाते ही तत्क्षण नृत्य-गान, हास-परिहास का वातावरण थम जाता। मुझे याद है आनन्द! यशोधरा से मेरा विवाह, सांसारिक रिश्तों के प्रति राग पैदा करने के लिए शीघ्रता में किया गया। यह मेरे पिता की दुश्चिन्ता का परिणाम था। मुझे बहुत बाद में पता चला कि ज्योतिषियों ने मेरे भविष्य की कल्पना पिताश्री के समक्ष रखी थी। उन्होंने यह भी कहा था, "कि आपका पुत्र, चक्रवर्ती सम्राट् बनेगा या फिर चक्रवर्ती श्रमण, अच्छा होगा कि आप अपने पुत्र को सांसारिकता के मोहपाश में बाँधने का यत्न करें। शायद यही डर पिताश्री के मन में बैठ गया कि बड़ा होकर मैं कहीं श्रमण न बन जाऊँ, अन्यथा कठिन श्रमसाध्य से जुटाये गये इस राजकीय वैभव का क्या होगा। वंश वृद्धि का क्या होगा। मैं यह नहीं जानता कि उन भविष्यवेत्ताओं की बातें कितनी सत्य थीं, परन्तु इतना तो अवश्य था कि विलासिता के वस्तुओं की अधिकता, मुझे पारिवारिक परिस्थितियों से दूर ले जाने लगी।"

आनन्द उसी तरह बैठा पैर दबा रहा था। बुद्धदेव ने पुनः कहा, "आनन्द! एक बात तो सत्य है कि यशोधरा से पूर्व किसी स्त्री से मेरे रागात्मक सम्बन्ध नहीं थे। किशोरावस्था में जहाँ विपरीतलिंगी के प्रति आकर्षण स्वाभाविक होता है, वहीं मेरे मन में कुण्ठा के भाव थे, जो वितृष्णा पैदा करते थे। अब सोचता हूँ तो लगता है कि जन्म लेते ही मैंने माँ को खो दिया इसलिए वह मातृत्व सुख का वात्सल्य आपूरित प्रेम कहाँ से क्रय होकर आता। मौसी गौतमी का स्नेह कठोर अनुशासन से आबद्ध था जिसने वय वृद्धि के साथ ही मुझे चिड़चिड़ा बना दिया। इस कठोर अनुशासन ने मुझे इतना कुण्ठित किया कि मैं राजसी सुखों से चिढ़ने लगा। और कई बार पलायन के भाव उभरे। परन्तु पिताश्री के प्रति आसक्ति ने मुझे रोक दिया। महाराजश्री की चिन्ता फिर बढ़ी, शुभचिन्तकों ने परामर्श दिया कि युवराज का विवाह शीघ्र कर देना उचित होगा। क्योंकि इस वय में किशोर तथा किशोरी कुण्ठा की स्थिति में आत्मघात, पलायन व विद्रोह का स्वर मुखर देते हैं। युवराज कोमल हृदय के सहिष्णु युवा हैं। उनकी भावनाओं का मूल्यांकन समय रहते किया जाना सर्वथा उचित होगा।"

"एक बात तो सत्य है आनन्द! कि वैभव और सुख के चरम सोपान ने मुझे बाहरी दुनिया से साक्षात्कार करने नहीं दिया। मनुष्य के लिए समाजीकरण की प्रक्रिया आवश्यक अंग होती है। परन्तु एक बात के प्रति सचेष्ट रहना अति आवश्यक है कि वह कहीं एक निश्चित समाज के चक्रव्यूह में तो नहीं फँस गया है। जैसे कि मैं फँस गया था। आनन्द ने आश्चर्य व्यक्त किया।" आप? वह कैसे भगवन्!

"भन्ते! पिता द्वारा दी गयी सुविधाओं ने दुःख की कल्पना तक नहीं आने दी। उम्र का प्रथम चरण पूरा करने तक मुझे नहीं पता चल पाया कि दुःख क्या होता है।" बुद्धदेव ने कहा।

"तो क्या सचमुच भगवन्, आप दुःख जानते ही नहीं थे। यह सुनकर अत्यधिक आश्चर्य होता है।" आनन्द ने कहा।

"ऐसा नहीं था आनन्द कि दुःख की अनुभूति मुझे नहीं थी। बल्कि दुःख को चिह्नित करने की बुद्धि मेरे अन्दर नहीं थी।"

"ऐसा कैसे सम्भव है देव, पाँच से सात वर्ष की आयु तक के बच्चे में यह अनुभूति तो होने लगती है।"

"मैंने पहले ही कहा था आनन्द, कि दुःख की अनुभूति मुझे थी, परन्तु चिह्नित कर पाने में असमर्थ था।"

"ऐसा क्यों भगवन्!" आनन्द ने जिज्ञासा प्रकट की।

"इसके पीछे प्रमुख कारण यह था कि पिताश्री को ज्योतिष विद्या पर पूर्ण आस्था थी। मैंने पूर्व में जिन ज्योतिषियों की चर्चा की थी, उन्होंने यह भी निर्देश दिया था कि मेरे युवा होने तक क्लेश से साक्षात्कार न होने दिया जाये। क्योंकि मेरे हाथ की रेखाएँ बताती थीं कि दुःख से आच्छादित होने पर, मैं संसार से पलायन कर जाऊँगा। जिसकी जानकारी मुझे प्रजापति माँ गौतमी ने बुद्ध बनने के बाद, एक चर्चा के दौरान दी थी।" बुद्धदेव कुछ गम्भीर होकर चुप हो गये, जैसे पूर्व स्मृति में विहार कर रहे हों। फिर अचानक ही बोल पड़े—"जानते हो आनन्द! माता गौतमी ने क्या कहा था!"

"नहीं भगवन्!"

"हुआ वही जिसका मुझे डर था।" माता ने कहा।

"डर कैसा माते!" मैंने जिज्ञासा प्रकट की। फिर उन्होंने मुझे ज्योतिषियों द्वारा मेरे जन्म के बाद कुण्डली के सारे लेखा-जोखा बताये। "मुझे हँसी आयी कि मनुष्य भवितव्यता को भी बाँधने की जड़ता करता है।"

"मैंने उस दिन भी बहुत हठ किया था, नगरीय आकर्षण के बारे में सुना तो मेरे युवा मन में, देखने की अभिलाषा हुई। क्योंकि (यशोधरा) गोपा अत्यन्त मृदुभाषी, सहृदय और मेधासम्पन्न युवती थी। विवाह के उपरान्त जाने कब मैं उसके प्रेम में बिंधा, यह मुझे नहीं पता चल पाया। उसका सान्निध्य मुझे खूब भाता था। क्योंकि मेरे जिज्ञासु मन को उसकी तार्किक बातें शान्त कर देती थीं। उसने ही मुझे नगरों के बारे में अच्छी-अच्छी बातें बतायीं, जिन्हें मैं बड़े कौतूहल से सुनता रहता था। मेरे मन में एक दिन नगर घूमने की इच्छा हुई। यद्यपि मैंने नगर भ्रमण कई बार किया था, पर वह दृष्टिकोण विकसित नहीं था, जो गोपा के कथोपकथन में पाया।" मैंने यह बात गोपा को बतायी, गोपा ने समर्थन किया और कहा, "आपको भविष्य में कपिलवस्तु क[illegible] बनना है। ऐसे में अपने राज्य का निरीक्षण आवश्यक है। मैं पिताश्री से बात करूँ

"बात महाराजश्री तक पहुँची। गोपा ने बड़े तार्किक ढंग से पिताश्री को समझाया। उन्हें यह जानकर प्रसन्नता हुई कि मेरे अन्दर सकारात्मक परिवर्तन हो रहे हैं। उन्होंने छन्दक को बुलाने का आदेश दिया। छन्दक एक प्रौढ़ व्यक्ति था। उसके पास अच्छा अनुभव होने के साथ तर्कशक्ति भी थी। वह कुशल रथसंवाहक था। पिताश्री ने कुछ कठोर निर्देश देने के साथ ही, मुझे नगर भ्रमण कराने की जिम्मेदारी सौंपी। साथ ही मन्त्रिपरिषद् को कड़ा निर्देश दिया कि वे लोग इतनी सावधानी बरतें की कोई भी दुःखी, रुग्ण, अपाहिज, वृद्ध, याचक तथा शव उस मार्ग से न गुजरें जिस मार्ग से मेरा रथ गुजर रहा हो।"

"महाराजश्री के आदेश का कठोरता से पालन किया गया, मेरे नगर भ्रमण के दौरान चिह्नित वर्ग को रोक दिया गया। महल के मुख्य द्वार से लेकर नगर के प्रमुख स्थलों पर विशेष रूप से मेरे स्वागत की तैयारियाँ की गयी थीं। सड़कों के दोनों किनारों पर राज्य के स्त्री-पुरुष तथा बच्चे अपने युवराज यानी मुझे देखने के लिए प्रतीक्षारत थे। उनकी आँखों में उत्साहपूर्ण चमक थी। सड़कों को खूब साफ-सुथरा कर, पानी का छिड़काव किया गया था। बल्कि भीड़-भाड़वाले स्थल पर तोरणद्वार बनाये गये थे। मार्ग में पुष्प भी बिछाये गये थे।"

बुद्ध एकाएक रुक गये फिर बोले—"क्यों आनन्द! मेरी बातें तुम्हें उबा तो नहीं रही हैं।"

आनन्द बोला—"नहीं भगवन्! मुझे तो आपकी बातों में अत्यधिक रुचि हो रही है। मैं सोचता हूँ कि आपके संस्मरण को सांगोपांग सुनने का क्रम भंग ही न हो।"

"हाँ आनन्द! तुम सत्य कहते हो। मनुष्य का यह दायित्व भी होता है कि शरीर त्याग से पूर्व योग्य पात्र तलाशकर अपने जीवन की संचित सम्पूर्ण विरासत सौंप दे। जैसा कि मैं कर रहा हूँ।" गौतम ने कहा।

"मेरा भाग्य है भगवन्!" आनन्द अभिभूत हुआ। बुद्ध एकाएक खड़े हो गये और साथ चल रहे श्रमणों को सम्बोधित करते हुए बोले—"मेरे प्रिय महानुभावो! अब मैं आनन्द के साथ आगे के लिए प्रस्थान करूँगा। वे श्रमण यहीं रुक जायँ, जो आगे चल पाने में असमर्थ हैं या इच्छा न रखते हों।"

श्रमणों ने समवेत स्वर में कहा, "नहीं भगवन्! हम सभी आपके साथ चलेंगे।"

"परन्तु यह मेरा निर्देश भी है और आप यह मत सोचिये कि मेरी रिक्तता आपको महसूस होगी। यह मेरा दण्ड आप लोगों के पास ही रहेगा।" बुद्ध ने समझाया।

"किन्तु भगवन्!" आनन्द बोला।

"नहीं आनन्द! अब मुझे इस दण्ड की आवश्यकता नहीं। अब मुझे तुम्हारे कन्धे की आवश्यकता है।" कहकर उन्होंने अपना दायाँ हाथ आनन्द के कन्धे पर रख दिया।

"आओ चलें!" वह चल पड़े। श्रमण उन्हें अश्रुपूरित विदाई दे रहे थे। शायद यह उनका अन्तिम दर्शन था।

●

सम्राट् मिंगटों अपनी शय्या से हड़बड़ाकर उठ बैठे। आँखों से नींद गायब हो चुकी थी। पास रखे पानी के बरतन से पानी निकाला, पिया और हृदय के स्पन्दन को सामान्य होने की प्रतीक्षा करते रहे। फिर बड़बड़ाये कौन था वह? बची हुई रात आँखों में काटी। प्रभात होते ही सम्राट् ने समस्त धर्माचार्यों को दरबार में उपस्थित होने का निर्देश दिया। दूत ने शीघ्रता से सभी धर्माचार्यों को सूचित किया कि सम्राट् मिंगटों ने एक महत्त्वपूर्ण बिन्दु पर परामर्श हेतु स्मरण किया है।

चीन के सम्राट् मिंगटों का पूरा दरबार आज विचित्र चिन्ता में है। कौन-सी दैवीय विपत्ति राज्य के ऊपर आनेवाली है। कौन था वह, श्रमणवेशधारी, ताम्रवर्णी शरीर का वह पुरुष जिसके मुखमण्डल पर इतना तेज था। उसके शरीर से निकली किरणें पूरे चीनी राज्य को अपने आगोश में ले रही थीं। मिंगटों थका-हारा सोने का प्रयत्न कर रहा था। उस दिन की धर्म-चर्चा ने बेहद थका दिया था। परन्तु कोई निश्चित निष्कर्ष नहीं निकल पाया। भटक रहे मानव-मूल्य को सँभालना सम्राट् का कर्त्तव्य होता है। मिंगटों इन्हीं चिन्ताओं में अक्सर ही बैठकें करते और धर्माचार्यों से बहसकर चीनी जनता के जीवनस्तर उठाने के लिए विभिन्न ग्रन्थों का निर्माण करवाते। वह जगह-जगह से आनेवाले आचार्यों और धर्मोपदेशकों के विचारों को विमर्शकर, जनता में प्रचार-प्रसार करवाते। जहाँ तक हो सकता वह अपनी प्रजा के नैतिक स्तर को भी ऊँचा उठाने की कोशिश करते। परन्तु क्या यह घटना किसी विपत्ति का सन्देश देना चाहती है। इस रहस्य को जानने के लिए उन्होंने यह बात अपने मन्त्रिपरिषद् व धर्माचार्यों के समक्ष रखी। काफी देर सन्नाटा रहा फिर महामन्त्री किं शु ने कहा—"सम्राट् मेरी समझ से इस स्वप्न के लिए इतना चिन्तित होने की आवश्यकता नहीं है। यह मानसिक थकान का परिणाम है।" वहीं बैठे मन्त्रिपरिषद् के एक अन्य मन्त्री तवांग ची ने कहा—"सम्राट्! यह स्वप्न आपके द्वारा एक ही विषय पर अत्यधिक चिन्तन का परिणाम है, जिसकी कल्पना से आपने किसी श्रमण जैसे व्यक्ति को देखा है।"

आचार्य कूं शूं ने कहा, "मैं आप लोगों के विचार से सहमत नहीं हूँ। यह निश्चय ही कोई दैवीय शक्ति है जो व्यग्रता से हमारे राज्य में भ्रमण कर रही है।"

महामन्त्री किं शु ने कहा, "आचार्य दैवीय शक्तियाँ सिर्फ किताबों में होती हैं। हम केवल मानवी शक्ति को मानते हैं।"

"महामन्त्री! मानवी शक्तियों को भी सम्बल दैवीय शक्तियों से ही मिलता है।" आचार्य कूं शूं ने कहा। मन्त्री तवांग ची ने भी आचार्य की बातों का खण्डन करते हुए कहा, "ऐसी व्यर्थ की बातों से सम्राट् भ्रमित होंगे, स्वप्न सिर्फ स्वप्न होता है। उसे किसी शक्ति से जोड़कर देखना मूर्खता है।"

इस तरह आचार्य की बातों का खण्डन होता देख सम्राट् आक्रोशित हो उठे और आँखें बड़ी-बड़ी कर बोले—"अपने स्वप्न का खण्डन तो मैं सुन सकता हूँ परन्तु आचार्य की बातों को हलके में लेनेवाले का सिर काट लूँगा।"

वह कुछ उपहासात्मक मुद्रा बनाकर विनीत भाव से बोला—"जरूर काट लीजिये सम्राट्, मगर इसे आचार्य को सिद्ध करना होगा।" इतना कहकर तवांग ची ने मन्त्रिपरिषद् की ओर देखा।

अब चुनौती सीधे आचार्य की ओर थी। मन्त्रिपरिषद् के अधिकांश सदस्यों ने स्वीकृति दी। मगर सम्राट् मिंगटों नहीं चाहते थे कि आचार्य के ज्ञान व सिद्धियों की परीक्षा ली जाय। वह बोले—"इसकी कोई आवश्यकता नहीं है। हम आचार्य की बातों से सहमत हैं।"

"नहीं सम्राट्! जो लोग केवल धन को सबसे बड़ी शक्ति मानते हैं, उन्हें अन्य शक्तियों का आभास तक नहीं होता।" इतना कहकर आचार्य ने आँखें बन्दकर ध्यान मुद्रा बनायी।

महामन्त्री किं शू ने तवांग ची की ओर देखा और नेत्रों के माध्यम से विचार-विनिमय किया।

"देखा तवांग! आचार्य की धूर्तता, आँख खोलते ही यह कोई गल्प गढ़ेगा।"

"हाँ, महामन्त्री! इस आचार्य ने सम्राट् को इतना प्रभावित कर लिया है कि वह राज्यविस्तार की चर्चा छोड़ केवल धर्मभीरुता की बातें करते हैं।"

"अब देखना तवांग! आचार्य कैसी चिकनी-चुपड़ी बातें करते हैं, जैसे आँख बन्द कर लेने से, उस काल्पनिक ताम्रवर्णी श्रमण से संवाद स्थापित कर लेंगे।"

महामन्त्री ने सम्राट् मिंगटों की ओर देखा। वह आस्था से परिपूर्ण श्रद्धानत आचार्य की ओर देख रहे थे। सम्राट् के दरबार में उपस्थित अन्य सभी गण्यमान्य श्रद्धा से आचार्य की ओर ही दृष्टि गड़ाये हुए थे। राजसभा में सन्नाटा पसरा था, जैसे कोई सूई भी गिरे तो उसकी ध्वनि सबके कानों तक चली जाय। कुछ देर बाद आचार्य ने आँखें खोलीं—"सम्राट्! आपका स्वप्न मिथ्या नहीं है।"

"शीघ्र बतायें आचार्य। मुझे जिज्ञासा है, आखिर वह अज्ञात श्रमण कौन है, उनका मेरे महल के ऊपर चक्कर काटने का क्या औचित्य है। क्या वह मेरे लिये कोई शुभ सन्देश लाये थे या फिर किसी अनहोनी की अग्रिम सूचना।" सम्राट् मिंगटों व्याकुल हो उठे।

"धैर्य धारण करें, सम्राट्! वह श्रमण कोई मामूली नहीं थे। बल्कि भारत भूमि के महान् श्रमण गौतम बुद्ध थे। जो संसार के मानव जाति के कल्याणार्थ जन्म लिये हैं।" आचार्य कूं शूं ने बताया।

महामन्त्री किं शु ने तवांग की ओर देखा, दोनों असहमति के भाव से मुस्करा उठे।

आचार्य बोलते रहे—"सम्राट् आपके धार्मिक पुण्यों के प्रतिफलस्वरूप गौतम बुद्ध स्वयं दर्शन देने आये थे। ऐसा उन्होंने मुझे स्वयं बताया है।"

इतना सुनना था कि महामन्त्री किं शु और तवांग ची दोनों बोल पड़े—"तो क्या आचार्य यहीं बैठे-बिठाये भारत भ्रमण कर आये।" किं शु बोला।

"और नहीं तो क्या, आचार्य अभी आपको उस श्रमण से हुई वार्त्ता को भी बतायेंगे।" तवांग ने यह बात उपहासात्मक मुद्रा में कही।

"तो क्या तुम्हें आचार्य की बातों पर कोई शंका है।" सम्राट् ने पूछा।

"नहीं सम्राट्, परन्तु राजसभा को भी इस बात की जिज्ञासा है कि उस श्रमण और आचार्य के बीच क्या बात हुई बतायी जाये।" तवांग ची ने मक्कारी के तह में लपेटकर अपनी बात रखी, जिससे किसी को शक न हो और यदि आचार्य झूठ बोल रहे हों तो उनकी पोल खुल जाये।

"तवांग! तुम्हें लगता होगा कि मेरे और श्रमण के बीच कोई वार्त्ता नहीं हुई है। मैं सम्राट् को प्रसन्न रखने के लिए कोई गल्प कह रहा हूँ।"

आचार्य कूं शूं के ऐसा कहते ही तवांग चुप हो गया। परन्तु महामन्त्री किं शु बोल पड़ा—"ऐसा नहीं है आचार्य, तवांग के कहने का अभिप्राय है आप जो कहने जा रहे हैं उसका साक्ष्य भी होना चाहिए।"

वहीं बैठे एक आचार्य ली ने कहा, "विवाद-प्रतिवाद करने से पूर्व आप लोग पहले आचार्यश्रेष्ठ की बात तो सुन लीजिये।"

"हाँ-हाँ!" राजसभा में बैठे सभी ने अपनी सहमति जतायी।

आचार्य कूं शूं ने कहना शुरू किया—"सम्राट्! गौतम बुद्ध वास्तव में आपको दर्शन देना चाहते थे, परन्तु समयाभाव के कारण वे रुक नहीं पाये।"

"समयाभाव कैसा आचार्य!" सम्राट् ने पूछा।

"इसका उत्तर उनके उद्देश्य में छिपा हुआ है।"

आचार्य कूं शूं ने कहा।

"बतायें!"

"उनका कहना है कि संसार के कल्याण के लिए बौद्ध धर्म का विस्तार आवश्यक है, जिसका सूत्रपात आपके हाथों होना है। वे चाहते थे कि उनके विचारों को संसार ग्रहण करे, ताकि जन्म-मरण के दुःख से मुक्त हो सके।" आचार्य ने कहा।

"वह सब ठीक है परन्तु उन्हें रुककर सम्राट् को सम्बोधित करना चाहिए, बीच में पलायन क्यों।" महामन्त्री ने कहा।

"महामन्त्रीऽऽ!" आचार्य चीख पड़े। कुछ क्षण के लिए सन्नाटा पसर गया। फिर स्वयं ही सन्नाटे को तोड़ते हुए बोले—"भारत के इतने बड़े श्रमण का इस देश में आना, कोई हलकी बात नहीं है। बल्कि इस देश का सौभाग्य है। हम लोग वहाँ के आध्यात्मिक क्षमता के सदा कायल रहे हैं। ऐसे में उनका हमारे देश के लिए सोचना, स्वयं चलकर आना बड़ी घटना है।"

"मेरा प्रश्न अभी वहीं है आचार्य, अगर वे आये तो वापस गये क्यों। और इस बात की पुष्टि कैसे होगी कि स्वप्न में दिखनेवाले छाया पुरुष गौतम बुद्ध थे।" महामन्त्री थोड़ा खुलकर बोला।

"सत्य तो यह है कि सम्राट् को स्वप्न आना, उनके निजी पुण्य हैं। रही बात उनके आकर वापस जाने की तो इसकी वजह भी उन्होंने बतायी है कि अब से तीन महीने बाद वह निर्वाण प्राप्त करेंगे। यहाँ आने के बाद उन्हें सूचना मिली और वे वापस लौट गये, क्योंकि इन तीन महीनों में उन्हें कई महत्त्वपूर्ण काम करने हैं।" आचार्य धाराप्रवाह बोले।

"इसका मतलब स्पष्ट है कि भारत देश में कोई गौतम बुद्ध नामक श्रमण है भी या नहीं। इसकी पुष्टि के लिए जब तक कोई वहाँ पहुँचेगा वह शरीर छोड़ चुके होंगे।" महामन्त्री पुनः बोला।

सम्राट् मिंगटों को इस बहस में सार्थकता नजर आ रही थी, परन्तु वह आचार्य का अपमान भी नहीं चाहते थे। वे बोले—"महामन्त्री! आप शायद यह भूल रहे हैं कि आचार्य अपनी आध्यात्मिक शक्तियों के बल पर संसार की श्रेष्ठ शक्तियों से सम्बन्ध स्थापित कर सकते हैं। आचार्य आपसे मैं निवेदन करता हूँ कि आप गौतम बुद्ध की वार्त्ता हमें बतायें।"

सम्राट् के निवेदन पर आचार्य ने आगे कहना शुरू किया—"गौतम ने कहा कि मेरे बाद मेरे विचारों से अवगत कराने के लिए भारत से दो श्रमण आपके पास पहुँचेंगे, परन्तु यह खोज आपको स्वयं करनी होगी। इसके बाद हमारा उनका संवाद समाप्त हो गया।" इतना कहकर आचार्य चुप हो गये।

"क्या कहते हो महामन्त्री!" सम्राट् ने पूछा।

"स्थिति स्पष्ट तब होगी सम्राट्, जब यहाँ से कोई भारत जाये और पता करे कि वहाँ गौतम नाम का कोई श्रमण है भी या नहीं।" महामन्त्री किं शु बोला।

"आप क्या कहते हैं आचार्य!" सम्राट् ने पूछा।

"मैं महामन्त्री के विचारों से सहमत हूँ क्योंकि इसमें भी उद्देश्य की प्राप्ति होती है।" आचार्य ने स्पष्ट कहा।

"आप सबकी क्या राय है।" सम्राट् मिंगटों ने पूछा।

"हम सभी यही चाहते हैं।" समवेत स्वर उभरा। सम्राट् ने सबकी बातें सुनने के बाद निर्णय सुनाया।

"आचार्य कूं शूं के विचार को आप सभी ने सुना। इस विषय पर काफी बहस हुई। उस स्वप्न के रहस्य का उद्घाटन आचार्य द्वारा किया गया। उस महान् बौद्ध श्रमण गौतम बुद्ध के विचारों को यहाँ लाने के लिए आचार्य ली और उनके साथ तवांग ची तथा कुछ सैनिक भारत यात्रा पर जायेंगे। वहाँ से बौद्ध धर्म से सम्बन्धित गौतम के विचार तथा उनका चित्र यहाँ लायेंगे। ताकि पूरे राष्ट्र को सुखमय बनाया जा सके।"

●

आनन्द पुरइन के पत्ते में जल लिये खड़ा था। गौतम बुद्ध आँखें बन्द किये थे। आनन्द तेजस्वी बुद्धदेव के मुखमण्डल को निहार रहा था, अचानक उसे जल की सुधि हुई। वह विनीत भाव से बोला–"जल लाया हूँ भगवन्!"

बुद्ध ने आँखें खोलीं। आनन्द के हाथों से जल लिया और पी गये। आनन्द ने पुनः उनके हाथों से खाली दोना ले लिया और उसे जमीन पर एक तरफ रखकर पूछने लगे–"भगवन्!"

"हाँ आनन्द, बोलो कोई जिज्ञासा है।" बुद्ध ने स्नेहसिक्त दृष्टि फेरी।

"हाँ भगवन्! जब मैं जल लेकर पहुँचा तो देखा आप मुस्करा रहे थे, क्या किसी पुरानी घटना का स्मरण हो आया।"

"नहीं आनन्द! मैं चीन के राजा मिंगटों को दर्शन देने, उनके देश गया था। परन्तु कुछ कारणवश शीघ्र लौटना पड़ा। वहाँ इस बात की बहस छिड़ी हुई थी, मेरे वहाँ पहुँचने की घटना सत्य है या मिथ्या।" बुद्ध ने कहा।

"फिर उनको विश्वास हुआ भगवन्!" आनन्द ने पूछा।

"उसकी सत्यता के लिए वह भारत आ रहे हैं। उनका ध्यान रखना और बौद्ध आचार्य काश्यप और मातंग को वहाँ भेज देना। मेरे विचारों को वहाँ स्थापित करने की जिम्मेदारी उनको दे रहा हूँ। क्योंकि वह दिन देखने के लिए मैं नहीं रहूँगा।"

बुद्ध ने स्पष्ट किया। फिर अचानक ही कहा–"और सुनो आनन्द! तुम्हारा गुरु भाई आ रहा है। जरा उसके लिए जलपान का प्रबन्ध करो।"

"कौन है भगवन्!" आनन्द ने पूछा।

"सारिपुत्त आ रहे हैं, बहुत विह्वल हैं।" वह मुस्कराये।

"विह्वल क्यों देव!" आनन्द की जिज्ञासा बढ़ी।

"यह तो उसी के मुख से सुनना, जाओ शीघ्रता करो।" आनन्द भगवान् बुद्ध के चरणों में प्रणामकर सारिपुत्त के जलपान की व्यवस्था के लिए चले गये। गौतम पुनः समाधिस्थ हो गये।

जंगल में आग की तरह यह बात फैल गयी कि गौतम बुद्ध शीघ्र निर्वाण प्राप्त करनेवाले हैं। देश-भर में फैले श्रमण उनके अन्तिम दर्शन के लिए आने लगे। वह जिधर गुजरते सैकड़ों-हजारों श्रमण उनके पीछे हो लेते। वह जगह-जगह संघ व स्तूप बनाने व मानवता के कल्याण के लिए अपने उपदेशों का विस्तार करने के लिए वहीं रोक देते या फिर निश्चित दिशा में भेज देते।

''भगवन् सारिपुत्त आये हैं!'' यह आवाज अनिरुद्ध की थी।

बुद्धदेव ने आँखें खोलीं—''कहाँ हैं।''

''जलपान कर रहे हैं!'' अनिरुद्ध बोला।

''अच्छा ठीक है, जलपान के पश्चात् ले आओ।'' गौतम ने कहा।

थोड़ी देर पश्चात् गौतम बुद्ध के पास सारिपुत्त, आनन्द, उपालि आदि कई महत्त्वपूर्ण श्रमण पहुँचे। बुद्धदेव को देखते ही सारिपुत्त विह्वल हो, प्रणाम किया।

''कहो सारिपुत्त सब कुशल तो है।''

''कृपा है भगवन्!''

''कुछ उद्विग्न दिखते हो, क्या बात है।''

''मैंने सुना है आप निर्वाण प्राप्त करनेवाले हैं।''

''इस मिथ्या जगत् में हर जीव का पदार्पण एक निश्चित उद्देश्य के लिए होता है सारिपुत्त, और जब उद्देश्य समाप्त हो जाता है, तब वह अपने मूल व्यवस्था में चला जाता है।''

''फिर आपका सान्निध्य देव।''

''मनुष्य का आना-जाना, मिलन-विछोह, सामीप्य-दूर सब-कुछ एक नियम में आबद्ध है।''

''मैं समझ गया भगवन्, परन्तु एक निवेदन है।'' सारिपुत्त कातर हो उठे।

''कहो!''

''मैं आपके निर्वाण को अपनी आँख से नहीं देख सकता।''

बुद्धदेव मुस्करा उठे। ''क्यों सारिपुत्त।''

भगवन् आपसे प्राप्त स्नेहवर्षा ने मेरा सम्पूर्ण जीवन सुगन्धमय कर दिया। जीवन में रंचमात्र भी कोई क्लेश छू नहीं पाया। मेरे जीवन की सार्थकता तब तक ही है, जब तक आप धरती पर विद्यमान हैं। इसलिए एक उपकार और कीजिये भगवन्।

''कहो सारिपुत्त!''

''भगवन्! मुझे निर्वाण की अनुमति प्रदान करें।'' कहकर सारिपुत्त गौतम के चरणों में झुक गया।

"यह क्या माँग लिया सारिपुत्त!"

"निराश न करें देव, मुझसे यह दृश्य देखा नहीं जायेगा।"

"उठो सारिपुत्त! अपनी भावनाओं पर नियन्त्रण प्राप्त करो। मैं ऐसी अनुमति कैसे दे सकता हूँ।"

"मुझे मृत्यु के पश्चात् भटकने से रोकने के लिए यह आशीर्वाद दे दीजिये देव, अन्यथा मेरी आत्मा अपने भगवन् के लिए सदा दुःखी रहेगी, मुझे इस दुःख से मुक्ति दें भगवन्, मुझे निर्वाण की अनुमति दें।"

"ठीक है सारिपुत्त, मैं तुम्हें आवागमन से मुक्तकर आनन्दलोक में विहार का आशीर्वाद देता हूँ।"

इतना कहकर बुद्धदेव ने सारिपुत्त के सिर पर हाथ रखकर आशीर्वाद दिया। सारिपुत्त पुलकित हो आनन्द से भर गये। उन्होंने बुद्धदेव की तीन बार प्रदक्षिणा की और प्रणाम कर वहाँ से चले गये। यह दृश्य आनन्द सहित कई श्रमणों ने देखा। वह सारिपुत्त की मन-ही-मन प्रशंसा करने से नहीं चूक रहे थे।

इधर कई दिनों से आनन्द बुद्धदेव के संस्मरण नहीं सुन पाया था। उसके मन की व्याकुलता बढ़ती जा रही थी कि कब भगवन् के मुख से उनके जीवन का अश्रुत अंश सुनूँ। यद्यपि आनन्द ने अर्हत् बनने के लिए प्रव्रज्या ग्रहण किया था। बाद में क्रमशः वह बुद्धदेव के निकट आता गया। आनन्द की जिज्ञासु प्रवृत्ति और समर्पण ने उसे बुद्धदेव का अत्यन्त प्रिय बना दिया। बुद्धदेव ने आनन्द को याद किया।

"आओ आनन्द! तुम्हें अपना अधूरा संस्मरण सुनाता हूँ।" बुद्धदेव ने कहा।

"भगवन्! यही इच्छा तो मेरे मन में कब से दबी थी।" आनन्द प्रसन्न होते हुए बोला।

"तो सुनो! महल से निकलने के बाद नगर की सजावट, सड़क की दोनों पटरियों पर अभिवादन के लिए खड़े सुन्दर-सुन्दर स्त्री-पुरुषों ने मुझे बहुत आकर्षित किया। वे मेरे ऊपर पुष्पवर्षा कर रहे थे। मैं राजसी परिधान में प्रथम बार महल से बाहर आया था। प्रजा मुझे देखकर मुग्ध हो रही थी, मैं प्रजा को देखकर। मुझे पहली बार यह अनुभव हुआ कि हमारी प्रजा हमसे कितना प्रेम करती है। मार्ग में जहाँ कहीं स्त्री-पुरुषों की भीड़ देखता, छन्दक रथ को धीमा कर लेता। वह अत्यन्त विवेकवान् था, वह मेरे और प्रजा के बीच मौन साक्षात्कार कराता चल रहा था। मैं भी अपनी प्रजा की भावनाओं को ध्यान में रखकर हाथ उठाकर अभिवादन करता, कहीं-कहीं तो इतना प्रसन्न हो उठता कि रथ से खड़े होकर अभिवादन करता।"

"हम महल से काफी दूर निकल आये थे। पर जैसे पूरी प्रजा ही सड़कों पर उतर आयी हो। मेरी दृष्टि अचानक ही एक जीर्ण वृद्ध पर पड़ी। जिसके शरीर की चमड़ियाँ झूल रही थीं। चेहरे पर असंख्य रेखाएँ उभर आयी थीं। हाथ, पैर और सिर काँप रहे थे।

दृष्टि भी ठीक नहीं थी। उसका चल पाना कठिन था, परन्तु वह भी मेरे दर्शन के लिए लालायित था और सैनिकों से जूझ रहा था। सैनिक उसे रोक नहीं सके। छन्दक ने रथ रोकना उचित नहीं समझा, क्योंकि पिताश्री का कठोर निर्देश था कि मेरे मन में दुःख को जन्म देनेवाली किसी भी परिस्थिति से दूर रखा जाये। उस जर्जर तनवाले वृद्ध को देखना, मेरा पहला अनुभव था। पर विचित्र था। वृद्ध को देखने से पूर्व मैंने किसी वृद्ध को नहीं देखा था। यह कोई संयोग की घटना नहीं थी बल्कि मेरे भविष्य को लेकर पिताश्री द्वारा तैयार की गयी अच्छी नीति थी। मुझे ऐसे अनुभवों से प्रायः दूर रखा जाता था। मेरी सेवा में लगे अनुचर व अनुचरियाँ इस बात का विशेष ध्यान रखते थे। रथ के गुजरते समय मेरी दृष्टि उस वृद्ध से जा मिली। मैंने देखा वह कुछ लालायित-सा मेरी ओर बढ़ा आ रहा है। परन्तु छन्दक ने सावधानी बरती, उसने रथ आगे बढ़ा दिया। मैं बड़े गौर से उस वृद्ध को देखता रहा, रथ आगे बढ़ गया। मेरे हृदय में एक हलचल-सी मच गयी, जाने कौन से भाव का अभ्युदय हुआ। जिसको मेरी मति कोई नाम नहीं दे पा रही थी। इसलिए जिज्ञासावश मैंने छन्दक से पूछा लिया—''छन्दक! वह क्या था। जो किसी दण्ड के सहारे चल रहा था।''

''वह मनुष्य था युवराज!''

''मनुष्य!'' मैं चौंक पड़ा।

''हाँ, युवराज, मनुष्य!'' वह दो-टूक बोला।

''मैं सन्तुष्ट नहीं हो पाया! यह कैसा मनुष्य, अगर यह मनुष्य है तो ऐसा क्यों है। उसे तो हमारी तरह होना चाहिए।'' मैंने छन्दक से पुनः पूछा—''अरे छन्दक! तुम कहते हो कि यह मनुष्य है। पर मुझे तो यह मनुष्य जैसा नहीं लगता।'' मेरे युवा शरीर में बालमन था, जो जिज्ञासा बढ़ा रहा था।

''हर मनुष्य युवा होकर एक दिन बूढ़ा होता है। यह जीवन की एक प्रक्रिया है युवराज!'' छन्दक घोड़े की रास उछालते हुए बोला।

''हर मनुष्य कहने से क्या तात्पर्य है तुम्हारा, क्या मैं और तुम भी।'' मैं पूछ बैठा। परन्तु छन्दक द्वारा इतने कठोर उत्तर की आशा नहीं थी। वह उसी दृढ़ता से बोला। ''हाँ, युवराज! मैं और आप भी।'' कहने के साथ ही जाने क्यों वह ठठाकर हँस पड़ा। शायद मेरे भोलेपन पर। परन्तु उसका इतना कहना कि मैं भी बूढ़ा हो जाऊँगा। अचानक मुझे स्तब्ध कर दिया। मेरी आँखों के सामने वह जर्जर तनवाला कृशकाय, दण्ड टेकता कम्पन करता बूढ़ा व्यक्ति दिखायी देने लगा। मैं भयभीत हुआ, और जिज्ञासावश पुनः पूछ बैठा, ''मैं क्यों छन्दक!'' शायद इस उम्मीद में कि छन्दक का उत्तर मुझे भयमुक्त कर दे।

वह हँसते हुए बोला—''यह तो प्रकृति का नियम है युवराज, जैसे सूर्य प्रातःकाल उदित होकर सन्ध्या को अस्त होता है। उसी प्रकार मनुष्य युवा होकर एक दिन वृद्ध भी होता है, इसमें यह प्रक्रिया राजा और रंक में भेद नहीं करती।'' मेरा मन असंयत

हो उठा और मेरे हृदय में एक कम्प-सा अनुभूत होने लगा। मेरे भाल पर स्वेद चुहचुहा आया। मेरा मन चीत्कार कर उठा, प्रकृति द्वारा यह निष्ठुरता क्यों। क्यों मैं बूढ़ा हो जाऊँगा। मेरे दाँत, मेरा मुँह मारे घबराहट के हाथ स्वतः मुख पर घुमाने लगा। मेरा मन इतना उद्विग्न हो गया कि आगे का भ्रमण सम्भव नहीं था। मैं तत्काल गोपा से संवाद करना चाहता था। मैंने छन्दक से कहा, "छन्दक! मेरा मन भ्रमण में नहीं लगता, रथ को महल की तरफ मोड़ लो।"

"जैसी आपकी इच्छा!" कहते हुए छन्दक ने रथ को महल की ओर मोड़ दिया। रथ बड़े वेग से महल की ओर लौट पड़ा। महल से निकलकर भ्रमण के लिए जाते समय, जो उत्साह मेरे मन में था, वह उत्साह जाने कहाँ गायब हो गया। मैं काफी देर तक चुप बैठा रहा और शरीर की जीर्णता के बारे में सोचता रहा। मेरी जिज्ञासाओं पर विराम देखकर छन्दक बोल पड़ा—"क्या हुआ युवराज! आप सहज तो हैं।"

"नहीं, छन्दक, मैं अभी तक उस मनुष्य के बारे में सोच रहा हूँ।"

"उस वृद्ध के बारे में!"

"हाँ, छन्दक!"

"मगर ऐसी विचारणीय बात क्या है, जो आपको इतना विवश कर रही है।" छन्दक ने पूछा।

"यही कि यदि यह प्रकृति का नियम है तो, बड़ी निष्ठुर है प्रकृति।"

"नहीं युवराज, आपने कोई पुष्प देखा है।"

"हाँ!"

"खिले हुए पुष्प की आरम्भिक अवस्था कली होती है, जिसमें कोई आकर्षण नहीं होता, खिले हुए पुष्प हमें आकर्षित करते हैं, लेकिन वही पुष्प जब तीसरी अवस्था में पहुँचता है तो अपना सौन्दर्य खो देता है, न उसमें सौन्दर्य होता है, न ही सुगन्ध, परिणामस्वरूप वह आकर्षणविहीन होकर, मुरझा जाता है और नष्ट हो जाता है। इसमें किसी प्रकार की निष्ठुरता नहीं है। यही नियम मनुष्यों पर भी लागू होता है।"

छन्दक ने तर्क देकर समझाया मैं समझ गया, परन्तु अगला प्रश्न पूछा—"मगर ऐसा क्यों!"

"यह संसार को गतिमान् बनाने के लिए जरूरी नियम है।" छन्दक मुस्कराकर बोला।

रथ को महल के अन्दर प्रवेश करते ही, एक उत्साह का परिदृश्य देखा। पिताश्री, प्रजापति गौतमी, गोपा और गोद में मेरा नन्हा राहुल और भी सारे घनिष्ठ जो मेरे नगर गमन पर आये हुए थे, सभी हर्षातिरेक से गद्गद मुझे निहार रहे थे। यद्यपि मैं वृद्ध को देखनेवाली घटना को त्याज्य नहीं कर पाया था। मैंने पिताश्री के चरण स्पर्शकर आशीर्वाद लिया। माता गौतमी ने गले लगाया, गोपा के नेत्रों से प्रेमसिक्त वर्षा ने मुस्कराने के लिए विवश कर दिया। "मेरा नगर भ्रमण कैसा रहा", पिताश्री के इस

प्रश्न पर मैंने केवल "अच्छा" शब्द का प्रयोग किया। जिससे सबको मेरे प्रति सन्तुष्टि के भाव हों। फिर मैंने छन्दक को अगले दिन आने के लिए कहा और अपने शयन-कक्ष की तरफ बढ़ा, मैं थोड़ा विश्राम करना चाहता था। कक्ष में आते ही मैं लगभग निर्बल- सा पसर गया। आँखें बन्दकर मन की उद्विग्नता कम करना चाहता था। परन्तु उसके शक्तिशाली वेग के आगे मैं असहाय था। बार-बार न चाहते हुए भी उस वृद्ध का कम्पित गात दृष्टि-पटल पर आ जाता। शरीर की झुर्रियों में उसकी निरीहता दृष्टिगोचर होने लगी। मैंने घबराकर आँख खोली, तो सामने गोपा खड़ी मुस्करा रही थी। उसकी बाँह में राहुल सोने की चेष्टा कर रहा था। वह कभी आँख खोलता, कभी आँख बन्द कर लेता। गोपा एक ही जगह खड़ी झूम-झूम राहुल की पीठ पर थपकी दे रही थी। उसकी मुस्कराहट की मैंने कोई प्रतिक्रिया नहीं दी। वह मुझे गम्भीर नहीं देखना पसन्द करती थी। इसलिए वह वार्त्ता की पहल करते हुए बोली—"यात्रा कैसी रही।"

परन्तु मैं चुपचाप उसके मुखमण्डल को टकटकी बाँधे देख रहा था। और मन-ही-मन सोच रहा था, "क्या मेरी गोपा भी बूढ़ी हो जायेगी। क्या इसका मुखमण्डल झुर्रियों से ढँक जायेगा। क्या इसके भी दाँत टूट जायेंगे, क्या इसका भी शरीर उस वृद्ध की तरह कम्पित हो उठेगा।"

वह देर तक अपने प्रश्न की उत्तर की प्रतीक्षा करती रही, पर मुझे विचारमग्न देखा तो बिगड़ने का स्वाँग करते हुए बोली—"क्या सोचने लगे प्राणनाथ।" इच्छा होते हुए भी मैं कुछ नहीं कह पा रहा था।

•

बुद्ध अपने प्रिय शिष्य आनन्द और अन्य भिक्षुओं के साथ आगे बढ़े। चलते-चलते एक जगह ठिठक गये। वहीं पास में कुछ बच्चे मिट्टी के घरौंदे बनाकर खेल रहे थे। घरौंदे बनाने-बिगाड़ने की स्पर्द्धा में, लड़ते, झगड़ते फिर स्वयं ही प्रसन्न होकर, मिलकर घरौंदा बनाने लगते। बालकों के इस उत्साहजन्य खेल को निहारकर बुद्धदेव दूर से ही प्रसन्न हो रहे थे।

"देखा आनन्द! ये बच्चे, कमल की कोमल पंखुड़ियों के समान हैं। भोलापन ही इनका आभूषण है। इनके ये खेल, चित्त को कितना आनन्द प्रदान कर रहे हैं। मन में यही आता है कि देर तक यहीं रुककर, बालकों का खेल देखूँ। क्योंकि ये बालक संसार के छद्म प्रयोजनों से दूर, अपने मौज में हैं। संसार के लोग आसक्ति, लोभ, स्वार्थ, दम्भ, मद आदि दुर्गुणों से विभूषित होने के कारण, इस स्वस्थ मनोरंजन से दूर हैं। उन्होंने अपने लिये कई कृत्रिम मनोरंजन के साधन गढ़ लिये हैं, परन्तु यह सुख कहाँ सम्भव है।"

"सत्य कहते हैं भगवन्! बालकों का यह खेल, वात्सल्य उत्पन्न करता है।" आनन्द ने कहा।

"वात्सल्य एक सात्त्विक भाव है, जो क्रूर-से-क्रूर व्यक्ति के हृदय में प्रेम उत्पन्न कर देता है। मासूम बच्चों की किलकारी, मुस्कराहट, तोतली वाणी, खिलखिलाहट आदि क्रियाएँ संवेदना से रहित व्यक्ति के मन में संवेदनारूपी पुष्प खिला सकती हैं।"

"सत्य है देव! आपके वात्सल्यपूर्ण व्यवहार से संसार सुख पाता है। यह कृपा बनाये रखें भगवन्!" आनन्द विनीत भाव से बोला। बुद्धदेव मुस्करा उठे। तभी घरौंदों का खेल, खेल रहे बालकों में एक बालक की दृष्टि भिक्षु पर पड़ी, उसके मन में दान देने का विचार उत्पन्न हुआ। वह एक मुट्ठी धूल उठाकर गौतम की ओर दौड़ा, यह देखकर उसका साथी उसके पीछे दौड़ा।

"कहाँ जाता है अनित्य!"

"तू ठहर, मैं भिक्षु को दान देकर आता हूँ।" वह दौड़कर गौतम की ओर बढ़ा। वह मुस्करा उठे। बालक बुद्ध के करीब आकर भिक्षापात्र में धूल (दान) डालना चाहा, परन्तु उसका हाथ भिक्षापात्र तक पहुँच नहीं सका। उसने उछलकर एक-दो बार प्रयास किया परन्तु असफल रहा। बुद्धदेव ने बालक के असफल प्रयास को देखा, फिर एक रहस्य-भरी मुस्कान आनन्द की ओर फेरी। आनन्द भी बालक के दान देने के संघर्ष को देखकर, मुस्करा रहा था।

"चारू!" अनित्य ने आवाज दी।

अनित्य की आवाज सुनकर पीछे दौड़ रहा चारू वहीं ठिठककर रुक गया। अनित्य ने हाथ उठाकर उसे जल्दी आने का संकेत दिया। संकेत पाकर चारू फिर दौड़ा और शीघ्र ही अनित्य के पास आ गया। अनित्य ने संकेत किया चारू वहीं बैठ गया। अनित्य बड़ी स्फूर्ति से उसके कन्धे पर चढ़कर हाथ में ली हुई धूल बुद्ध के भिक्षापात्र में डाल दिया। गौतम ने अनित्य के सिर पर हाथ फेरकर आशीर्वाद दिया। और चारू को भी। दोनों प्रसन्न मुद्रा में चले गये। बुद्ध ने मुस्कराते हुए आनन्द से कहा–"सुनो आनन्द! उस बालक ने मुझ पर ऋण चढ़ा दिया।"

"कैसे प्रभु!"

"बच्चे निश्छल होते हैं, तुम समझते हो उस बालक ने धूल डाली है, मेरे भिक्षापात्र में, परन्तु ऐसा नहीं है। उसने मानसिक रूप से अपनी सम्पत्ति का दान दिया है और जानते हो आनन्द, मैंने उसे क्या दिया है।" बुद्ध उसी तरह मुस्कराये।

"क्या देव!"

"मैंने उसे चक्रवर्ती सम्राट् होने का आशीर्वाद दिया है।"

"चक्रवर्ती सम्राट्!" आनन्द चौंक पड़ा।

"हाँ आनन्द! यह बालक मेरे निर्वाण के सौ वर्ष बाद अगले जन्म में अशोक नाम का सम्राट् बनकर ख्याति अर्जित करेगा और संसार में मेरे विचार को आगे बढ़ायेगा।"

आनन्द ने खेल रहे उस बालक को पुनः देखा, आनन्द की आँखों में उस बालक के अगले जन्म का भविष्य तैरने लगा।

"आओ चलें!" बुद्ध ने कहा और सबके साथ आगे बढ़ गये।

चलते-चलते आनन्द के मन में पुनः जिज्ञासा उभरी वह बुद्धदेव से पूछ बैठा–"देव! आप अपने संस्मरण का छूटा अंश सुनायें, मेरे मन में काफी कुतूहल है।"

"अवश्य आनन्द, कोई भी यात्रा चाहे जितनी दुरूह हो, वार्त्ता से सहज हो उठती है, और कण्टकाकीर्ण मार्ग भी आसानी से कट जाता है।" बुद्ध बोले।

"आनन्द! उस समय मेरे मन में द्वन्द्व मचा हुआ था, मैं गोपा के प्रश्नों का उत्तर भी देता तो क्या, जीवन पुस्तकाकार है, जिसके पहले पन्ने से मेरा साक्षात्कार हो चुका था।"

"सुनो आनन्द! गोपा ने मुझे झिंझोड़ते हुए पूछा—'क्या मार्ग में कोई घटना हुई है, जो उदासी का आवरण ओढ़े लौटे हैं।' वह राहुल को मेरी बगल में सुला चुकी थी। और मेरे पास बैठ गयी। मैंने उसका चेहरा अपने हाथों में लिया। उसके गालों को अँगूठे के पोरों से सहलाया।"

"हाँ गोपा! मार्ग में मैंने एक वृद्ध को देखा, सम्भवतः प्रथम बार, तब से मैं चिन्तित हूँ।" गौतम ने पूछा।

"इसमें चिन्ता की क्या बात है, यह तो मनुष्य क्या, हर जीव के लिए काल के अधीनस्थ होने का प्रमाण मात्र है। जो जन्मा है, उसका मरण भी सुनिश्चित है। परन्तु वृत्ताकार कालक्रम में जीवन-प्रक्रिया से गुजरने के बाद।" गोपा ने कहा।

"तो क्या तुम भी बूढ़ी हो जाओगी, क्या तुम्हारा भी सौन्दर्य नष्ट हो जायेगा।" गौतम ने उद्वेग में प्रश्न दुहराया।

"आप व्यर्थ ही इस चिन्ता में पड़े हैं, जबसे धरती बनी है और मनुष्य यहाँ आया है, वह इसी प्रक्रिया से गुजरी है। आप यह सब छोड़िये, हाथ-मुँह धोकर जलपान के लिए तैयार हो जाइये और अगले दिन की यात्रा के लिए खुद को तैयार कीजिये।"

"इसी प्रकार चिन्तन-मनन करते रात बीत गयी। रात्रि के दोनों प्रहरों तक मैं चिन्तन करते करवटें बदलता रहा। फिर जाने कब नींद आयी पता ही नहीं चल पाया। सूर्योदय तक सोता रहा, जगने के बाद दैनिक क्रिया से निवृत्त हो पिताश्री और प्रजापति गौतमी से मिला। दोनों मेरे भ्रमण को लेकर उत्सुक थे। मैंने सारी बातें बतायीं पर वृद्ध को देखनेवाली घटना को छिपा गया। क्योंकि मैं एक निष्कर्ष पर पहुँचना चाहता था। हाँ एक परिवर्तन मेरे अन्दर जरूर हुआ था कि जब किसी को देखता तो उसके मुखमण्डल को जरूर देखता। क्योंकि मेरे अन्दर यह प्रश्न कुलाँचें भर रहा था कि आखिर इतने सुन्दर मुख पर झुर्रियाँ कैसे आती हैं। इसी तरह मिलते-जुलते और चिन्तन करते काफी समय बीत गया। फिर मैंने भोजनोपरान्त थोड़ा विश्राम किया। फिर भ्रमण के लिए निकला। छन्दक तैयार था। रथ में अश्वों को बाँध चुका था और स्वयं रथ के संचालन पीठिका पर आरूढ़ हो मेरा इन्तजार कर रहा था और बार-बार महल के उस द्वार को देख रहा था जो सीधे मेरे कक्ष की ओर जाता था। मुझे गोपा के संग आता देख वह बड़ा प्रसन्न हुआ। पिताश्री और माता गौतमी वहाँ मुझसे पूर्व पहुँच चुके थे। मैंने पहुँचकर दोनों का चरण स्पर्श किया। दोनों ने मुझे यशस्वी होने का आशीर्वाद दिया। राहुल को दुलराया जो गोपा के कन्धे से लगा सो रहा था। गोपा से स्नेहसिक्त मौन सम्भाषण हुआ और मैं रथ पर आरूढ़ हुआ। मेरे बैठते ही सभी स्नेहीजन आनन्दित हो उठे। छन्दक ने अश्वों को रास उठाकर चलने का संकेत दिया और अश्व द्रुत गति से महल के बाहर निकल गये। मेरा मन अनुसन्धानक होता जा रहा था। पूर्व की घटना ने मेरे मस्तिष्क के तन्तुओं को झिंझोड़ दिया था। जीवन की नश्वरता का प्रथम पाठ पढ़ चुका था और द्वितीय पाठ के खोज में निकल पड़ा। जबकि परिवार और समाज

की दृष्टि में यह भ्रमण मेरे मन-मस्तिष्क की चंचलता को शान्त करने के लिए विहारमात्र था। परन्तु मेरे लिये नहीं। कल ही की भाँति आज भी नगर में वैसा ही उत्साह था। प्रजा स्वागताकांक्षी थी, परन्तु मैंने छन्दक से कह रखा था कि वह रथ की गति धीमी न करे, क्योंकि जगह-जगह रुकने से मैं पूरी तरह से भ्रमण नहीं कर पा रहा था। छन्दक ने मेरे निर्देशों का पालन किया। रथ को वेगपूर्वक संचालित कर रहा था। मैं कल का चिन्तन भूलकर, नगर आकर्षण में खोया चला जा रहा था कि अचानक छन्दक ने रथ को रोक दिया, मेरी तन्द्रा भंग हो गयी।''

''क्या हुआ छन्दक!'' मैंने पूछा।

''एक रुग्ण मनुष्य सामने आ गया युवराज।'' उसने कहा था।

''मैंने सामने दृष्टि दौड़ायी तो देखा कि एक व्यक्ति जो अत्यधिक कृशकाय था, बड़ी ही कठिनाई से सड़क पार कर रहा है, जिसके लिए वह दण्ड का सहारा लिये हुए था। मलीन वस्त्रों में लिपटा वह मनुष्य रक्त वमन करते, खाँसते, हाँफते, थूकते अत्यन्त धीमी गति से सड़क पार कर रहा था। उसका पूरा शरीर पाण्डुरता की चपेट में आ चुका था। मेरे लिये यह भी नूतन अनुभव था। मैंने अपनी जिज्ञासा शान्त करने के लिए छन्दक से पूछा—छन्दक!''

''जी युवराज!''

''तुमने इसे रुग्ण मनुष्य क्यों कहा!''

''युवराज! वास्तव में मनुष्य की एक अवस्था यह भी है कोई मनुष्य काल के प्रभाव में आकर रुग्ण हो जाता है। यह रुग्णता मनुष्य को स्वभावगत प्राप्त होती है। आपने जिस रुग्ण मनुष्य को देखा है कभी वह भी हमारी-आपकी ही तरह स्वस्थ रहा होगा।''

''फिर उसकी यह दशा क्यों हो गयी।'' मैंने पूछा।

''यह समझाना थोड़ा कठिन है, परन्तु अपनी मति के अनुसार समझाने का प्रयत्न करता हूँ। देखिये युवराज! यह शरीर वास्तव में नाशवान् है, इसका नाश स्वतः नहीं होता, बल्कि रोग-व्याधियों की चपेट में आकर ही मनुष्य की यह दशा होती है।''

''परन्तु ऐसी दशा होती क्यों है छन्दक!''

''यह तो मनुष्य के कर्म-विधान पर निर्भर करता है, जिसको मैं नहीं बता सकता, क्योंकि ज्यादा जानकारी नहीं है। हाँ, योगी, यति यही बताते हैं कि मनुष्य के कई जन्मों का प्रारब्ध, उसे दुःख या सुख प्रदान करता है। यह अलौकिक उत्तर है, परन्तु लौकिक उत्तर तो बस इतना है कि कई प्रकार के हानिकारक तत्त्व वायुमण्डल में मौजूद हैं, जो किसी-न-किसी प्रकार हमारे शरीर में प्रवेश कर जाते हैं और विभिन्न प्रकार के रोगों को जन्म देते हैं, जिससे मनुष्य ऐसी दशा में पहुँच जाता है।''

''मेरा ध्यान एक बार फिर उस रुग्ण व्यक्ति की ओर गया। वह सड़क पार कर चुका था, परन्तु मक्खियाँ उसका पीछा नहीं छोड़ रही थीं। वह उनसे बचने के लिए बीच-बीच में हाथ से उड़ाता जा रहा था।''

"उस रुग्ण मनुष्य के प्रति मेरे मन में दया उभरी, किंचित् उसकी ऐसी दशा न हुई होती तो, वह भी हमारी तरह स्वस्थ होता और प्रसन्नचित्त होता, मेरे हृदय में प्रश्न उभरा—छन्दक!"

"जी युवराज!"

"क्या इस रुग्ण अवस्था से बचा नहीं जा सकता।"

"जहाँ पर मनुष्य की मति, निर्णय करने में असमर्थ हो जाती है, वहाँ वह दैवीय अनुकम्पा या प्राकृतिक न्याय मानकर असमर्थता जता देता है। मैं समझता हूँ, जैसे मनुष्य भूख-प्यास से विरत नहीं हो सकता वैसे ही रुग्णता से मुक्त नहीं हो सकता है।" छन्दक ने बताया।

"परन्तु इससे तो उसे काफी कष्ट उठाने पड़ते हैं।"

"मैंने पूर्व में ही स्पष्ट कर दिया था युवराज कि मनुष्य का सुख या दुःख उसके संचित कर्म फलों यानी प्रारब्ध का हिस्सा है।"

"तो क्या संसार में कोई भी ऐसा नहीं है जो मनुष्य को दुःखों से मुक्त करा दे।"

"यह तो कोई दैवीय शक्ति ही कर सकती है। जहाँ तक मैं समझता हूँ, यह मनुष्य के पुरुषार्थ के परे है।"

"ठीक है छन्दक, आज का भ्रमण यहीं समाप्त करो, रथ को वापस ले चलो, मेरा मन विश्राम चाहने लगा है।" मेरे इतना कहने के साथ ही छन्दक ने रथ को मोड़ लिया और हम महल लौट आये। मैंने किसी को कोई प्रतिक्रिया नहीं दी। बल्कि यह चिन्तन जारी रखा कि, "मनुष्य के दुःखों का निदान कैसे हो।"

इतना कहकर बुद्धदेव चुप हो गये, आनन्द ने उनके मुखमण्डल को देखते हुए पूछा—"देव! चुप क्यों हो गये। जैसे खारे पानी से प्यास नहीं मिटती बल्कि ज्यों-की-त्यों रहती है, उसी प्रकार आपकी कथा सुनने में मुझे किसी प्रकार की थकान या ऊबन नहीं हो रही है। मैं यह कथा एक बार में ही सुन लेना चाहता हूँ।"

वह मुस्कराये और बोले—"वह देखो आनन्द! लगता है वहाँ कोई बस्ती है, आओ वहीं चलें।"

•

आनन्द ने देखा वह बस्ती नहीं, बल्कि आश्रम था। फूस के बने छोटे-छोटे मड़हे एक-दूसरे से सटे हुए थे। हर मड़हे से जुड़ा सम्पर्क मार्ग था और सम्पर्क मार्ग से जुड़ा हुआ, मुख्य मार्ग। मार्ग अत्यन्त साफ-सुथरे थे, कहीं भी कोई मार्ग अवरोध नहीं, पूरे आश्रम में एक-जैसी सुविधाएँ।

बुद्धदेव ने कहा, "सुनो आनन्द! मैं इसी वट वृक्ष की सघन छाया में बैठता हूँ। तुम जरा बस्ती घूम आओ।"

बुद्धदेव बैठ गये। कुछ श्रमण उनके साथ रुके, तो कुछ आनन्द के साथ बस्ती में चले गये। अनिरुद्ध ने पाँव दबाते हुए कहा, "देव, जल लाऊँ।"

"हाँ, जल ही जीवन है! श्रमणों के लिए जल ही सबसे सुरक्षित पेय है। जाओ अनिरुद्ध, जल के लिए दूर मत जाना।" गौतम ने कहा।

"जैसी इच्छा भगवन्!" इतना कहकर अनिरुद्ध जल लाने चला गया। गौतम पालथी मारकर ध्यानस्थ हुए। बाकी श्रमण भी अगल-बगल कुछ दूरी पर छाया में बैठे श्रम-परिहार करने लगे। थोड़ी ही देर में अनिरुद्ध जल लेकर उपस्थित हुआ।

"भगवन् जल!"

बुद्धदेव ने आँखें खोलीं। जलपात्र लेते हुए बोले—"ज्यादा दूर तो जाना नहीं हुआ।"

"नहीं देव, समीप ही जल का प्रबन्ध हो गया।" बुद्धदेव ने जल पीकर अनिरुद्ध की ओर देखा।

"कुछ कहना चाहते हो!"

"हाँ देव!"

"निस्संकोच कहो अनिरुद्ध, क्या पूछना चाहते हो?"

"भगवन्! अंगुलिमाल-जैसा क्रूर, जघन्य, पापबुद्धि का हृदय परिवर्तन कैसे सम्भव हो सका, क्या उसके हृदय परिवर्तन की सम्भावना शेष थी भगवन्!" अनिरुद्ध ने पूछा।

"नहीं भन्ते! उसके क्रूर व अनैतिक कृत्य कहीं से हृदय परिवर्तन की सम्भावना नहीं छोड़े थे।"

"फिर कैसे सम्भव हुआ देव!"

"कोई मनुष्य जन्म से क्रूर नहीं होता परिस्थितियाँ बहुत-कुछ निर्माण करती हैं। हम जो सोचते हैं बन जाते हैं। अंगुलिमाल बर्बर दस्यु बनने से पूर्व एक सहृदय युवा था। अत्यधिक सुन्दर तथा प्रखर बुद्धिवाला व्यक्ति था। पिता के दिये सारे संस्कार मौजूद थे उसमें।"

"पिता के संस्कार!" अनिरुद्ध चौंक पड़ा।

"हाँ, पिता के संस्कार। वास्तव में अंगुलिमाल श्रावस्ती के महाराज प्रसेनजित् के कुल पुरोहित भग्गव का पुत्र था। भग्गव धर्म साधक ब्राह्मण थे। वह अपने पुत्र को कुशल पुरोहित बनाना चाहते थे। इसलिए उसको शिक्षा के लिए दूर देशों में भेजा। उसके बचपन का नाम अहिंसक था। पिता की इच्छा थी वह ख्यातिलब्ध पुरोहित बने और देश-देशान्तर तक उसका नाम हो।"

"फिर वह अंगुलिमाल कैसे बना देव!" अनिरुद्ध ने पूछा।

"जैसा कि मैंने बताया वह दूर देशों में शिक्षा ग्रहण करने के लिए गया था। संयोग से उसकी मुलाकात एक धूर्त कापालिक से हो गयी। उसने अपने छद्म चमत्कारों से युवा अहिंसक को भ्रमित कर दिया। हाँ! एक दोष उसके अन्दर पूर्व से था, वह बचपन से बहुत महत्त्वाकांक्षी था और महत्त्वाकांक्षी को बनने-बिगड़ने में सूत भर का अन्तर होता है।"

"चमत्कारों के पीछे भागना, मनुष्य की सदा से कमजोरी रही है। कापालिक ने वार्त्ता के दौरान अहिंसक की महत्त्वाकांक्षा को भाँप लिया और उसे चमत्कारों द्वारा वशीभूत कर लिया और कहा, 'तुम शिक्षा ग्रहणकर किसी राजा के पुरोहित बनोगे और मैं चाहूँ तो तुम्हें सम्राट् बना दूँ।' बस इसी लालच ने अहिंसक को उस कापालिक का दास बना दिया। उसने अहिंसक को कापालिक विद्या सिखायी। वह तान्त्रिक ज्ञान में निपुण होने लगा। कुछ सिद्धियों को प्राप्त करने के लिए उसे एक सहस्र एक लोगों की हत्या करनी थी। प्रमाण के तौर पर वह मृत व्यक्ति की अँगुली काटकर गले में लटका लेता था। इस तरह उसके पास स्वयं द्वारा लोगों की, की गयी हत्या के बाद काटी गयी उँगलियों की लम्बी माला हो गयी। उसके तान्त्रिक अनुष्ठानों की चर्चा दूर तक फैल गयी। और बह क्रूर अंगुलिमाल के नाम से प्रसिद्ध हो गया। लोग उसके नाम से थर-थर काँपते थे। यह बात महाराज प्रसेनजित् तक पहुँची, प्रजा अंगुलिमाल के भय से रक्षा के लिए गुहार लगाने लगी। महाराज ने अंगुलिमाल के बारे में जानकारी के लिए गुप्तचर छोड़े। शीघ्र ही महाराज तक सारी सूचनाएँ पहुँचीं। जिसमें एक बात स्पष्ट हो चुकी थी कि अंगुलिमाल कुलपुरोहित भग्गव का पुत्र है, तान्त्रिक सिद्धियों के लिए लोगों की निर्मम हत्या करता है।"

"क्या कुलपुरोहित भग्गव ने पुत्र को रोकने का प्रयास नहीं किया।" अनिरुद्ध ने पूछा।

"तुम बहुत भोले हो अनिरुद्ध, कमान से निकला हुआ तीर और हाथ से निकला हुआ पुत्र, भला कब वापस होते हैं।" बुद्धदेव ने कहा।

"मैं समझा नहीं देव!"

"देखो कोई पिता अपने दिग्भ्रमित पुत्र को लेकर चिन्तित होता है तथा उसे सत्य पथ पर लाने का प्रयास भी करता है, परन्तु धर्म त्यागकर नहीं, जैसा कि भग्गव ने किया।"

"वह क्या देव!"

"हत्याओं का अभियोग लगने के बाद अंगुलिमाल जंगल में छिपकर रहने लगा। क्योंकि महाराज प्रसेनजित् प्रजापालक और न्यायी राजा थे। उन्होंने तत्काल ही अंगुलिमाल को पकड़ने का निर्देश दिया। सैनिकों ने उसे पकड़ने के लिए जगह-जगह मोर्चाबन्दी कर रखी थी। उसका इतना प्रतिफल अवश्य हुआ कि वह नगर छोड़कर जंगल में छिप गया। और कोई भी श्रावस्ती का नागरिक उधर भूलकर भी नहीं जाता था। सैनिकों के भय से अंगुलिमाल इधर नहीं आता था। हाँ, एक विकृत परिस्थिति जरूर विकसित हो गयी कि कोई भूला-भटका राहगीर अगर वन मार्ग से होकर गुजरता तो अंगुलिमाल उसकी हत्या कर देता। साथ ही उनकी धन-सम्पत्ति लूट लेता।"

"तो क्या भग्गव से उसकी भेंट नहीं हो पायी।" अनिरुद्ध ने पूछा।

बुद्धदेव ने कहा, "हुई थी अनिरुद्ध, वह पिता के प्रेम में खिंचा एक बार आया था, घर पर मिलने। भोर का समय था, प्रजा गहरी निद्रा में सो रही थी। सैनिक भी रातभर जागरण के कारण निद्रा में आ चुके थे। जिसका फायदा उठाकर वह एक नगरवासी का वेश धारण कर आया था।"

"फिर क्या हुआ भगवन्!"

"पिता से मिलकर उसने अपना अभीष्ट बताया कि वह एक कापालिक की शिष्यता ग्रहणकर तान्त्रिक अनुष्ठानों में संलग्न हो सिद्धियाँ जुटा रहा है और फिर एक दिन उन्हीं सिद्धियों के बल पर सम्राट् बन जायेगा।" उसने पुनः गिड़गिड़ाते हुए कहा, "पिता जी, आप मेरे सम्राट् बनने में मेरी मदद करें। मैं जो कर रहा हूँ, उसमें मेरा साथ दें।" भग्गव ने उसे दुतकारते हुए कहा, "यद्यपि एक पिता को पुत्र के मृत्यु का शोक असहनीय होता है, वह उस घाव की तरह होता है जो सूखते-सूखते अचानक हरा होकर कष्ट देने लगता है। अभी तक मैं पुत्र के स्नेह में कुछ नहीं कह पा रहा था, परन्तु एक बात ध्यान से सुन लो, आज से मैं तुम्हारे लिये मर गया, तू मेरे लिये मर गया। मैं पुत्र का मृत्यु शोक सह लूँगा, परन्तु तुम्हारा मुँह नहीं देखूँगा। तुमने मेरी शिक्षाओं का गला घोटा है, मेरे सपनों को तार-तार किया है।"

"आप कायर हैं पिता जी, दासता आपके रक्त में है।"

"अगर दासता मेरे रक्त में है तो तेरे में क्यों नहीं।"

"मैंने दास बनने के लिए नहीं, सम्राट् बनने के लिए जन्म लिया है पिताश्री, सम्राट् और वह अट्टहास करते हुए चले गये।"

उस दिन की घटना को भग्गव ने महाराज प्रसेनजित् को बताया। वह चिन्तित हो उठे कि अंगुलिमाल अपने तान्त्रिक सिद्धियों के लिए जाने कितने निर्दोषों का वध करेगा। भग्गव ने अपने सम्बन्ध तोड़ने की घोषणा कर दी। बन्धनमुक्त होते ही वह और भी दुर्दान्त हो उठा। महाराज प्रसेनजित् ने अंगुलिमाल के द्वारा किये जा रहे भोली-भाली प्रजा की हत्याओं से इतने क्षुब्ध हुए कि उन्होंने सैनिकों को आदेश दे दिया कि, "वे अंगुलिमाल को जीवित या मृत किसी भी दशा में पकड़ लायें।" सैनिकों के छापेमारी व कुशलता को चकमा देकर अंगुलिमाल हत्या करने में सफल होता रहा। श्रावस्ती की प्रजा में अंगुलिमाल का इतना भय व्याप्त था कि वह सदा असुरक्षित महसूस कर रही थी। दिन ढलते ही बाजारों में सन्नाटा पसर जाता। सड़कें सूनी हो जातीं, दुकानें बन्द हो जातीं राहगीर जहाँ-तहाँ धर्मशाला में रुककर प्राणरक्षा करते। इस घटना से महाराज प्रसेनजित् अत्यन्त दुःखी थे। वह राजा ही क्या जो अपनी प्रजा के दुःख को अपना दुःख न समझे।

"फिर आपका श्रावस्ती जाना क्या संयोग था देव।" अनिरुद्ध ने पूछा।

"भन्ते, महाराज प्रसेनजित्, अंगुलिमाल को पकड़ने की हर जुगत कर चुके थे, परन्तु वह पकड़ में नहीं आया। मैं धर्म उपदेश करते जब श्रावस्ती पहुँचा तो वहाँ की प्रजा के मुँह से अंगुलिमाल के हृदयविदारक जघन्य पाप कर्म सुने।" मुझे जिज्ञासा हुई। मैंने पूछा—"कहाँ रहता है वह निष्ठुर अंगुलिमाल!"

भयभीत प्रजा के बीच से आवाज आयी—"महात्मन्! वह पापी महाराज प्रसेनजित् के भय से जंगल में पलायन कर चुका है। परन्तु देव! वह जंगल मार्ग से आने-जानेवाले राहगीरों की निर्ममतापूर्वक हत्या कर देता है। और उनके उँगलियों की माला धारण करता है।"

"मैं बिना कुछ बोले, जंगल मार्ग पर आगे बढ़ा तो नगरवासी गिड़गिड़ा उठे—"नहीं महात्मा, आप उस मार्ग से न जायें, वह बर्बर हत्यारा उधर ही छिपकर रहता है तथा संसार से विरत संन्यासी और आमजन में भेद नहीं करता, उसका उद्देश्य हत्या करना है। वह आप-जैसे महात्मा पर भी असि उठाने से नहीं चूकेगा।"

"चिन्ता न करें, मैं संसार से विरत एक संन्यासी हूँ, संसार के प्रति मेरा कोई आकर्षण शेष नहीं है। इस नाशवान् शरीर की गति जानता हूँ, इसका भी मोह मुझे नहीं है, मैं अंगुलिमाल से जरूर मिलूँगा, उससे पूछूँगा कि संसार की गतिशीलता में प्रकृति की

मदद करनेवाले इन संसारीजन के प्रति क्रूर क्यों हो, क्यों इनकी हत्याकर पाप अपने सिर लेते हो।'' मैंने नागरिकों को समझाया।

''परन्तु देव! वह संवाद का अवसर नहीं देता है। वह चपलता से छिपकर प्रहार करता है।''

''आप लोग व्यर्थ चिन्ता कर रहे हैं, मृत्यु शाश्वत सत्य है, मैं उससे भयाक्रान्त नहीं हूँ।'' मैं अपने साथ के श्रमणों और नागरिकों को छोड़कर आगे बढ़ा। श्रावस्ती के भोले-भाले नागरिक, अंगुलिमाल की बर्बरता के भय से इतने आक्रान्त थे कि मुझे मौत के मुँह में जाते देख विह्वल हो रोने लगे, उनकी आँखों से आँसू बहने लगे। परन्तु मैं ये सब चीजें काफी पीछे छोड़ आया था, मैं हाथ में भिक्षापात्र लिये निर्भीकता से आगे बढ़ रहा था। चूँकि वह पूरा वन क्षेत्र श्रावस्ती राज्य के अन्तर्गत आता था, इसलिए महाराज प्रसेनजित् ने जगह-जगह सैन्य चौकियाँ स्थापित की थीं। वहाँ तैनात सैनिक विभिन्न प्रकार के आयुध से सुसज्जित थे। मुझे इस तरह निर्भीकता से आते देखा तो रोकने का प्रयास किया। मैं उन्हें समझाते हुए आगे बढ़ता रहा। मैंने देखा वे काफी भयभीत थे। लगता था अगर परिवार के भरण-पोषण की जिम्मेदारी न होती तो शायद वे पलायन कर जाते, पर मैंने उन्हें आश्वस्त किया कि शीघ्र ही उन्हें अंगुलिमाल के भय से मुक्त कराऊँगा। चलते-चलते मैंने देखा, जहाँ से सघन वन क्षेत्र शुरू होते हैं, वहाँ सैनिक नहीं थे। मन को तसल्ली हुई, चलो अब कोई रोकने-टोकनेवाला नहीं है। मैं आगे बढ़ सकूँगा। हाँ! एक बात तो तत्क्षण मस्तिष्क में कौंधी कि सैनिक बल का न रहना स्पष्ट करता है कि अब अंगुलिमाल का आतंक परिक्षेत्र शुरू होता है। वह मार्ग अत्यन्त संकीर्ण होता चला गया, जहाँ से वन की सघनता बढ़ी थी। बड़े-बड़े, मोटे-मोटे, बरगद, पाकड़ के वृक्ष जैसे आसमान छूने की स्पर्द्धा में थे। उनकी बरोहें जमीन से लटकी थीं, उसके नीचे छोटे-मोटे कई प्रकार के वृक्ष अपने जन्मने-मरने की कहानी स्वयं कह रहे थे। इसके अलावा रसाल, कटहल, पीपल, अशोक, पुन्नाग (नागकेसर) छितवन, चम्पा, बहुआर, मौलसिरी, चन्दन, श्रीफल आदि विभिन्न प्रकार के फल, फूलों तथा पत्तियों से आच्छादित वृक्ष कोई काले रंग के हैं, तो कोई लाल रंग के तो कोई ताम्रवर्णी रंग के थे, जो मेरे मन को मोहित कर रहे थे। वन मार्ग पर चलते-चलते मैं उसकी सुन्दरता में खोता चला जा रहा था। सुन्दर-सुन्दर रंग-बिरंगी तितलियाँ, छोटे-बड़े खरगोश व हिरन तथा मोर और भी बहुत-सारे आकर्षक पशु-पक्षी मुझे आनन्द प्रदान कर रहे थे।

''तो क्या आपको रंचमात्र भी वन मार्ग में भय नहीं लगा।'' अनिरुद्ध ने पूछा।

''भय एक भाव है अनिरुद्ध! जो मनुष्य के कोमल हृदय पर आधिपत्य जमाता है। परन्तु सत्य तो यह है कि जब तक मनुष्य निर्भय होकर कोई कार्य नहीं करता, उसे

लक्ष्य नहीं मिलता, और फिर मैंने तो भावनाओं पर नियन्त्रण करना सीख लिया था।'' बुद्धदेव ने कहा।

''फिर क्या हुआ देव!'' अनिरुद्ध की जिज्ञासा ज्यों-की-त्यों थी।

मैं उसी तरह, शान्त मन से, पशु-पक्षियों के मधुर स्वर सुनते, सुगन्धित फूलों के सुवास से आनन्दित होता जा रहा था। मैं सैन्य चौकियों को इतना पीछे छोड़ आया था कि मेरे द्वारा तय की गयी दूरियों का अनुमान स्वयं मुझे नहीं था। वैसे इतना जरूर था कि मैं उस समय घनघोर जंगल की भयावहता से गुजर रहा था। परन्तु मेरा सारा ध्यान वन की सुरम्यता पर टिका हुआ था, जो मुझे आकर्षित कर रही थी। खरगोश मेरे इर्द-गिर्द चक्कर काटते, हिरन कुलाँचें भरते, बन्दर इस डाल से उस डाल पर उछलकर कलाबाजियाँ दिखाते, मोर अपने पंख फैलाकर नाचते, तोते अपने कोटरों से निकलकर एक स्थान से दूसरे स्थान को जाते, अन्य प्रकार के पक्षी चहचहा उठते, रंग-बिरंगी तितलियाँ मेरे इर्द-गिर्द चक्कर लगातीं, यह सब दृश्य देखकर, यही मन में आता कि क्यों न इसी वन में निवास करूँ। परन्तु मैं तो एक उद्देश्य से वन मार्ग से गुजर रहा था। वन की मनोहर छटा देखते हुए आगे बढ़ रहा था कि अचानक एक कर्कश ध्वनि सुनायी दी–''ओ श्रमण ठहर जा।''

मैं रुक गया और पीछे पलटकर देखा, तो एक अटपटे वेशवाला व्यक्ति खड़ा था। उसके सिर के लम्बे खड़े बाल, मोटी बेढंगी मूँछ-दाढ़ी, आँखों में क्रूरता, हाथ में असि, गले में उँगलियों की माला, वह मुझे बड़ी चपलता से निहार रहा था। उसने मुझे भयभीत करने की नीयत से अट्टहास किया। उसके मुँह से निकलनेवाली ध्वनि किसी चट्टान के दरकने से कम नहीं थी। मुझे उसका पिछला इतिहास पता था। मैं उसके अन्दर के राजपुरोहित के ज्ञानी पुत्र का दर्शन कर रहा था, उसका यह छद्म रूप मुझे नहीं भाया, मुझे उसके इस खोखले व्यक्तित्व पर हँसी आयी, परन्तु मैं हँस न करके मुस्करा भर दिया। मेरी मुस्कराहट उसे चुभ-सी गयी, वह तिलमिला उठा। उसने कर्कश ध्वनि में पुनः पूछा–''अरे मूर्ख संन्यासी, क्या तुमने अंगुलिमाल का नाम नहीं सुना, क्या तुमने मेरे कण्ठ में लटक रही इन सैकड़ों उँगलियों की माला नहीं देखी, क्या तुमने श्रावस्ती और उसके आसपास के राज्यों में मेरी वीरता के किस्से नहीं सुने, बोलो। वह मुझसे प्रशंसा का मुखापेक्षी था। परन्तु मैं तो उसके निर्मल चरित्र के निर्माण के लिए कटिबद्ध था।'' उसने बहुत ही धृष्टतापूर्वक कड़े स्वर में कहा, ''मैं तुम्हीं से कह रहा हूँ श्रमण।''

मैंने उसी तरह पूर्ववत् खड़े-खड़े ही उत्तर दिया–''सुना है ब्राह्मण पुत्र।''

वह चौंक पड़ा। मैंने बिना उसकी प्रतिक्रिया जाने ही आगे कहा–''हाँ, ज्ञानी पिता के ज्ञानी पुत्र, मैंने सुना है, तुम अत्यन्त मेधासम्पन्न युवा हो। परन्तु इस भटकाव के मार्ग पर कैसे, ब्राह्मण पुत्र होकर निकृष्ट कर्म क्यों।''

वह उत्तेजित हो उठा—"चुप हो जा श्रमण, तू नहीं जानता, मेरी असि तुम्हारा रक्त पीने के लिए लालायित है।"

"मैं प्रस्तुत हूँ अंगुलिमाल! अगर तुम कायर पुरुष की तरह, किसी के शीश काटने को वीरता समझते हो।" मैंने निस्संकोच कहा।

जैसे ताप पाकर दूध उबल उठता है, उसी प्रकार मेरी बात सुनकर अंगुलिमाल उबल रहा था। वह दाँत पीसते हुए बोला—"बस अब चुप हो जा श्रमण।"

"क्यों अंगुलिमाल, भयभीत हो!"

"भय और अंगुलिमाल!" वह अट्टहास कर उठा।

"यह भय ही है अहिंसक!" गौतम बोले।

"अहिंसक!" वह बुदबुदाया।

"हाँ अहिंसक, यह तुम्हारा ही नाम है, जिसके भय से तुम अंगुलिमाल बन बैठे हो। वह माता अब भी अपने पुत्र की बाट जोह रही है, वह पिता अब भी तुम्हें हृदय से लगाने के लिए व्याकुल है। वह समाज, जिसे ठुकराकर तुमने पापपूर्ण जंगली जीवन स्वीकार किया है, यह सब भय के कारण ही है पुत्र।"

"तू मुझे छलने का प्रयास कर रहा है संन्यासी, स्वयं भयभीत होकर, मुझे भयभीत बता रहा है। ले, मेरी असि का स्वाद चख।" अंगुलिमाल दौड़ा, "अगर तुम भयभीत नहीं हो, तो अपनी असि से मेरा मस्तक काट लो।" इतना कहकर वह तटस्थ खड़े मुस्करा उठे। बुद्ध की बातों ने उसकी स्मृतियों की दौड़ करा दी। वह बचपन से लेकर अंगुलिमाल बनने तक के सफर को, असि हाथ में उठाये, आगे बढ़ते देख रहा था, जैसे सामने चित्रपट हो।

"तू रुक जा भिक्षु!" अंगुलिमाल बोला।

"मैं रुका हूँ, तटस्थ हूँ, शान्त हूँ, ठहरा हूँ अहिंसक! नाम के विपरीत कर्म करनेवाले हिंस्र पुरुष, बुझा ले अपने असि की प्यास, एक श्रमण की हत्या से तुम्हारे एक हजार पाप पूर्ण हो जायेंगे और तुम्हारे लौटने के द्वार सदा के लिए बन्द।" गौतम ने कहा।

"मेरी असि, विद्युत्-सी चंचलता रखती है, परन्तु आज जड़वत् क्यों है। उसने प्रयास किया। परन्तु हाथ गौतम के मस्तक तक नहीं पहुँच सके। उसे स्वेद चुहचुहा आया। असि हाथ से फिसलने लगी।"

"तू चमत्कारी लगता है श्रमण, क्या तुमने मुझे तन्त्र विद्या से बाँध रखा है।" अंगुलिमाल व्याकुल हो उठा। "चमत्कार सबको आकर्षित नहीं कर पाते ब्राह्मण पुत्र। सन्त की शक्तियाँ तन्त्र की शक्तियों से सदा ऊपर होती हैं। तुमने जिन तान्त्रिक शक्तियों के लिए ऐसे निर्मम पाप कर्म का चयन किया, वह तुम्हें कहाँ ले आया।" बुद्धदेव उसी तरह से शान्त मुद्रा में खड़े बोलते रहे।

अंगुलिमाल ने बुद्ध को देखा, सचमुच भय की कोई रेखा उन्हें छू भी नहीं पा रही थी। मुखमण्डल पर स्निग्ध मुस्कान, उन्नत ललाटवाले उस काषाय वस्त्रधारी श्रमण को

ध्यान से देखा। उसके हृदय से क्रोध, दम्भ, पाखण्ड, स्वार्थ आदि दूषित वृत्तियों का तिरोधान होने लगा और दया, प्रेम, करुणा, पश्चात्ताप आदि का अभ्युदय होने लगा।

"हाथ नीचे कर लो अहिंसक!" बुद्ध बोले।

अंगुलिमाल जैसे नींद से जागा हो, उसने हड़बड़ाकर हाथ नीचे कर लिया।

"मेरे हृदय में मानवमात्र के प्रति दया के बीजवपन करनेवाले, हे श्रमण! तुम कौन हो।"

"मुझे भिक्षुक ही समझो!"

"नहीं कदापि नहीं, मेरा हृदय परिवर्तन करनेवाला कोई साधारण भिक्षुक नहीं हो सकता। तुम अपना सत्य परिचय दो।"

"सत्य परिचय!"

"हाँ! सत्य परिचय!"

"मुझे तथागत बुद्ध कहते हैं!"

"तथागत का नाम सुनते ही वह जड़वत् हो गया! बुद्ध ने पुकारा 'अहिंसक'।"

चैतन्य होते ही अंगुलिमाल बुद्ध के चरणों पर गिर पड़ा और फूट-फूटकर रो पड़ा।

"हे तथागत! यह आपने क्या किया, मुझे सत्य से अवगत कराकर, कहीं का नहीं छोड़ा, मेरे अन्दर दया, प्रेम, करुणा का संचार कर, जो कृपा आपने की है, निस्सन्देह मैं हिंसक वृत्तियों से दूर हो गया। परन्तु यह संसार...।" वह रोते-रोते बोला।

"डरो नहीं अंगुलिमाल, यह संसार तुम्हारा स्वागत करने के लिए तैयार है। तुम दृढ़ निश्चयकर हिंसक वृत्तियों को तिलांजलि दो और संसार के कल्याण के लिए प्रव्रज्या ग्रहण करो, इस निकृष्ट वेश का त्याग करो।" मैंने कहा।

"मैं शरणागत हूँ देव, और प्रव्रज्या ग्रहण करने के लिए तैयार हूँ।" अंगुलिमाल ने बार-बार गौतम के चरणों की वन्दना करते हुए कहा।

आनन्द ने लौटकर प्रणाम किया और बुद्ध के चरणों में निवेदन करते हुए कहा, "देव! उस आश्रम की एक विचित्रता देखी है मैंने।"

"वह क्या आनन्द!"

"उस आश्रम में छोटी-बड़ी उम्र के करीब पाँच सौ लोग निवास करते हैं। सभी एक-दूसरे का सहयोगकर जीवन जीते हैं, लगता है इस आश्रम में एक तरह के लोगों को ही आश्रय मिलता है।"

"किस तरह का आनन्द!"

"दृष्टिहीन व्यक्तियों का देव!"

"तो क्या यह दृष्टिहीन व्यक्तियों का आश्रम है!"

"हाँ देव!"

"यह तो बड़ी विचित्र बात है कि रक्त सम्बन्ध से निर्मित सम्बन्धों की यह दुर्दशा, पारिवारिकजन की उपेक्षा का परिणाम है कि यहाँ ऐसे लोग रहते हैं।"

"ऐसा ही लगता है देव!"

"सुनो आनन्द! मनुष्य चाहे जितने ही पवित्र शब्द पढ़ ले या फिर बोल ले। वे कभी भला नहीं कर सकेंगे, जब तक वह प्रयोग में न आये!"

"मैं समझा नहीं देव!"

"आनन्द! इस आश्रम में रहनेवाले दृष्टिहीन मनुष्यों का भी एक इतिहास होगा।"

"कैसा इतिहास भगवन्!"

"पारिवारिक विद्रूपता का आनन्द, यहाँ निश्चय तौर पर वे लोग ही निवास करते होंगे, जिनके परिवारवाले एक दृष्टिहीन व्यक्ति के जीवन का भार उठाने में असमर्थ होंगे।"

"यह कैसी विडम्बना है देव!"

"मनुष्य के लिए स्वास्थ्य सबसे बड़ा उपहार है, सन्तोष सबसे बड़ा धन और समर्पण सबसे बड़ा सम्बन्ध है। परन्तु स्वार्थ के वशीभूत मनुष्य अपने दायित्व से पलायन कर जाता है। यह उन पलायनवादियों के सगे-सम्बन्धी हैं, जो जीवन को यहाँ काट रहे हैं।"

"भगवन्! आश्रम की समस्त सुविधाएँ उन्हें दुःख से मुक्त नहीं कर पा रही हैं। ऐसा क्यों!"

"देखो आनन्द! मोह दुःखों की जननी है। वह भले ही वर्षों से यहाँ रह रहे हैं, परन्तु उनका मोह अपने परिवार से बँधा हुआ है। उनके पुत्रों, भाइयों, पुत्रवधुओं ने भारी तिरस्कार किया है, अपना जीवन सुखमय बनाने के लिए इन्हें मार्ग से हटा दिया है। ये सभी पारिवारिक सम्बन्धों की उपेक्षा के शिकार हैं।"

"इनका उद्धार करें भगवन्!" आनन्द ने निवेदन किया।

"अवश्य आनन्द! मानव के कल्याणार्थ मुझे उद्यम करना ही है। आओ चलें।" इतना कहकर बुद्धदेव ने श्रम-परिहार का भी अवसर नहीं दिया और नेत्रहीन मनुष्यों के आश्रम की तरफ चल दिये।

थोड़ी ही देर में वह आश्रम के समीप थे। उन्होंने देखा, नेत्रहीन लोग खाली समय में बैठे अपने-अपने दुःखों की पोटली खोलकर कुछ संस्मरण सुना रहे हैं। जो इन नेत्रहीन लोगों को समय काटने का एकमात्र माध्यम था। हाँ, उन्हीं के बीच में कुछ धार्मिक चर्चा भी करते थे। झुण्ड बनाकर, अपने-अपने वय तथा विचार के लोगों में बातचीत करते थे। भोजन आदि जरूरतें स्थानीय राजा निर्वहन करता था। सब मिलाकर उनका जीवन दया पर निर्भर था, निरुद्देश्य।

बुद्ध आदि श्रमणों के चरणों की चाप सुनकर एक नेत्रहीन वृद्ध ने पूछा—"कौन लोग हैं आप।"

आनन्द ने जवाब दिया—"तथागत बुद्ध आपसे मिलने आये हैं।"

"तथागत बुद्ध!" वह चौंका और हड़बड़ाकर खड़ा हो गया।

"कहाँ हैं... कहाँ हैं!" उसने दण्ड टेकते हुए भ्रमित हो इधर-उधर देखने का असम्भव प्रयास किया और वहीं से चिल्लाया, "सुनो, सुनो भाइयो, हमारे आश्रम में तथागत बुद्ध पधारे हैं, आओ जल्दी आओ।" वह भावविह्वल हो, चिल्ला रहा था।

आनन्द ने देखा, वह नेत्रहीन वृद्ध बुद्ध के समीप आना चाहता है। आनन्द ने हाथ पकड़कर बुद्ध के समीप लाना चाहा, तो वह बोल पड़ा—"नहीं, श्रमण हमें शास्ता के रागीप स्वयं ही पहुँचने दो, कम-से-कम यह भटकाव तो यहीं समाप्त हो।"

आनन्द बगल हो गये। इतनी ही देर में अपने-अपने आश्रमों से निकलकर झुण्ड-के-झुण्ड नेत्रहीन दण्ड टेकते हुए आ गये। सबने बुद्ध के चरणों में प्रणाम निवेदित किया।

बुद्ध ने सम्बोधित करते हुए कहा, "इच्छा ही सब दुःखों का मूल है। कोई अप्रिय शब्द जब पशुओं को नहीं सुहाता तो मनुष्य को कैसे पसन्द आ सकता है। आप लोगों ने स्वयं ही मोहजनित दुःख पाल रखे हैं। संसार दुःखमय है आप सभी लोग प्रव्रज्या ग्रहण कर अर्हत् बनें। दुःख का तिरोधान हो जायेगा।"

नेत्रहीन वृद्ध ने कहा, "हम कैसे प्रव्रज्या ले सकते हैं देव, हमने तो अपने सगे सम्बन्धियों द्वारा जो दुःख प्राप्त किये हैं, उनकी स्मृतियाँ हमें जीवनपर्यन्त बनी रहेंगी। फिर ऐसे में प्रव्रज्या लेने का क्या तात्पर्य रह जायेगा।"

"उन्हीं दुःखों के तिरोधान के लिए मैं प्रयास करूँगा। जब तक आप लोग यहाँ आश्रम में निरुद्देश्य रहेंगे, दुःख से पीछा छूटनेवाला नहीं है। संसार के कल्याण के लिए आप सभी साधनाकर बुद्ध बनें, संसार के प्राणी हिंसक वृत्तियों की तरफ आकर्षित हैं। गृहस्थ से लेकर धार्मिक संस्थाओं में जीव हिंसा महत्त्वपूर्ण अंग बन गया है। किसी भी पारम्परिक अनुष्ठान में हिंसा अनिवार्य हो चुका है। मानव मानव के प्रति उदासीन होता जा रहा है। छुद्र-से-छुद्र कर्म की हिंसा के माध्यम से पूर्ण होने की सम्भावना पाल चुके हैं। तान्त्रिक सिद्धियाँ प्रधान हो चुकी हैं। भोले-भाले युवाओं को भ्रमितकर तन्त्र विद्या को बढ़ावा दिया जा रहा है। तन्त्र साधकों के दिग्भ्रमित होने की सम्भावना अधिक होती है। इसलिए कहता हूँ परिस्थितियों का रोना, रोने से श्रेष्ठ है, संसार के भ्रमित लोगों का मार्गदर्शनकर उन्हें सत्य के पथ लाया जाये। आओ मेरे प्रिय, हम सभी धर्म की शरण में चलें।"

गौतम के इतना कहने के बाद नेत्रहीन लोगों में चुप्पी छा गयी। बुद्ध ने कुछ देर प्रतीक्षा किया, जब कोई प्रतिक्रिया नहीं आयी तो उन्होंने आगे कहा, "तुम लोगों को किसी एक व्यक्ति द्वारा एक व्यक्ति को सताये जाने का दुःख है, परन्तु मत भूलो कि यह संसार भी एक घर है और इसमें रहनेवाले लोग तुम्हारे सगे-सम्बन्धी हैं, तो क्या तुम लोग अपने परिवार के दुःखी लोगों के कल्याण के लिए प्रव्रज्या लेने को तैयार हो।"

अगले ही पल सामूहिक स्वर गूँजा–"हाँ देव! हम लोग प्रव्रज्या लेने के लिए तैयार हैं, संसार के दुःख के आगे, हमारा दुःख तुच्छ है तथा स्वार्थ निर्मित है। हम धर्म की शरण में आने को तैयार हैं भगवन्!" कहकर सभी ने एक साथ प्रणाम किया।

"तो ठीक है कल प्रातः सभी के प्रव्रज्या ग्रहण करने की व्यवस्था की जायेगी, कल मैं फिर आऊँगा।" कहकर बुद्धदेव प्रस्थान कर गये।

अगले दिन प्रातः सिर मुण्डन, स्नान, वस्त्र धारण आदि कराकर बुद्ध द्वारा 'ॐ मणिपदमे हुम' का मन्त्र प्रदान किया गया तथा उन नेत्रहीन भिक्षुओं को उपदेश देते हुए कहा, "हे भिक्षुओ! आप लोगों ने प्रव्रज्या लेकर संसार को दुःखमुक्त करने का संकल्प लिया है। आज से समस्त संसार आपका घर है, सारे संसार में फैलकर आप लोग दुःख के नाश में अग्रणी बनें, अर्हत् प्राप्त करें, बोधिसत्त्व बनें।"

नेत्रहीनों ने सिर झुकाकर अभिवादन करते हुए कहा कि, "भगवन्! आपने हमें जो दिव्य ज्ञान दिया है, उससे हम ज्योतिर्वान् हो गये। अब हमें दण्ड की आवश्यकता नहीं, आज से हम अपना दण्ड यहीं छोड़ जाते हैं।"

कहकर सभी नेत्रहीनों ने अपने-अपने दण्ड वहीं जमीन पर छोड़ दिया और चले गये।

बुद्ध आनन्द और अन्य बौद्ध भिक्षुओं के साथ आगे बढ़े। उम्र की अधिकता के कारण गौतम की श्वास गति बढ़ती गयी। पहले की अपेक्षा थोड़े श्रम से ही चलने-फिरने में कठिनाई का सामना करना पड़ता था। आनन्द आदि श्रमण सेवा के लिए तत्पर रहते, फिर भी शारीरिक व्याधि तो व्याधि है, वह भला कब पीछा छोड़नेवाली। फिर जीवन चलाने के लिए भोजन जरूरी था। भोजन भिक्षाटन से ही प्राप्त होता। बुद्ध ने खुद के लिए जो नियम बनाये थे, कभी-कभी उन्हें कठिनाई में डाल देते, मगर यह साथ रहनेवाले, आनन्द व अन्य भिक्षुओं को लगता। बुद्ध ने कभी ऐसा अनुभव नहीं किया। वह केवल भूख लगने पर भिक्षाटन करते, गरीब व अभावग्रस्त व्यक्ति का दान नहीं लेते, गर्भस्थ स्त्री द्वारा भी भोजन नहीं लेते क्योंकि इससे उसके पेट में पल रहे बच्चे का भोजन कम हो जाता, बीमार व्यक्ति के हाथ से भोजन नहीं लेते क्योंकि उसे ज्यादा पौष्टिक तत्त्वों की आवश्यकता होती आदि-आदि बहुत-से नियम थे जिसका वह कठोरता से पालन करते।

एक पेड़ की छाया में बुद्धदेव श्रम-परिहार के लिए बैठे तो आनन्द ने पुनः संस्मरण सुनाने का निवेदन किया।

"देव! यद्यपि मैं ज्यादातर घटनाएँ, जो आपके जीवन में घटी हैं, उसको जानता हूँ, कुछ सुनी-सुनायी तो कुछ आँखों देखी, परन्तु आपके मुख से स्वयं अनुभूत की गयी बातों को सुनना ज्यादा प्रिय लगता है। अतः आप महाभिनिष्क्रणवाली शेष घटना सुनायें।"

"ठीक है आनन्द, सुनो! कुछ दिनों बाद मेरी इच्छा पुनः भ्रमण की हुई, ये भ्रमण वास्तव में मुझे नये-नये अनुभव प्रदान कर रहे थे। यद्यपि पूर्व के दोनों भ्रमणों में मेरे अनुभव कुछ कटु ही रहे, कई दिनों तक चित्त अशान्त रहा। चूँकि गोपा मेरे भ्रमण को बड़ी गम्भीरता से लेती, उसका विश्लेषण करती, तो मन को क्षणिक विश्राम मिल जाता परन्तु यह क्षणिक ही था, मैं पूर्ण विश्राम चाहता था, जो अभी मुझसे काफी दूर था।"

हाँ, मैं जब तीसरी बार भ्रमण को निकला तो मन में कोई विशेष उत्साह नहीं था, केवल अनुभव-संग्रह की लालसा, मुझे खींच रही थी। छन्दक मुझे प्रिय था, क्योंकि वह मेरी जिज्ञासाओं का समुचित उत्तर देता, वह अपने ज्ञान से मुझे समझाने का प्रयत्न करता और मैं काफी हद तक सन्तुष्ट भी हो जाता, तीसरे भ्रमण में हम दोनों चुपचाप चले जा रहे थे, क्योंकि न मेरे मन में कोई जिज्ञासा उभरी और न ही उसकी इच्छा में कोई वार्त्ता क्रम। हम दोनों ही अपने-अपने उधेड़बुन में चले जा रहे थे कि अचानक मेरी दृष्टि एक जगह ठहर गयी। मैंने छन्दक से रथ रुकवाया और उस दृश्य को देखा। चार व्यक्ति अपने कन्धे पर कुछ लिये चले जा रहे थे। उसके पीछे भारी भीड़, भीड़ के बीच से करुणक्रन्दन उभर रहा था, जो कर्णपटल को बेधते, मेरे मर्मस्थल को छू रहे

थे। मैंने छन्दक से पूछा लिया—"छन्दक! वह समूह कैसा है, और वह कन्धे पर क्या लिये जा रहे हैं। भीड़ से मर्मभेदी स्वर क्यों आ रहा है।"

छन्दक विनीत भाव से बोला—"युवराज यह लोग किसी व्यक्ति के शवदाह के लिए जा रहे हैं।"

"व्यक्ति!"

"हाँ व्यक्ति, आप जिन चार व्यक्तियों के कन्धे पर कुछ देख रहे हैं। वह शव है।"

"शव!"

"शव माने किसी व्यक्ति का मृत शरीर!" छन्दक ने स्पष्ट किया।

"किसी व्यक्ति का शव, मृत शरीर यह सब क्या कह रहे हो छन्दक।"

"मेरे कहने का आशय केवल इतना है युवराज, कि जीवन की चार अवस्थाएँ होती हैं। शैशवावस्था, बाल्यावस्था, युवावस्था और वृद्धावस्था और कोई भी मनुष्य इन चारों अवस्थाओं से गुजरकर एक दिन मृत्यु को प्राप्त होता है।" छन्दक ने बताया।

"मृत्यु क्या है छन्दक!" मैंने पूछा।

"मृत्यु के सन्दर्भ में मैं गूढ़ रहस्यभरी बातें तो नहीं बता सकता, केवल सांसारिक बातें बता सकता हूँ।"

"मृत्यु के सन्दर्भ में सांसारिक बातें क्या हैं!"

"जो व्यक्ति जन्म लिया है, इस संसार में विविध कर्म करते हुए जीता है और एक दिन वृद्ध होकर मर जाता है। उसकी इसी तरह श्मशान भूमि पर ले जाकर अन्त्येष्टि क्रिया कर दी जाती है।"

"यह अन्त्येष्टि क्रिया क्या होती है!"

"मनुष्य के गर्भ में आने से लेकर मृत्यु तक की क्रिया को सोलह संस्कारों में बाँधा गया है। मनुष्य की अन्त्येष्टि में उसके शव को अग्नि में जला दिया जाता है।"

यह सुनकर मेरे शरीर के रोंगटे खड़े हो गये, भय से मुँह पीला पड़ गया। शरीर में कुछ कम्पन-सा उत्पन्न हो गया, मैंने पूछा—"तो क्या सभी मनुष्यों की यही गति होती है।"

"हाँ युवराज! और मनुष्य ही क्या जितने भी प्रकार के जीव-जन्तु इस संसार में हैं सबकी यही गति है, चाहे जैसे।"

मेरे लिये आज के भ्रमण का अनुभव ज्यादा भयानक रहा। मेरा होंठ सूखने लगा। जिधर दृष्टि जाती चारों तरफ हँसते-खिलखिलाते, नाचते-गाते अपने-अपने कार्यों में संलग्न लोग दिखायी पड़ते, यह जानते हुए कि उन सबको मरना है। वह आनन्दपूर्वक अपना कर्म कर रहे थे। परन्तु मेरी मनोदशा कुछ ठीक नहीं थी, एक ही शरीर की तीन अलग-अलग परिस्थितियाँ देखीं मैंने, जिसमें केवल दुःख था। कोई दुःख से मुक्त नहीं था। कितना अच्छा होता जब कोई मनुष्य दुःखी नहीं होता और न ही मृत्यु को प्राप्त

करता, मेरा चिन्तन जारी हो चुका था। अब कुछ भी पूछने की स्थिति में नहीं था। इसलिए छन्दक से रथ को वापस महल की तरफ ले जाने का आदेश दिया। रथ को छन्दक ने महल की ओर मोड़ लिया। राजमहल लौटने के बाद मैंने गोपा से सीधा संवाद किया। उसकी बातों से लगा कि वह सांसारिक बातों के प्रति ज्यादा सजग थी, उम्र के हिसाब से उसके अपने अनुभव कम थे, परन्तु पारिवारिक अनुभव ने उसे ज्यादा अनुभवी बना दिया था। मैंने उससे शरीर की नश्वरता के सन्दर्भ में पूछा तो वह हँस पड़ी, जैसे यह कोई महत्त्वपूर्ण बात हो ही नहीं। मैं उसके मुख की तरफ देखता हुआ उत्तर की प्रतीक्षा कर रहा था। वह हँसते हुए मेरी ठुड्डी हिलाकर बोली–"स्वामी! मृत्यु तो शाश्वत सत्य है, जिसने जन्म लिया है उसे मरना है। जन्मने और मरने के बीच की अवधि ही मनुष्य का कर्म विधान है। जो बिना कर्म किये रहेगा, वह भी मरेगा और जो कर्म करेगा वह भी मरेगा। तो फिर मृत्यु का भय क्यों, हमें तो कर्म का भय होना चाहिए कि समय रहते हम क्या कर पाते हैं।"

मुझे उसकी बातों से बहुत अधिक सन्तुष्टि नहीं हुई, मैंने फिर पूछा–"मगर गोपा, मनुष्य के जीवन में आनेवाले दुःखों का अन्त कैसे सम्भव है, किस प्रकार मनुष्य विकारों से मुक्त हो सकता है, किस प्रकार मृत्यु को विजित किया जा सकता है।"

गोपा स्नेह से हँसकर बोली–"आप अपने यौवनकाल के महत्त्वपूर्ण समय को वृद्धावस्था के चिन्तन की ओर क्यों मोड़ रहे हैं। ऐसी बातों पर सोचने के लिए बहुत समय है। मनुष्य को सुखी होने का एक मार्ग यह भी है कि, वह वर्तमान को जिये, भविष्य की परिकल्पना चिन्ता का द्वार है।" इतना कहकर उसने मादक कटाक्ष फेरी और उसकी उँगलियाँ स्वतः केश राशि को कुन्तल करने के लिए घूमने लगीं। कभी मेरे शरीर से गुदगुदाने के लिए छेड़छाड़ करतीं। कभी मेरे कानों के समीप मुँह से भाप छोड़ती इस प्रकार मैंने भ्रमण के दौरान हुई, घटना को पीछे छोड़ दिया।

"कुछ दिन महल में राजकीय रास-रंग में बीता। मेरा चिन्तन गहरे दल-दल में डूबने के जैसा होता, भले ही मैं राजकीय पुरुष होने के नाते, कुछ राजकीय हस्तक्षेप रखता, परन्तु चिन्तन का द्वार खुलते ही, सांसारिक परिस्थितियों को भूलकर जाने कहाँ खो जाता। जहाँ से मुझे गोपा ही वापस लाती।"

मैंने छन्दक को बुलाकर एक दिन कहा, "प्रिय, आज पुनः इच्छा प्रबल हो रही है, भ्रमण करूँ। राजमहल की दीवारें, मुझे ऊब प्रदान कर रही हैं, चलो भ्रमण कर आयें, हो सकता है मन की चंचलता कुछ कम हो जाये, यद्यपि मेरे पूर्व भ्रमण के अनुभव कटु ही रहे।"

छन्दक ने कहा, "युवराज! भ्रमण वास्तव में मनुष्य को नये-नये अनुभव देता है। देशकाल की परिस्थितियों से परिचय करवाता है। भ्रमण का एक गुण और है, कि मनुष्य प्राकृतिक ऊर्जा भी समेट लेता है।"

"ठीक कहते हो छन्दक, तुम अश्व ठीक करो, हम तैयार होकर आते हैं।" इतना कहकर मैं तैयार होने चला गया। थोड़ी देर बाद लौटा तो छन्दक द्रुत गति के अश्वों से सजाये रथ लेकर पूर्व से उपस्थित था।

मैं आते ही रथ पर बैठा, छन्दक ने अश्वों को संकेत दिया, अश्व वेगपूर्वक महल के बाहर निकल गये। यद्यपि मेरे आगमन की कोई पूर्व सूचना प्रजा के बीच नहीं थी, परन्तु मेरे रथ और मुझे देखते ही वे अभिवादन में झुक जाते, मैं भी अभिवादक का जवाब देते चला जा रहा था कि अचानक मेरी दृष्टि एक काषायवस्त्रधारी श्रमण पर पड़ी। उसके मुखमण्डल पर आत्मसन्तोष का तेज था। हाथ में भिक्षापात्र लिये वह अपनी धुन में चला जा रहा था। एक जगह वृक्ष की छाया में वह संन्यासी बैठ गया। और भिक्षापात्र में माँगे गये भोजन को ग्रहण करने लगा। यह दृश्य मुझे जाने क्यों अच्छा लगने लगा। मैं कुछ देर तक श्रमण को उसी तरह से देखता रहा। लोग आते-जाते रहे परन्तु वह श्रमण बिना किसी लोकलाज के सन्तोषपूर्वक माँगे गये भिक्षा को ग्रहणकर रहा था। मेरे मन में भी यह विचार उत्पन्न हुआ कि उस श्रमण की तरह भिक्षापात्र का अन्न मैं भी ग्रहण करूँ। मेरे मन में अचानक ही बहुत-सारे प्रश्न उभरने लगे। मैंने जिस श्रमण को भिक्षाटनकर खाते हुए देखा था उसके प्रति मुझे कोई अनुमान नहीं था। मैं उसे केवल मनुष्य समझता था। पर मनुष्य का यह वेश, इस प्रकार माँगकर खाना, मुझे कुछ आश्चर्यजनक लगा, इसलिए मैंने छन्दक से पूछा–"छन्दक!"

"जी युवराज!"

"वह विशेष प्रकार की वेश-भूषा धारण करनेवाला मनुष्य कौन है!"

"युवराज! यह मनुष्य सांसारिकता को त्यागकर संन्यास ग्रहण किया है।"

"संन्यास क्या होता है! छन्दक।"

"युवराज! जब कोई मनुष्य ईश्वर के प्रति जिज्ञासा रखता है, उसकी शक्तियों तथा उसके कार्य-विधान को जानने की इच्छा रखता है तो वह व्याकुल हो उठता है। परन्तु सांसारिक सम्बन्धों में बँधा मनुष्य या तो जगन्नियन्ता विषयक जिज्ञासा का गला घोट देता है या फिर सांसारिक जीवन के दुःखों को झेलते हुए, भ्रम का जीवन जीता है।"

"तुम कहना क्या चाहते हो छन्दक!"

"युवराज! मैं यह कहना चाहता हूँ कि सांसारिक मोह-माया से बँधे सम्बन्धों का त्याग जब किसी निश्चित उद्‌देश्य के प्रति किया जाता है तो वह संन्यास कहलाता है, यह मार्ग अत्यन्त दुष्कर होता है। आपने जिस मनुष्य को भिक्षाटनकर खाते देखा है वह श्रमण है। इसलिए उसके मुखमण्डल पर स्वतन्त्रता व निश्चिन्तता की आभा है। वह संन्यासी है।"

"तो क्या संन्यासी को कोई दुःख नहीं होता होगा!"

"अवश्य युवराज, भला संन्यासी को क्या दुःख होगा। सुना है दैहिक, दैविक, भौतिक त्रितापों का भी असर उन पर नहीं होता, परन्तु यह उनकी इच्छा पर होता है।"

"मुझे तो यह श्रमण का जीवन ही श्रेयस्कर लगा। मेरा मन उत्साह से भरा हुआ था। श्रमण को देखने के बाद मेरे मन में उठनेवाले जिज्ञासाओं के ज्वार, स्वतः शान्त हो गये।" मेरा मन मयूर की तरह नाच उठा, और मैंने छन्दक से कहा, "रथ को उद्यान की ओर मोड़ो।"

छन्दक कुशल रथ संवाहक था, मेरा आदेश मिलते ही शीघ्र रथ को उद्यान की ओर मोड़ लिया और रथ शीघ्र ही उद्यान में पहुँच गया।

रथ से उतरकर, उद्यान के मखमली घास पर चलने लगा, विभिन्न प्रकार के खिले हुए पुष्प, लतिकाएँ, भ्रमर, तितलियाँ देखकर मन प्रसन्न हो उठा। उद्यान में मैं जिधर से गुजरता उधर ही सुगन्धित पुष्पों की बयार, मन को आकर्षित कर लेती। मैं कभी पुष्पों को हाथ से स्पर्श करता, कभी मासूम रंग-बिरंगी तितलियों को हाथ पर बैठाकर हवा में उड़ा देता। इस तरह काफी समय बीत गया। मेरा मन आज खूब रोमांचित था किसी प्रकार के भय दुःख मुझे छू नहीं पा रहे थे। सारी चेतनाशक्ति सकारात्मक सोच में परिणित हो चुकी थी। इतने दिनों से मन-मस्तिष्क में एक बोझ-सा था, जो आज उतर गया। मैं दृढ़ निश्चय कर चुका था। इस दिग्भ्रमित संसार का मार्गदर्शन आवश्यक है। यह संसार दुःखालय है। मन सुख और दुःख दोनों की शरणस्थली है। एक के पीछे एक लगा हुआ है। इसे नियन्त्रित करने की कला सीखनी होगी, पर मायाजनित सम्बन्धों में बँधकर नहीं, बल्कि स्वतन्त्र होकर, संसार के लिए मुझे मुक्त होना पड़ेगा। सारे सम्बन्धों का त्याग आवश्यक है। मैं पुष्पों से अठखेलियाँ करता, इधर-उधर टहल ही रहा था कि छन्दक ने आवाज दी।

"युवराज, सूर्यास्त हो चुका है! अगर भ्रमण समाप्त हो चुका हो तो, राजमहल की ओर प्रस्थान करें, महाराजश्री चिन्तित होंगे।"

"मैंने कुछ कहा नहीं, और सीधे रथ पर सवार हो गया। छन्दक ने भी वाहक पीठिका पर बैठकर रथ को गति दिया।"

"मैं सोच रहा था कि छन्दक भी कितना भोला है। कहता है कि अगर भ्रमण समाप्त हो गया हो तो, उसे क्या पता कि मेरा भ्रमण तो अब शुरू होनेवाला है।"

इसी तरह कुछ सोचते-विचारते, इधर-उधर की भ्रमण-सम्बन्धी बातें करते हम महल में आ गये। सबसे मिलते-जुलते बातें करते काफी समय निकल गया। उस दिन रात्रि में नृत्य-गान का सामूहिक आयोजन था। वह भी मेरे रंगमहल में। उच्चकोटि की गणिकाएँ, जो संगीत-साधना में निमग्न रहनेवाली प्रायः सभी वय की थीं। ऐसे कार्यक्रम केवल इसलिए आयोजित होते थे, कि मैं राग-रंग के आकर्षण में संसार का त्याग न करूँ। यह पिताश्री द्वारा मेरे भविष्य को लेकर उठाया गया कदम था। उस कार्यक्रम

में स्वयं पिताश्री मौजूद थे। महत्त्वपूर्ण पदों पर आसीन पदाधिकारी भी इस कार्यक्रम में आमन्त्रित किये गये थे। पूर्व की भाँति नृत्य-गान का यह सम्मोहक आयोजन देर रात तक चला। गणिकाएँ आयोजन की सफलता के लिए नृत्य-गान के अलावा मादक व वासनापूर्ण कटाक्ष करती थीं। यद्यपि ऐसे कार्यक्रम में कभी मेरी रुचि नहीं रही, फिर भी पिताश्री की इच्छा का ध्यान रखकर आयोजन में चला जाता था। दो-चार संगीत का कार्यक्रम सुनने के बाद पिताश्री अपने कक्ष में चले गये। भ्रमण से थका मैं था ही कुछ देर संगीत व नृत्य का कार्यक्रम देखने के बाद मैं भी अपने कक्ष में चला गया। भोजन करने के उपरान्त सोचते-विचारते सो गया। इस निर्णय के साथ की मुझे आज ही गृह-त्याग करना होगा। इस दुःखमय, शोकमय संसार को मुक्ति दिलाने के लिए।

आकाश में तारे पूरे उमंग में फैले हुए थे। उनके चटख प्रकाश से यही लगता था जैसे वे नये वस्त्र धारणकर भविष्य के बुद्ध का स्वागत कर रहे हैं।

चाँद भी सोलहों कला से परिपूर्ण अपनी आभा बिखेर रहा था। हवाएँ मन्द-मन्द चल रही थीं। चारों ओर स्तब्धता छायी हुई थी। वातावरण में नीरवता थी। मैंने अनुमान किया, तीन प्रहर रात बीत चुकी होगी। कक्ष से निकलते वक्त मन में यह विचार आया, एक बार गोपा से मिल लूँ, राहुल का माथा चूम लूँ। परन्तु अगले ही क्षण विचार परिवर्तित होने लगे। गोपा जरा-सी आहट पर जाग जायेगी, फिर पाँव पकड़ लेगी, और फिर वही बन्धन, मैं तो बन्धनमुक्त होना चाहता हूँ। हृदय को पाषण की तरह मजबूत किया और चुपके से बाहर निकल गया। गोपा और राहुल सोते रहे निश्चिन्त।

मैं सर्वप्रथम छन्दक के पास अश्वशाला गया। वहाँ वह अपने कक्ष में सो रहा था। मैंने उसे जगाकर कहा, "छन्दक।"

"अरे युवराज आप, इस प्रहर, कोई विशेष कार्य है!" वह आँख मलते हुए उठ खड़ा हुआ।

"मुझे एक विशेष भ्रमण पर जाना है, अश्व तैयार करो!" मेरे आदेश में कुछ कठोरता थी। उसने शीघ्र ही अश्व तैयारकर रथ में जोत दिये। मेरे बैठते ही रथ आगे बढ़ा। द्वारपालों ने मुख्य द्वार बन्द कर रखे थे।

छन्दक ने द्वारपाल को जगाया। वे मुख्य द्वार नहीं खोलना चाहते थे, छन्दक ने कहा, "युवराज की इच्छा, प्रभातपूर्व भ्रमण की है, तो वे इनकार नहीं कर सके और मुख्य द्वार खोल दिये। रथ स्तब्धता को चीरते आगे बढ़ता जा रहा था, प्रभातपूर्व भ्रमण अत्यन्त सुखद था। रथ नगर के बाहर जा चुका था।" काफी देर तक मेरे कुछ नहीं पूछने पर छन्दक ने स्वयं ही पूछा—"हम कहाँ जा रहे हैं युवराज?"

"बस चलते रहो छन्दक, प्रभातपूर्व भ्रमण काफी सुख प्रदान कर रहा है।"

अश्व हवा से बातें कर रहे थे। प्रभात होने से पूर्व ही हम कपिलवस्तु की सीमा से बाहर हो गये। छन्दक ने पुनः पूछा—"युवराज, हम अपने राज्य-सीमा के बाहर हैं। आगे वन प्रान्त शुरू होनेवाला है।"

"तुम संकोच न करो छन्दक! वन प्रान्त में प्रवेश करो।" छन्दक ने वैसा ही किया। हम वन में प्रवेश कर चुके थे। हाँ, अश्वों ने अपनी चाल कम कर दी थी, जिस पर मुझे कोई आपत्ति नहीं थी। वनों के बीच ही एक छोटी-सी नदी थी, जो बहुत गहरी नहीं थी। नदी के दूसरे ओर पुनः घनघोर जंगल शुरू होता है। नदी के मुहाने पर कुछ जगह समतल थी। छन्दक ने रथ को रोक दिया। मैं रथ से उतरकर, इधर-उधर टहलने लगा। सूर्य की किरणें घनघोर वन वृक्षों को चीरती रेखाओं की तरह जगह-जगह पड़ रही थीं।

बड़ा ही अद्भुत व आनन्ददायी दृश्य था। मैं प्राकृतिक दृश्यों में रमता चला जा रहा था।

"क्या देख रहे हैं युवराज?" छन्दक ने पूछा।

"देख रहा हूँ, जब प्रकृति का क्षणिक साक्षात्कार इतना सुखद है, तो स्थायीवास कैसा होगा।"

"स्थायीवास?" वह चौंका।

मैं गर्दन उठाकर, लम्बे-लम्बे वृक्षों का अवलोकन करने लगा।

"हाँ छन्दक, ये वन्य बड़े आत्मीय लगते हैं।"

"आत्मीय!" वह दूसरी बार चौंका। मैंने आत्मसन्तोष की एक उसाँस छोड़ी और कहा, "प्रिय छन्दक, तुमने मेरी बहुत सेवा की है, संसार के कई सत्यों से साक्षात्कार करवाया है, इसलिए मैं तुम्हें अपने रत्नजड़ित आभूषण प्रदान करता हूँ, और स्वयं वन्य जीवन स्वीकार करता हूँ।"

वह स्तब्ध हो, कुछ देर के लिए जड़ हो गया। काष्ठवत् खड़ा रहा, मेरे टोकने पर उसकी चेतना वापस आयी।

"यह क्या कह रहे हैं युवराज!" वह फूट-फूटकर रोने लगा।

"अधीर न हो छन्दक, मैंने सांसारिक जीवन का त्याग, संसार के दुःख का अवसान करने के लिए किया है। इस दुःखमय संसार को देखकर मेरा हृदय द्रवित हो उठा है। मनुष्य कितना कमजोर है। अपने जीवित रहने के सम्बल के लिए पशुबलि से लेकर नरबलि तक का अनुष्ठान करता है। तन्त्र-मन्त्र, टोने-टोटके के द्वारा सिद्धियाँ प्राप्त करना चाहता है, कोई शक्तिशाली बनने के लिए तो कोई अपार धन-सम्पदा के लालच में। सच तो यह है कि मनुष्य के लिए शरीर की गति ही अत्यन्त दुःखदायी है, फिर भला सृजित दुःख क्यों मोल लें। जो कमजोर हैं, दमित हैं, टोने-टोटके में जीवन जीने के आदी हो रहे हैं। जो शक्तिशाली हैं वे विलासिता को जीवन अर्पित कर चुके हैं।

कर्मकाण्डों के थोथे वैभव में फँसकर जीवन भ्रमित कर रखा है, भ्रमण के दौरान मैंने सूक्ष्म निरीक्षण किया, एक-एक बिन्दु, एक-एक परिस्थिति का अवलोकन किया है मैंने, आखिर क्या है यह दुःख, कैसे समाप्त होगा, मेरा गृह-त्याग दुःखों की मुक्ति के लिए है। इसलिए छन्दक मेरे पिताश्री को सूचित करना कि आपका पुत्र मानवता के कल्याण के लिए घर छोड़ा है, कोई चिन्ता करने की आवश्यकता नहीं।''

छन्दक ने रोते-रोते कहा, ''युवराज, आपको वन में छोड़कर क्या मुँह लेकर जाऊँगा। किसको मुँह दिखाऊँगा। एक पिता, एक माता, एक पत्नी, एक पुत्र सब-के-सब मुझसे प्रश्न पूछेंगे, मेरे पुत्र को, मेरे पति को, मेरे पिता को क्यों वन में छोड़ दिया, तो क्या उत्तर दूँगा।''

''व्यग्र न हो प्रिय छन्दक, जीवन के बड़े उद्देश्य-प्राप्ति के लिए छोटे उद्देश्यों का त्याग करना ही पड़ता है।''

''त्याग तो ठीक है युवराज, परन्तु यह कलंक मेरे सिर क्यों, मैं खाली रथ लिये, कपिलवस्तु की सीमा में कैसे प्रवेश करूँगा, कपिलवस्तु की प्रजा मुझे देखते ही निन्दा करेगी, कि यह देखो पापी छन्दक को, इसने ही हमारे राजकुमार को वन में छोड़ा है। तो क्या मैं जीते-जी मर न जाऊँगा।''

''नहीं छन्दक, भविष्य में तुम्हें इस कार्य के लिए याद किया जायेगा, मत भूलो, जनकल्याण में सहयोग करनेवाले की भूमिका, कल्याण का उद्यम करनेवाले से कम नहीं होती, मुझे रोककर प्राणियों का नुकसान मत करो।''

''ऐसे निष्ठुर मत बनें युवराज, अभी तो राजकुमारी गोपा ने, दाम्पत्य जीवन का पूर्ण भोग भी नहीं किया, जब उसे पता चलेगा कि उसके प्राणाधार ने उसे त्यागकर वन्य जीवन को अपना लिया है तो क्या बीतेगी उस अबला पर, मैं इस बात की कल्पना कर भयभीत हो रहा हूँ कि सुहागन होते हुए भी किस प्रकार कृत्रिम वैधव्य जी सकेगी।''

''वह पुत्र जिसे अभी धरती पर आये, पखवारा भी नहीं बीता है, जब वह बड़ा होकर पूछेगा कि उसके पिता कहाँ हैं, तो राजकुमारी गोपा क्या उत्तर देगी।''

''वह माता-पिता, जो अपने पुत्र को बड़े यत्नपूर्वक पाल-पोसकर बड़ा किये, कि एक दिन वृद्धावस्था का सहारा बनेगा, तो ऐसे पुत्र-प्रेम में बिलखते महाराजश्री, और महारानीश्री को क्या मुँह दिखाऊँगा।''

''कपिलवस्तु की प्रजा, जो अपने युवराज को, प्राणों से अधिक प्रेम करती है, जब उन्हें पता चलेगा, तो वे किस प्रकार धैर्य धारण करेंगे, क्या वे मुझे दोषी मानकर निन्दा नहीं करेंगे।''

इस प्रकार छन्दक कभी अपने ऊपर लांछन के भय से तर्क देता, तो कभी भावुक होकर सम्बन्धों के मोह में बाँधने का तर्क देता परन्तु मैं तो सारे बन्धनों का त्याग करने का दृढ़ संकल्प कर चुका था।

छन्दक ने रोते-बिलखते हुए फिर कहा, "युवराज! आपका यह कोमल तन जंगली जीवन का अभ्यस्त नहीं है। कहाँ राजमहल का सुख, कहाँ वन्य का दारुण दुःख। क्या आपको किसी छलिये ने भ्रमित कर, घर-परिवार के प्रति विरक्त कर, वन में आने का निमन्त्रण दिया है। अपने इस तुच्छ सेवक की बातों को सुन-समझकर अपना निर्णय बदल दीजिये, अभी आपकी अवस्था वन भ्रमण की नहीं है। आप अभी अपना निर्णय बदलकर मेरे साथ वापस कपिलवस्तु चलें।" छन्दक अभी अपनी बात कह ही रहा था कि अचानक उसी मार्ग में एक संन्यासी आता दिखायी दिया। मेरा मन प्रसन्नता से नाच उठा, और स्वयं उसके पास जाकर निवेदन किया, "हे संसार त्यागकर वैराग्य धारण करनेवाले तपस्वी! मैं कपिलवस्तु का राजकुमार गौतम हूँ और स्वयं की इच्छा से राजकीय सुखों को तिलांजलि देकर, कष्टकारी वन्य जीवन स्वीकार किया है। इसलिए आपसे निवेदन है कि मुझे अपने जैसा ही एक काषाय वस्त्र प्रदान करें।"

संन्यासी ने असमर्थता जताते हुए कहा, "हे राजकुमार! मेरे पास तो केवल यही एक वस्त्र है, अगर यह भी आपको प्रदान कर दूँ तो स्वयं क्या पहनूँगा।"

मैंने पुनः निवेदन करते हुए कहा कि, "हे श्रमण! आप तो वन से नगर की ओर जा रहे हैं, चाहें तो मेरे समस्त बहुमूल्य वस्त्र ले लें, बदले में यह वस्त्र प्रदान करें।"

श्रमण को कुछ लालच आ गया, परन्तु मेरे वस्त्र लेने में भय महसूस कर रहा था, मैंने उसे आश्वस्त करते हुए कहा, "हे तपस्वी, आप जरा भी भयभीत न हों। मेरा यह रथ संवाहक छन्दक आपको नगर तक छोड़ देगा तथा किसी प्रकार की कठिनाई नहीं आने देगा।"

मेरे बार-बार कहने पर वह श्रमण किसी प्रकार अपने वस्त्र के बदले मेरा वस्त्र लेने को तैयार हुआ।

छन्दक विह्वल हो उठा, और आँखों में आँसू भरकर बोला, "जब आपने वन्य जीवन जीने का संकल्प कर लिया है तो, एक कृपा इस दास पर भी कीजिये।"

"मुझे भी अपने साथ वन में रहने की अनुमति प्रदान करें।"

"नहीं छन्दक, यह सम्भव नहीं है, गृह-त्याग के समय मैंने महाराजश्री को या गोपा को कोई सूचना नहीं दी थी। वे चिन्तित होंगे, तुम्हें वहाँ जाकर मेरी कुशलता की सूचना देनी होगी। और गोपा को आश्वस्त करना होगा कि उसके पति ने संसार के कल्याण के लिए गृह-त्याग किया है। इसलिए दुःख करने के बदले गर्व करे।"

मैंने वस्त्र बदले और छन्दक के साथ श्रमण को वापस भेज दिया, परन्तु अत्यन्त दुःखी था। मैंने कहा, "मोह ही दुःखों की जननी है।"

मैं तब तक उस मार्ग पर दृष्टि गड़ाये हुए था जब तक रथ आँखों से ओझल नहीं हो गया।

"भगवन्! उस विशाल वन के प्रति आप अनभिज्ञ थे। फिर आप गये कहाँ, क्या कई दिन-रात भटकते रहे।" आनन्द ने काफी देर बाद कुछ पूछा।

''नहीं आनन्द! मैंने जिस श्रमण का वस्त्र लिया था, उससे पूछा था कि तुम कहाँ से आ रहे हो?'' तो उसने बताया, ''पास में आलार कालाम नामक महान् सन्त रहते हैं, मैं उन्हीं का शिष्य हूँ। वे सांख्य दर्शन के बहुत बड़े ज्ञाता हैं। मेरी एक समस्या थी, उसी के समाधान के लिए गया था।''

''फिर क्या हुआ भगवन्!'' आनन्द ने पूछा।

''उस श्रमण की बातों से लगा कि हो सकता है मेरी समस्या का समाधान, आलार कालाम के पास ही हो, इसलिए छन्दक के जाने के बाद मैं आलार कालाम के पास पहुँच गया।'' उनका दर्शन किया, फिर उन्होंने मेरा परिचय पूछा, मैंने बताया—''कपिलवस्तु का राजकुमार सिद्धार्थ हूँ, लोग मुझे गौतम भी कहते हैं, परन्तु मैंने यह परिचय बहुत पीछे छोड़ दिया है।''

''क्यों राजकुमार, सिद्धार्थ?"

"भन्ते! मैंने मनुष्यों को दुःखी देखा है। जरा द्वारा मनुष्य की दुर्दशा, रुग्णता से मनुष्य को मृत्यु के मुख में जाते, फिर इतनी सुन्दर काया का मृत होना। मनुष्य के जीवन को दुःखों से आच्छादित देखा तो हृदय फट पड़ा। मैंने संसार के प्राणियों के दुःखान्त जीवन को सुखान्त करने के लिए गृह-त्याग किया है।"

मेरी बात सुनकर आलार चुप हो गये, गम्भीर मुद्रा बनायी, जैसे चिन्तन में कुछ ढूँढ़ रहे हों। फिर वे बोले, ''सिद्धार्थ, तुम्हारी समस्या का समाधान तो मेरे पास है, परन्तु ...।''

"परन्तु क्या भन्ते?"

"मैं बिना शिष्यता ग्रहण कराये, उपदेश नहीं करता!"

"मैं आपकी शिष्यता के लिए तैयार हूँ!"

फिर उन्होंने मुझे अपने परम्परा के अनुरूप दीक्षा देकर शिष्य बनाया। शिष्य बनने के बाद मैंने उनके आश्रम में रहकर उनके रीति-परम्परा का ज्ञान अर्जित किया। उनके उपदेशों में सम्मिलित होकर अपनी जिज्ञासा शान्त करने का प्रयास करता रहा। इस तरह कई दिन बीत गये।

"दुःख क्या है!" मैंने एक दिन गुरुदेव से पूछा।

"दुःख अन्तःकरण में रहनेवाला रजोगुण का एक परिणाम है। यह अन्तःकरण में उद्भव होनेवाले विभिन्न भावों में ही सुख और दुःख निबद्ध रहता है। जिसकी अनुभूति अनुकूल प्रतीत होती है वह सुख है, जिसकी अनुभूति प्रतिकूल होती है वह दुःख है।"

"दुःख के कितने प्रकार हैं? गुरुदेव!"

"संसार में दुःख त्रय की प्रधानता होती है। आध्यात्मिक, आधिभौतिक और आधिदैविक। आध्यात्मिक का अर्थ होता है, आत्मा को पढ़ना अर्थात् आत्मसाक्षात्कार। इसके अभाव में भी मनुष्य दुःख उठाता है। अध्यात्म दुःख भी दो प्रकार के होते हैं। एक शारीरिक, दूसरा मानसिक। शारीरिक दुःख वह होते हैं, जो शरीर के संचालन में

सहयोग करनेवाले, कफ, पित्त, वायु के विषमता से उत्पन्न होते हैं, इसका निवारण साधना और ओषधि के सेवन से किया जाता है।”

“और मानसिक दुःख ऋषिश्रेष्ठ?”

“काम, क्रोध, ईर्ष्या, मोह, भय, विषाद के अलावा किसी भी अभीष्ट विषय का अदर्शन भी मानसिक दुःख का कारण बनता है। इन्हें आन्तरिक उपायों द्वारा दूर किया जा सकता है।”

“यह आन्तरिक उपाय क्या होते हैं? गुरुदेव!”

“साधना-पद्धति में आनेवाले साधन आन्तरिक उपाय हैं।”

“आधिभौतिक दुःख क्या है?”

“आधिभौतिक दुःख वह दुःख है जो विभिन्न भूतों या प्राणियों जैसे—मनुष्य, पशु, सर्प, पक्षी, वन्य जन्तु तथा स्थावर के कारण होता है।”

“आधिदैविक दुःख किसे कहते हैं?”

“यह दुःख विभिन्न देवी-देवताओं, यक्ष, राक्षस, ग्रह-नक्षत्र आदि के आवेग के कारण होता है।”

“इसे विनष्ट करने के क्या उपाय हैं? ऋषिवर!”

“दुःख का पूर्णतया विनाश सम्भव नहीं है, क्योंकि सत्वस्तु का विनाश नहीं होता है, इन्हें विभिन्न उपायों द्वारा दबाया जा सकता है।”

“शारीरिक दुःख दूर करने के क्या उपाय हैं?”

“जैसा कि मैंने बताया है शरीर, कफ, पित्त और वायु के खम्भों पर टिका है। इनके असन्तुलन से शरीर दुःख उठाने लगता है। इसे दूर करने के उपाय श्रेष्ठ चिकित्सकों के पास होते हैं। उनके पास ओषधियों की लम्बी अनुक्रमणिका होती है। वह सिद्धहस्त योगी की भाँति नुस्खों से चिकित्सा करते हैं।”

“और मानसिक दुःख दूर करने के उपाय?”

“मन, हृदय के कोमल तन्तुओं द्वारा अनुप्राणित रहता है, कुछ महत्त्वपूर्ण तन्तुएँ मस्तिष्क के हिस्सों में अत्यधिक अधिकार रखते हैं। ऐसे में मन को अच्छे लगनेवाले साधन स्त्री, पान, भोजन, पेय, वस्त्र, आभूषण आदि विषयों की प्राप्ति भी मानसिक दुःख दूर करते हैं।”

“आधिभौतिक एवं आधिदैविक दुःख भी दूर करने के उपाय होंगे?”

“हाँ गौतम, जिस प्रकार आध्यात्मिक दुःख दूर करने के उपाय हैं, उसी प्रकार आधिभौतिक एवं आधिदैविक दुःख भी दूर करने के उपाय सुनिश्चित किये गये हैं।”

“वह क्या? ऋषिश्रेष्ठ!”

“आधिभौतिक दुःख को दूर करने के लिए मनुष्य को सर्वप्रथम नीतिशास्त्र का अभ्यास करना चाहिए। परिस्थिति के अनुरूप निर्णय लेने की दक्षता, व्यवहारकुशलता तथा बाधारहित स्थान पर निवास आदि महत्त्वपूर्ण उपाय हैं।”

"और आधिदैविक का गुरुदेव?"

"आधिदैविक दुःख दूर करने के लिए मणिमन्त्र एवं ओषधियों का उपयोग सर्वोत्तम होता है।"

"परन्तु गुरुदेव, इन समस्त उपायों द्वारा भी दुःख की निवृत्ति न हो तो?"

"मैंने पूर्व में ही कहा था कि दुःख की प्रवृत्ति को पूर्णतया समाप्त नहीं किया जा सकता, केवल उन्हें दबाया जा सकता है। हाँ, अगर इतने पर भी दुःख की निवृत्ति नहीं हो पा रही हो तो ज्योतिष्टोम, यज्ञ करने से दुःख की निवृत्ति हो जाती है। यद्यपि समग्र जड़ जगत् प्रकृति की ही विकृति है, जिनकी संख्या अनन्त है। फिर भी मूल रूप से तेईस विकृतियों को चिह्नित किया गया है। जिसमें महत्त्व, अहंकार पंच सूक्ष्म भूत (तन्मात्राएँ) शुद्ध तन्मात्रा, स्पर्शतन्मात्रा, रूपतन्मात्रा, रसतन्मात्रा, गन्धतन्मात्रा के अलावा स्थूल भूत (आकाश, वायु, अग्नि, जल, पृथ्वी) एवं एकादश इन्द्रियाँ (श्रोत्र, त्वक्, नेत्र, जिह्वा, नासिका, वाक्, पाणि, पाद, गुदा, जननेन्द्रिय, मन)।"

"सिद्धार्थ! वैदिक रीति के यजन कार्य करने से स्वर्ग और अमरत्व भी प्राप्त होते हैं।"

"स्वर्ग और अमरत्व क्या है? गुरुदेव!"

"जो दुःख से युक्त न हो, और न ही भविष्य में नष्ट होनेवाला हो, इसके अलावा अभिलाषा करते ही प्राप्त होनेवाला हो, वही सुख स्वः पद का वाच्य अर्थात् स्वयं है।"

"और अमरत्व में वह यजन आदि द्वारा पंचमहाभूतों में स्वयं को विलय करने और फिर उससे स्वयं के निर्माण की क्षमता प्राप्त कर लेता है। वही अमरत्व है क्योंकि यह पंचभूत ही (पृथ्वी, जल, आकाश, वायु, अग्नि) अमर तत्त्व है, और प्रलय तक बने रहते हैं।"

"इसमें दुःख की निवृत्ति कहाँ हो पायी, गुरुश्रेष्ठ!"

"यह संसार पुरुष और प्रकृति के यौगिक शक्ति से गतिशील होता है। यहाँ पुरुष निर्गुण होने के कारण स्वतः दुःखरहित है। और मैंने पूर्व में भी कहा कि प्रकृति ही विकृति है। फिर दुःख निवृत्ति की जिज्ञासा तुम्हारा व्यक्तिगत विषय है।"

"फिर मेरे लिये यथेष्ट फल क्या है, गुरुदेव?"

"यज्ञादि द्वारा तुम्हारी दुःख निवृत्ति की जिज्ञासा शान्त होगी।"

"परन्तु यज्ञ में हिंसा भी स्वीकृत है।"

"तो इसमें आश्चर्य क्या है वत्स! वैदिक परम्परा में हिंसा को सर्वथा उचित और पाप मुक्त माना गया है।"

"क्या निरीह पशुओं की बलि पाप को जन्म देकर दुःखदायी नहीं होगी।"

"नहीं। बिलकुल नहीं, वैदिक यज्ञ में की गयी पशु हिंसा, पाप नहीं है। इससे मनुष्य को केवल पुण्य फल प्राप्त होगा।"

"परन्तु क्या यज्ञीय हिंसा में मारे गये पशु को दुःख नहीं होगा। और अगर दुःख होगा तो वह पाप का संचय हुआ, फिर भला कैसे पाप के संचित भोग से मुक्ति मिलेगा।"

“सिद्धार्थ तुम्हारे दुःख निवृत्ति जिज्ञासा में कुतर्क हैं, इस पर तुम्हें नियन्त्रण करना होगा।” गुरुदेव कुछ झल्लाहट में बोले।

“क्षमा करें गुरु श्रेष्ठ! मैं यहाँ जीवमात्र के दुःख निवृत्ति का मार्ग ढूँढ़ने आया था, जहाँ से मानवता के कल्याण की राहें फूटती हों। परन्तु इसका मैं अभाव पाता हूँ, जो व्यवस्था जीव हिंसा में अपना स्वार्थ सिद्ध करती हो वह कदापि कल्याणकारी नहीं हो सकती, इसलिए मैं तत्क्षण ही आश्रम छोड़ता हूँ।”

अचानक लिये गये मेरे आश्रम-त्याग के निर्णय से गुरुश्रेष्ठ और आश्रम के अन्य साधक अवाक् रह गये। उन्होंने मुझे बहुत रोकने का प्रयत्न किया, परन्तु मैंने अपना हेतु बता दिया था। इसलिए किसी समझौतावादी निर्णय की कोई सम्भावना नहीं थी।

“आश्रम छोड़ने के बाद, फिर आप कहाँ गये।” आनन्द ने पूछा।

“देखो आनन्द! मैंने अपने उद्देश्य की प्राप्ति के लिए यायावरी स्वीकार की थी, इसलिए भटकते-भटकते मैं रामपुत्त उद्दक के पास पहुँचा। वह तर्क के बहुत बड़े ज्ञाता थे। उनकी ख्याति भी दूर-दूर तक फैली हुई थी। वहाँ कुछ दिनों तक उनके आश्रम में रहा, विचार-विमर्श करता रहा, परन्तु कोई अन्य विशेष दृष्टिकोण विकसित नहीं हो सका। इसलिए मैंने वहाँ से भी प्रस्थान कर दिया, और घूमते-घामते एक ऐसी जगह पहुँचा जहाँ की प्राकृतिक सुषमा ने मुझे बहुत आकर्षित किया। सच कहूँ तो हरे-भरे खेत, स्वच्छता से प्रवाहित होनेवाली नदी, उसके किनारे बसे गाँव, गाँव के बाहर नदी से सारा वन, जहाँ से होकर आदिवासियों और ग्रामीणों का आना-जाना होता था। इसलिए वन का वह आरम्भिक हिस्सा, शान्त होने के बाद भी चहल-पहलवाला था। किसी विशेष प्रयोजन की स्थिति में ही ग्रामीण उधर आते-जाते थे।”

बुद्धदेव आनन्द को अपने संस्मरण सुना ही रहे थे कि अचानक एक स्त्री के रोने-बिलखने और चीत्कार की ध्वनि सुनायी दी। सबका ध्यान उस स्त्री की तरफ चला गया।

•

आते ही वह महिला भद्रे बुद्ध के चरणों में गिर पड़ी। उसके रुदन में एक टीस थी, जो सुननेवाले के मर्म को भेद देती थी।

"उठो माँ!" बुद्ध ने स्नेहसिक्त वर्षा से सींचा।

"माँ...!" वह महिला इधर-उधर देखने लगी।

"किसे ढूँढ़ रही हो माँ!" पुनः वही वाणी।

"पुत्र को!"

"हाँ, अपने पुत्र को!"

"ऐसे ही बोलता था, बिलकुल तुम्हारी तरह माँ-माँ कहकर लिपट जाता था, पर अब वह नहीं बोलता है।" वह फिर रोने लगी। और अपने टेक में बोलती जा रही थी। तथागत ने चुप कराते हुए पूछा, "शान्त हो जा माँ।" वह महिला अचानक बेहद गम्भीर हो गयी और चुप भी।

"बताओ माँ, कहाँ है तुम्हारा बेटा!"

"मेरा बेटा, वहाँ है!" उसने उँगली से एक दिशा में संकेत किया।

"साथ क्यों नहीं लायी!"

"सब कहते हैं तुम्हारा बेटा मर गया है! परन्तु हे तथागत! तुम मेरे बेटे को जिन्दा कर दो। वह मेरा इकलौता पुत्र है। मेरे पति की अन्तिम निशानी। अब वह दुनिया में नहीं है। मेरा पुत्र ही मेरा सहारा है। कृपाकर उसे जीवनदान दो, उसे जीवनदान दो भगवन।" वह फिर रोने लगी।

"ठीक है माँ, मैं तेरे पुत्र को जीवित कर दूँगा! परन्तु तुम्हें मेरा सहयोग करना होगा।"

"बताओ देव, मैं अपने पुत्र के लिए कुछ भी कर सकती हूँ।"

"माँ, तुम नगर तथा गाँव कहीं से एक मुट्ठी सरसों के बीज लेती आ।" बुद्ध ने कहा।

"यह कौन-सी बड़ी बात है देव, मैं अभी लेकर आती हूँ।" वह शीघ्रता से उठकर चलने को उद्यत हुई।

बुद्ध ने टोकते हुए कहा—"पर माँ, मेरी पूरी बात तो सुनती जा।"

वह मुड़ी तो बुद्ध ने कहा, "सरसों सिर्फ उसी घर से लेना, जिस घर में कभी कोई मृत्यु नहीं हुई हो।"

"अच्छा भगवन्!" कहकर वह तेजी से नगर की ओर गयी, जैसे अभी-के-अभी ला देगी।

वह नगर तथा गाँव में घर-घर गयी, और पूछा, "अगर आपके घर में, कभी किसी की मृत्यु नहीं हुई हो तो, एक मुट्ठी सरसों का दान देकर, मेरे पुत्र को जीवन दान दे दो।"

पर सबने कहा, नहीं। वह निराश हो गयी कोई ऐसा घर नहीं मिला जहाँ पूर्व में किसी की मृत्यु नहीं हुई हो। वह हताश होकर बुद्धदेव के पास पहुँची।

"सरसों ले आयी माँ!"

"नहीं देव!"

"क्यों!"

"कोई ऐसा घर नहीं है, जहाँ मृत्यु ने किसी-न-किसी को अपना ग्रास नहीं बनाया हो।"

वह उदास होकर बुद्ध के चरणों में बैठ गयी। बुद्ध ने कहा, "इस संसार को मृत्युलोक कहा जाता है, जो जन्मा है, उसका मरना सुनिश्चित है। यह अटल सत्य है। यहाँ क्या पुत्र, क्या पिता, क्या भाई, क्या बहन, क्या माता सारे सम्बन्ध ही मृत्युलोक के सम्बोधन हैं। आत्मा ही अमृत है। इसका कोई सगा-सम्बन्धी नहीं है। सारे रिश्ते शरीर के हैं, जब मनुष्य जन्म लेता है, तो रिश्ते गढ़ता है, मरण के पश्चात् रिश्ते स्वतः समाप्त हो जाते हैं। इसलिए माता! जाओ और पुत्र की अन्त्येष्टि क्रिया सम्पन्न कराओ।" वह शान्त हो चुकी थी, उसके आँसू थम चुके थे, उसका अर्द्धविक्षिप्त-सा चीत्कार सब समाप्त हो चुका था। वह उठी, बुद्धदेव को प्रणाम किया और वापस चल पड़ी।

अगले दिन वह पुनः बुद्ध के पास पहुँची। और प्रणाम कर बोली, "देव! इस संसार की नश्वरता मुझे समझ में आ गयी। मैं आपकी शरण में हूँ।"

"जाओ माता आज से तुम संघ में रहकर संसार के कल्याण के लिए धर्म के प्रचार में संलग्न हो।"

उपदेश पाकर वह साधना के लिए संघ में चली गयी।

आनन्द सदा बुद्धदेव की सेवा में लगा रहता था इसलिए उसे जब मौका मिलता, वह भगवन् से उनके संघर्षों की गाथा सुन लेना चाहता था। बुद्धदेव भी आनन्द की सेवाओं से इतने प्रसन्न रहते थे कि उसे संस्मरण सुनाते नहीं थकते थे।

"भगवन्! आपने तपश्चर्या शुरू करने के लिए जिस स्थल को चुना वह पूर्णतया निर्जन था या ग्रामीणों का वहाँ आवागमन था।" आनन्द ने पूछा।

"साधना के लिए सदा एकान्तवास ही ठीक रहता है। सो मैंने भी एक अश्वत्थ वृक्ष के नीचे तपश्चर्या शुरू की। कुछ दिन ही बीते थे कि एक घटना मुझसे आकर जुड़ गयी।"

"वह क्या देव!"

"मेरे जन्म के बाद जिन आठ ब्राह्मण भविष्यवेत्ताओं ने मेरे श्रमण होने की भविष्य-वाणी की थी, उनमें से सात मृत्यु को प्राप्त हो चुके थे। उनमें केवल कौण्डिन्य जीवित थे। उन्हें पता था कि शीघ्र ही मैं बुद्धत्व को प्राप्त करूँगा। इसलिए कौण्डिन्य सात अन्य भविष्यवेत्ताओं के पुत्रों के पास गये, और उनसे निवेदन किया। अगर तुम्हारे पिता जीवित होते, तो निश्चय ही बुद्ध के स्वागत के लिए संन्यास ग्रहण करते, परन्तु अब वे इस संसार में नहीं हैं। यह सौभाग्य तुम लोगों को मिल सकता है।"

"भविष्यवेत्ताओं के पुत्रों में संन्यास को लेकर मतैक्य नहीं हो सका। काफी देर तक तर्क-वितर्क होते रहे। अन्ततः तीन लोगों ने सांसारिक मोहजनित समस्याओं को बता कर, कौण्डिन्य के प्रस्ताव को अस्वीकार कर दिया। शेष चार वप्प, भद्दिय, अस्सजि, महानाम ने कौण्डिन्य को प्रमुख मानकर मुझे ढूँढ़ने निकल पड़े।"

"फिर क्या हुआ भगवन्!"

"वे चारों कौण्डिन्य के नेतृत्व में श्रमण वेशधारी होकर जगह-जगह ढूँढ़ते हुए उरुवेला के निकट मुझे साधना करते पाया। वे बड़े प्रसन्न हुए और वहीं मेरे साथ रहकर साधना करने लगे। उन्हें पूर्ण विश्वास था, कि एक-न-एक दिन मैं बुद्ध जरूर बनूँगा, क्योंकि यह बात कौण्डिन्य सहित चारों के पिता ने वर्षों पूर्व घोषणा कर दी थी।"

"क्या आपको उन पाँच तपस्वियों के आने से कोई परेशानी नहीं हुई।"

"वह साधक ही क्या जो तपस्वियों से परेशान हो जाये, वे मुझमें भविष्य का बुद्ध देख रहे थे, मेरी सेवा करते, फिर साधना में लग जाते। इस तरह लगभग छह वर्ष बीत गये। इन छह वर्षों में मैंने अन्न खाना बन्द कर दिया था। साधना के अन्तिम चरण में मैं कुछ भी नहीं खाता था। शरीर को पौष्टिक तत्त्व नहीं मिलने से, मैं पंजर मात्र रह गया था। शरीर का सारा बल नष्ट हो गया परन्तु मैं ध्यान में खोया, कई रहस्यमयी शक्तियों का साक्षात्कार कर रहा था कि एक दिन सुजाता आयी।"

"सुजाता कौन भगवन्!"

"सेनानी गाँव के श्रेष्ठी की गुणवती पुत्री इसका लालन-पालन बड़े ही लाड़-प्यार से किया गया था। श्रेष्ठी के घर में सुख-सुविधाएँ थीं, इसलिए बड़े होने पर सुजाता का ब्याह भी एक सुविधासम्पन्न घर में हुआ। कुछ दिनों तक सब कुछ ठीक-ठाक था। बाद में सुजाता की सास उसे प्रताड़ित करने लगी। सुजाता अपने व्यवहार से घरवालों का हृदय जीतने का प्रयास करती, इसके लिए वह घर के सभी कार्य को कुशलता से सम्पादित करती। परन्तु परिजनों के बदलते व्यवहार से दुःखी रहती। सुजाता का पति बन्दन उससे बड़ा स्नेह करता था। एक यही बन्दन था, जो सुजाता को दुःख उठाने को विवश न करता। सुजाता को पुत्र नहीं था। इसकी वजह से उसे बाँझ-निपूतनी-

जैसे जले-कटे सुनने पड़ते। दुःखी सुजाता एकान्त में खूब रोती, और ईश्वर से प्रार्थना करती कि वह उसकी गोद भर दें।"

"सुजाता अपने बचपन के दिन याद करती तो सारे दुःख समाप्त हो जाते। उसे याद आया कि किस प्रकार गाँव के निकट जंगल में खेल-खेल में चलपत्र वृक्ष से अच्छे गुणवान् पति की कामना की थी। समय के साथ उसकी इच्छा पूर्ण हो गयी। गाँव की स्त्रियाँ प्रायः उसी चलपत्र से अपनी मनोकामना करतीं, और मनोवांछित फल प्राप्त करती थीं।"

"एक दिन सुजाता का पति बन्दन कहीं गया हुआ था। सास ने जली-कटी सुनाकर सुजाता को घर से निकाल दिया। सुजाता ने सास के हाथ-पाँव जोड़े, कि वह घर से न निकाले, कम-से-कम उसके पति को आ जाने दें परन्तु वह दुष्टा नहीं मानी, और सुजाता को घर से निकालकर ही दम लिया। रोती-बिलखती सुजाता नंगे पाँव अपने पिता श्रेष्ठी के घर चल दी। वन मार्ग से गुजरते समय उसे अपना भविष्य संकट में लगने लगा। वह सोचने लगी। अगर कहीं से शेर आ जाता तो उसके पेट की क्षुधा शान्त करती, और अपने कष्टमय जीवन से मुक्त हो जाती।"

"भवितव्यता से मनुष्य द्वन्द्व करते हुए जीता है, सुजाता अधीर हो ऐसे ही क्षणों को जी रही थी, कि अचानक उसकी दृष्टि चलपत्र के उस वृक्ष पर पड़ी, जिसकी पूजा कर उसने गुणवान् पति की कामना की थी। उसे उम्मीद की किरण दिखायी दी। उसने रोते-बिलखते वृक्ष देवता से अपने हृदय की बात कह दी।" और कहा, "हे वृक्ष देवता! पुत्र के अभाव में नारी का जीवन कलंक-भरा होता है। मैंने जो कष्टप्रद जीवन जीया है, वह पुत्र न होने का अभिशाप मात्र है। मेरी गोद में पुत्र देकर मुझे कष्टप्रद जीवन से मुक्ति दे दो, पुत्र-प्राप्ति के बाद मैं आपको खीर चढ़ाऊँगी।"

"क्या सचमुच उसे पुत्र की प्राप्ति हुई!" आनन्द ने पूछा।

बुद्धदेव ने सुजाता की आगे की कहानी बताते हुए कहा, "हाँ आनन्द, समय के साथ उसे अत्यन्त सुन्दर पुत्र की प्राप्ति हुई।"

"मगर उसका पति!"

"उसका पति जब शाम को घर लौटा तो घर में पत्नी को न पाकर काफी नाराज हुआ। सुजाता के पति को उसकी माँ ने दूसरी पत्नी लाने का प्रलोभन दिया, परन्तु वह दुतकार कर सुजाता के पास चला गया। वहाँ श्रेष्ठी ने दोनों को रहने के लिए एक घर की व्यवस्था कर दी जहाँ दोनों सुखपूर्वक रहने लगे।"

"इस तरह सुजाता को अपने पति के साथ रहते हुए वर्षों बीत गये। जीवन के आपा-धापी के बीच पुत्र की कामना भी फलीभूत हो गयी। एक दिन सुजाता को याद आया, दुर्दिन में वन मार्ग में चलपत्र देवता से पुत्र की कामना की थी। उसने प्रसन्नतापूर्वक स्वयं ही अगले दिन खीर बनायी, और एक पात्र में रखकर सहेली के साथ वहाँ खीर चढ़ाने आयी। इतने वर्षों के अन्तराल में मैं वहाँ तपस्यारत था। उस समय मेरी दशा अत्यन्त ही कृशकाय हो गयी थी। मैं साधना के उत्कर्ष पर था। काफी

दिनों से एक ही आसन मुद्रा में बैठा, प्रकृति के रहस्यों से साक्षात्कार करता रहा, इस बीच धूल-गर्द से मेरा शरीर पट-सा गया था। जटाएँ बढ़ गयी थीं। शरीर का मांस गलकर हड्डियों का ढाँचा मात्र बचा था। अचानक सुजाता वहाँ आयी, और मुझे चलपत्र देवता समझकर, विभिन्न प्रकार से चरण वन्दन किया फिर खीर का पात्र आगे रखकर आग्रह किया, "हे देव! आपकी अनुकम्पा से मेरे अन्धकारपूर्ण जीवन में, पुत्र-प्राप्ति के बाद प्रकाश फैला, मैं अपने परिवार की उपेक्षिता थी, बाँझ थी, परन्तु देव, आपके आशीर्वाद से मेरा घर किलकारियों से गूँज रहा है। मैंने संकल्प लिया था, पुत्र-प्राप्ति के पश्चात् खीर चढ़ाऊँगी, सो हे देव! आप खीर ग्रहण कर मुझे कृतार्थ करें।" और मस्तक नवाकर वह चली गयी। खीर का पात्र मेरे सामने पड़ा था। वर्षों से मैंने कुछ ग्रहण नहीं किया था। सुजाता के आग्रह को मैं ठुकरा नहीं सका। अगर मैं खीर नहीं ग्रहण करता तो उसके विश्वास को ठेस लगती। मुझको भगवान् बनाने का श्रेय सुजाता को ही है। यह मेरे लिये बड़े ही असमंजस की स्थिति थी। मुझे बोधिसत्त्व प्राप्त करने में देर नहीं थी, ऐसा विश्वास मेरे साथ के अन्य श्रमणों को था, जो मेरे बोधिसत्त्व प्राप्त करने का उच्चाकांक्षा पाले साधनारत थे। मैंने आँखें खोल दीं। तपासन से उठा तो कृशता का आभास हुआ। शरीर के पोषण के लिए पर्याप्त ऊर्जा नहीं मिल पाने से शक्ति क्षीण हो गयी थी, शरीर में कम्पन था, पाँव जमीन पर ठीक से नहीं पड़ रहे थे। कुछ कदम चलने पर ही श्रम-परिहार की स्थिति आ गयी। शरीर के जोड़ जगह-जगह अवरुद्ध हो चुके थे। मैं नैरंजन के तट पर पहुँच जाना चाहता था। मुझे इस तरह साधना छोड़ नदी तट पर जाते देख, उन साधकों को आश्चर्य हुआ। दो-एक मेरे सहयोग के लिए आगे बढ़े, परन्तु मैंने उन्हें हाथ के इशारे से मना कर दिया। वे कौतूहल से मुझे देख रहे थे। मैंने नैरंजन में प्रवेश किया, स्नानकर, शरीर पर जमी धूल-गर्द साफ किया। फिर बाहर निकलना चाहा तो अशक्तता के कारण लड़खड़ा गया पर संयोगवश नैरंजन के तट से लगे एक वृक्ष की डाली हाथ आ गयी। मैं उसी के सहारे नदी से बाहर निकला और पुनः लड़खड़ाकर गिर गया। साधकों ने मुझे मृत समझ लिया। वे मेरे पास आये, तब तक मेरी चेतना लौट चुकी थी, इससे यही अनुमान किया कि कुछ देर के लिए अशक्तता के कारण मैं अचेत हो गया था। कुछ हिम्मत बढ़ी तो स्वयं ही उठकर, तपासन तक गया, काँपते, हिलते हाथों से खीर का पात्र उठाया और पास के एक बड़ी-सी शिला पर बैठकर सुजाता के स्नेहसिक्त विश्वास से भरा खीर खाने लगा। मुझे खीर खाता देख कौण्डिन्य को छोड़ अन्य चारों साधकों ने नाक-भौंह सिकोड़ी और कहा, "अब ये क्या बोधिसत्त्व बनेंगे, इन्होंने साधना छोड़कर, क्षुधा-तृप्ति का मार्ग चुन लिया। इतनी लम्बी तपस्या को एक कटोरी खीर के लिए छोड़ दिया। ऐसे साधक के पीछे साधना व्यर्थ करना है।" इस बात को लेकर पाँचों में खूब मतभेद हुआ। यद्यपि कौण्डिन्य इन चारों के तर्क से सहमत नहीं थे, भले ही चारों साधक कौण्डिन्य के कहने पर ही मुझे ढूँढ़ते हुए आये थे। कौण्डिन्य न चाहते हुए भी चारों साधकों से सहमत हो गये। उन लोगों ने तत्क्षण मेरा साथ छोड़ने का निर्णय किया। चारों साधकों ने धृष्टता

से मेरा त्याग किया, परन्तु बूढ़े कौण्डिन्य की आँखों में आँसू आ गये। मुझे छोड़कर जाते समय उन्होंने कई बार पीछे मुड़कर देखा।''

''फिर क्या हुआ देव? क्या उनके इस तरह जाने से आपको दुःख हुआ!'' आनन्द ने पूछा। बुद्धदेव लेट गये, और हथेली को मस्तक से लगाकर आराम मुद्रा में हुए। कुछ देर रुककर उन्होंने फिर कहना शुरू किया, ''जीव को दुःखों से त्राण के लिए ही मैं साधनारत था। उन पंच श्रमणों के जाने से मुझे न दुःख हुआ न खुशी हुई। हाँ, मेरा संकल्प और भी दृढ़ हुआ, वह संकल्प मेरे विश्वास को सम्बल प्रदान कर रहा था।'' मैंने कहा, ''अगर भविष्य में मुझे बोधिसत्त्व प्राप्त होना हो तो मेरे केश अधःगामी कभी न रहें, वे सदा के लिए ऊर्ध्वगामी हो जायें, और मैं दशों दिशाओं, नदी और वन को साक्षी मानते हुए संकल्प करता हूँ कि जब तक मुझे बोधिसत्त्व नहीं प्राप्त होगा, मैं तपासन से हटूँगा नहीं।''

''इसी संकल्प के साथ यह विचार आया कि मनुष्य को जीवन-रक्षा के लिए, पोषक तत्त्वों को ग्रहण करना आवश्यक है। शरीर से ही सारे कार्य सम्पादित होते हैं ऐसे में शरीर को अत्यधिक कष्ट देकर किसी उपासना का औचित्य नहीं है। मध्य मार्ग ही ठीक है, जहाँ न कठोर तप हो, न ही विलासिता। क्योंकि शरीर के सभी अंगों के समुचित कार्य करने के लिए ऊर्जा भी आवश्यक है।''

''हाँ, एक बात तो बताना भूल गया!'' बुद्धदेव ने स्मृतियों पर जोर देकर कहा।

''वह क्या देव!'' आनन्द ने कौतूहल से पूछा।

''यही कि सुजाता के खीर खाने के बाद जब मैं तपासन की ओर बढ़ा तो तोतों का एक झुण्ड उड़ता हुआ आया, यह विशाल झुण्ड मेरी परिक्रमा करने लगा, उस दौरान आकाश में हरे रंग का विशाल आवृत बन गया। मैं आश्चर्यचकित हो उस झुण्ड को देखता रह गया।''

''तोतों के इस परिक्रमा का क्या रहस्य था भगवन्!'' आनन्द ने पूछा!

''यह रहस्य तो बता पाना मेरे लिये दुष्कर है, हाँ सुना है, कुछ पशु-पक्षियों को किसी-किसी घटना का पूर्वाभास हो जाता है। हो सकता है उन तोतों को पूर्वभास रहा हो, या फिर कोई संयोग।''

''भगवन्! निश्चय ही उन पक्षियों को आपके बोधिसत्त्व होने का पूर्वाभास रहा है। क्योंकि उस समय कौण्डिन्य सहित अन्य श्रमण भी तो वहाँ मौजूद थे।''

''जो भी हो आनन्द, इस सन्दर्भ में ज्यादा कह नहीं सकता, क्योंकि ऐसी बातें कोरा अनुमान ही साबित होती हैं।''

●

महाराज मार चिन्तित थे। वह अपने महल के एक कक्ष में उद्विग्न हो, टहल रहे थे। कभी वह माथे पर हाथ रखते, कभी वह एक हथेली का मुक्का बनाकर, दूसरी खुली हथेली पर मारते। इस तरह अत्यधिक चिन्तित मुद्रा में देखकर महाराज मार के पुत्र विभ्रम, हर्ष, दर्प तथा पुत्रियों में अरति, प्रीति और तृष्णा ने पूछ ही लिया—"आप कुछ चिन्तित लगते हैं तात!"

"हाँ, मेरे पुत्र-पुत्रियो, आज प्रथम बार किसी मानव से इतना चिन्तित हुआ हूँ।"

"मानव से!" विभ्रम हँस पड़ा।

"हाँ पुत्र, परिस्थितियाँ ही कुछ ऐसी बन पड़ी हैं!"

"परिस्थितियाँ कैसी तात!" विभ्रम ने पूछा।

"शाक्य मुनि गौतम इन दिनों तपस्यारत हैं!" मार ने कहा।

"तो इसमें इतना चिन्तित होने की क्या बात है। इस संसार में आये दिन कोई-न-कोई तपस्यारत होता है, इससे आपके चिन्तित होने की कोई महत्त्वपूर्ण वजह नहीं दिखती।"

"महत्त्वपूर्ण है पुत्र, महत्त्वपूर्ण है! शाक्य कुमार गौतम ने जिस उद्देश्य से तप करना शुरू किया है, वह हमारे लिये चिन्तन करने का विषय है।"

"चिन्तन का विषय है, आप स्पष्ट क्यों नहीं बताते। हम तत्क्षण ही कोई उपाय ढूँढ़ लेंगे।"

"हाँ पुत्र, मुझे तुम लोगों से यही उम्मीद है। गौतम इस संसार से दुःख निवृत्ति के लिए तपस्या कर रहे हैं। और सृष्टि संचालन में गतिशीलता के लिए दुःख आवश्यक अंग है, अन्यथा मनुष्य अकर्मण्य हो जायेगा। मेरी भूमिका से इस चराचर जगत् में कोई अछूता नहीं है। मुझसे पीड़ित ही, जीव भले-बुरे कर्म करता है, फिर पाप भोगता है, और अन्ततः मृत्यु को प्राप्त हो जाता है। इसमें मेरे परिवार और सैन्यबल का महत्त्वपूर्ण योगदान रहता है। अगर गौतम अपने उद्देश्य में सफल हो गये तो, जगत् से मेरा प्रभाव

कम हो जायेगा। फिर मेरी सन्ततियाँ, मेरी प्रजा, मेरे सैनिक अकर्मण्य हो जायेंगे। इसलिए हमें हर सम्भव प्रयास करके गौतम को रोकना होगा।''

वहीं खड़े मार के दूसरे पुत्र दर्प ने गौतम की तपश्चर्या का उपहास करते हुए कहा कि, ''पिताश्री आप जरा भी व्यथित न हों, गौतम की तपश्चर्या को हम चुटकियों में भंग कर देंगे।''

''नहीं पुत्र दर्प, अपने शत्रु को कभी कमजोर नहीं समझना चाहिए, गौतम दृढ़ संकल्पी लगता है अन्यथा अपने नवजात शिशु और अत्यधिक स्नेह करनेवाली पत्नी को छोड़कर इस प्रकार वन में नहीं चला आता।''

''फिर क्या करना चाहिए तात!'' हर्ष ने कहा।

''आक्रमण पुत्र, आक्रमण! गौतम के संकल्प को रोकने के लिए एकमात्र उपाय आक्रमण ही है।''

''तो फिर मैं अकेले ही चला जाता हूँ!'' दर्प ने कहा।

''नहीं पुत्र, यह काम तुम्हारे अकेले का नहीं है। तुम तीनों एक साथ जाओ, पर ध्यान रहे, गौतम का सबसे बड़ा अस्त्र उसकी इच्छा-शक्ति है। अगर तुम उसके इच्छा-शक्ति को तोड़ने में सफल रहे तो ही हमारी विजय है।''

''आप निश्चिन्त रहें पिताश्री, आप अपने पुत्रों पर विश्वास रखें, इस संसार में आज तक कोई हमारे प्रभाव से नहीं बच सका है। फिर गौतम तो अबोध युवा है।''

''फिर वही बात, मैंने पूर्व में कहा था कि पुत्र शत्रु को कमजोर समझना, केवल मूर्खता है, और यह मूर्खता मैं तुम लोगों को करने नहीं दूँगा।'' महाराज मार ने कहा।

''फिर आप ही आदेश दें कि हम क्या करें!'' तीनों ने एक साथ निवेदन किया।

''तुम लोग प्रधान सेनापति भद्रसेन सहित छल, प्रपंच, पाखण्ड, लोभ, दुर्व्यसन जैसे ताकतवर सैनिकों की लम्बी सेना लेकर जाओ, और गौतम पर आक्रमण कर, उनकी तपश्चर्या भंग कर दो।''

''जो आज्ञा पिताश्री!'' कहकर तीनों ने कक्ष से प्रस्थान किया।

गौतम साधना के उन्नतोदर में प्रवेशकर शक्तियों का आह्वान कर रहे थे, प्रकृति को संचालित करनेवाली शक्तियों का तेज पुंज, उनका स्वागत करने के लिए आगे बढ़ने लगा। साथ ही कई तरंगें भी आवृत्ति के रूप में आकर उनके शरीर को मण्डित करने लगीं। इस समय गौतम के शरीर से विद्युत् कणों-सी चुम्बकीय शक्तियाँ टकरा रही थीं। उनके तपासन के आसपास एक प्रच्छन्न घेरा बन गया। गौतम के शरीर से ऊष्मा निकल रही थी। उसी समय मार पुत्र अपनी सेना के साथ, विविध प्रकार के आयुधों से सजे वहाँ पहुँचे। दर्प आँखें क्रोध से लाल कर आगे बढ़ना चाहा तो विभ्रम ने उसे इशारे से रोक दिया। फिर कूट सैन का पहला अस्त्र चलाते हुए आपस में बोला—''अरे। यह देखो, सिद्धार्थ का यह शक्यवंश का इकलौता दीपक है। जाने किस

मायावी ने इसकी बुद्धि पलट दी है। जो राजसी सुखों को त्यागकर, व्यर्थ में शरीर सुखा रहा है।''

''हाँ भइया! हमने भी सुना है, क्या यह वही बिन माता का पुत्र है। जिसका पालन-पोषण गौतमी ने किया है।''

''हाँ भई, ये वही राजकुमार गौतम हैं, बेचारे को सगी माता का स्नेह व दुलार मिला होता तो, भला घर-बार छोड़कर जंगल में क्यों आता।'' इस पर हर्ष ने मुदित होकर कहा, ''भइया, चाहे जो हो मुझे तो कोमल तनवाले इस शाक्य कुमार पर दया आ रही है। इसके मुखमण्डल को जरा निहारो कैसी मासूमियत झलक रही है, क्या इसके पिता इतने पाषण हैं जो अपने पुत्र की सुधि भी नहीं ली।'' ''ठीक कहते हो हर्ष भइया विमाता तो विमाता होती ही है, परन्तु पिता को तो ऐसा नहीं होना चाहिए, अरे इस उम्र में दूसरी पत्नी का इतना मोह कि अपने पुत्र की कोई खोज-खबर ही न लें।''

विभ्रम ने भी तेज आवाज में सिद्धार्थ को सुनाकर कहा, ''मैं तो कहता हूँ, इस युवक के पिता को तो भगवान् भी क्षमा न करें, देखो कैसी बेचारे के शरीर की सारी हड्डियाँ दिख रही हैं, मुझे तो लगता है, इसे तप त्यागकर विपुल ऐश्वर्य जुटाना चाहिए।''

''सत्य कहते हो भाई, इस वय में भला कोई तप करता है, यह वय तो सुन्दर रमणियों के साथ, रमण करने का है।'' हर्ष ने कहा। इस पर दर्प ने मुँह बिचकाकर कहा, ''बड़ा अभागा है, यह गौतम, अब इसे जीवन में क्या सुख मिलेगा।''

इस तरह मार पुत्रों ने पहले अपने तरकश के अकाट्य शस्त्र छोड़े, परन्तु वे तप कर रहे गौतम पर कोई असर नहीं डाल सके। तब प्रपंच ने प्रधान सेनापति को आदेश दिया। प्रपंच बड़ा शक्तिशाली योद्धा था। मार के साम्राज्य में इसके बल की खूब चर्चा थी। वह गर्वोन्मत्त होकर आगे बढ़ा। और रुदनास्त्र छोड़ते हुए विलाप करने लगा। ''हाय...हाय, अरे गौतम, तुम किस झमेला में फँस गये, तुम्हारी उम्र तो राजसुख भोगने की है, किस मूर्ख ने तुम्हें भ्रमित किया, जो वन में आकर तप करने लगे। तुम्हारी पत्नी तुम्हें याद कर विलाप करती होगी। तुम्हारा अबोध शिशु अपनी उदास माँ का मुख देखकर रोता होगा, अरे अभागे गौतम, यह तुमने क्या कर डाला, क्या तुम्हारे हृदय में दया, ममता नहीं है। अब भी मेरी बात मान जा और वापस चला जा, तुम्हें इस कृच्छ्र साधना से कुछ मिलनेवाला नहीं है।''

परन्तु गौतम तो प्रकृति की लय में खो चुके थे। उन्हें बाहर की दुनिया का भान नहीं था। उन्हें पता नहीं था कि मार ने अपने साम्राज्य की रक्षा के लिए इतनी विशाल सेना भेजी है। मार का भय उचित ही था, क्योंकि गौतम के बोधिसत्त्व होने के बाद संसार से, उसके दृढ़ दुर्ग में प्रवेश का मार्ग प्रशस्त हो जायेगा। इसलिए अपने राजा के आदेश के अनुपालन में छल और पाखण्ड ने भी गौतम की तपस्या भंग करने का प्रयास किया परन्तु गौतम को उनके आसन से हिला नहीं सके। अन्ततः निराश होकर मार पुत्र सेना सहित वापस चले गये। पिता के समक्ष मुँह लटकाकर खड़े होने पर मार ने फटकार

लगाते हुए कहा—"जब शत्रु तुमसे अधिक शक्तिशाली हो जायेगा, तो मैं अपने राज्य की सुरक्षा की कल्पना कैसे कर सकूँगा। एक साधारण-से तपस्वी से तुम परास्त होकर चले आये यह बड़े ही शर्म की बात है।"

पिता द्वारा भाइयों को इस प्रकार फटकारते देख, पास खड़ी मार पुत्रियों में सबसे बड़ी अरति ने निवेदन किया—"पिताश्री आप अपने पुत्रियों को एक अवसर प्रदान करें। हमारे प्रभाव से बड़े-बड़े तपस्वी डिग गये, फिर इस शाक्य कुमार में क्या रखा है।"

"पुत्रियो, मुझे तुम्हारी योग्यता पर किसी प्रकार की शंका नहीं है, परन्तु यह शाक्य कुमार बड़ा दृढ़ मालूम पड़ता है। तुम लोग ऐसा प्रभाव जमाओ कि वह अपने तपस्या से विमुख हो जाये।"

"पिताश्री हम स्त्रियोचित गुणों से उसे तपस्या से विमुख कर देंगे, जब बड़े-बड़े ऋषि, मुनि, देव, दनुज, यक्ष, किन्नर आदि को हमारे आगे घुटने टेकने पड़े तो इस साधारण-से मानव में क्या रखा है।" यह बात अति उत्साह में प्रीति ने कही।

"क्या तुम भी अपने भाइयों की तरह बड़बोलेपन का परिचय दे रही हो।" मार बोला।

"नहीं तात! मुझे इस बात का विश्वास है कि पुरुष की अपेक्षा स्त्री को कुछ विशेष गुण प्राप्त हैं, वह कहीं ज्यादा प्रभावकारी हैं, इतिहास साक्षी है, स्त्रियों ने बड़ों-बड़ों को धराशायी किया है।" प्रीति बोली। प्रीति की बात सुन पास खड़ी तृष्णा चहककर बोली, "तात! हम उस गौतम के अन्दर ऐसी प्यास जगायेंगे, कि वह तपस्या भूलकर हमारे इशारों पर नाचेगा।"

अपनी पुत्रियों को इस प्रकार आत्मविश्वास से भरा देखकर मार ने गर्व से मस्तक उठाकर कहा, "जाओ मेरी पुत्रियो, तुम अपने गुणों से गौतम को वशीभूत कर लो, हमारी यह जीत धरती पर प्राकृतिक गुणों की जीत साबित होगी।"

"पिता से आशीर्वाद ले, मार पुत्रियाँ गर्वोन्मत्त हो वहाँ चलीं, जहाँ मैं तपस्यारत था। मेरे सुन्दर मुखमण्डल को तेजोयुक्त देखकर तीनों मोहित हो गयीं। वह जहाँ मुझको मोहित करने निकली थीं, वहीं स्वयं मोहित होकर आपस में बातें करने लगीं।"

"बहन, इस शाक्य कुमार पर तो मुझे बड़ी दया आ रही है, इसके ऊपर अपने अस्त्र प्रक्षेप करना क्रूरता का परिचय देना है।" यह बात अरति ने कही।

उसकी बात का समर्थन करते हुए तृष्णा ने कहा, "हाँ बहन, इसके मुख पर कितना लावण्य है, नेत्र तो उधर से हटते ही नहीं।"

"क्यों न हम लोग एक साथ उसके समीप चलें जहाँ से उसके तेजोयुक्त मुखमण्डल को निहार सकें", प्रीति की बात से सहमत हो, तीनों गौतम के समीप आयीं, और आकर्षित हो उठीं, वे मन्त्रमुग्ध हो, देर तक सौन्दर्यपान में खोयी रहीं।

अचानक अरति की चेतना ने झकझोरा—"अरे निर्बुद्धि, यह क्या कर रही हो, तुम लोग पिता के समक्ष अपने स्त्रियोचित गुणों की बहुत डंका पीट रही थी, फिर यहाँ आकर शाक्य कुमार पर मन्त्रमुग्ध हो उठीं, अरे पागलो, क्या मुँह दिखाओगी, पिता के समक्ष।"

चेतना द्वारा झकझोरे जाने पर अरति को दायित्वबोध हुआ, उसने देखा प्रीति और तृष्णा गौतम को देखकर मुस्करा रही हैं। उसने दोनों के कन्धे पकड़कर झकझोरा और प्रीति और तृष्णा से कहा, "प्यारी बहनो! आज पिता के साम्राज्य पर संकट आया है। वे हम पर विश्वासकर स्वयं नहीं आये, अन्यथा वे कभी अपने शत्रु को छोड़ते नहीं। अरति की बात सुनकर दोनों को अपराधबोध हुआ। फिर तीनों ने छद्म मुस्कान के साथ गौतम पर प्रभाव जमाने के लिए, नृत्य और गान का सहारा लिया। विविध प्रकार की कामुक मुद्राएँ बनायीं, चूड़ियाँ, कंगन व नूपुर खनकाये, परन्तु जब गौतम पर किसी प्रकार का असर नहीं हुआ तो स्त्रियोचित व्यंग्य बाण चलाना शुरू किया।"

"अरे शाक्य कुमार, क्या तुम्हें स्वयं के युवा होने का बोध नहीं है, जो हम-जैसी यौवनपरिपूर्ण सौन्दर्यशालिनी युवतियाँ नहीं दृष्टिगोचर होतीं।"

यह बात अरति ने कहा, परन्तु मुझ पर प्रभावहीन साबित हुआ।

फिर प्रीति ने कहा, "क्यों अपने यौवन को व्यर्थ सुखा रहे हो कुमार, हम कामदग्ध हैं, हम तुम्हें आनन्द-सुख से परिपूर्ण कर देंगी।"

"अरे, ओ निष्ठुर संन्यासी, क्या हमारी बातें तुम्हें सुनायी नहीं पड़तीं या फिर स्वाँग कर रहे हो, जरा एक बार हमारे यौवन को देख लो, फिर भले ही तुम साधना में रत हो जाना हम सन्तोष कर लेंगे।" तृष्णा ने अपनी बात को अतिरंजना के साथ कही।

"हे शाक्य मुनि, हमारा प्रणय स्वीकार करो, हमें प्रेम दान दो, तुम्हारा यह पाषाण हृदय बनना शोभा नहीं देता, हम मनुहार करती हैं।" अरति ने कहा। "प्रीति की रीति से संसार आच्छादित है तुम भाग्यशाली हो शाक्य सिंह, हमारे एक संकेत पर संसार का दृढ़ पुरुष भी सान्निध्य का सुख भोगता है, परन्तु हम तुमसे प्रणय-निवेदन कर रहे हैं, तुम्हारे कोमल गात को देखकर यही लगता है कि तुम स्वयं के साथ प्रतिघात कर रहे हो, हे युवा! इस निर्जन वन में हम तीनों के अलावा भला कौन है, इसलिए संकोच त्यागकर रतिक्रीड़ा में संलग्न होकर, अपने पुरुषार्थ का परिचय दो।" प्रीति ने गौतम को पुनः उकसाने का प्रयत्न किया। परन्तु दृढ़प्रतिज्ञ कुमार गौतम पर इसका असर नहीं पड़ा।

"अगर हम प्रस्थान कर गये तो गौतम, तुम अपने दुर्भाग्य को कोसोगे, पश्चात्ताप करोगे, हमें जगह-जगह ढूँढ़ोगे, फिर हमें न पाओगे। इसलिए हे राजकुमार! इस कृच्छ्र साधना को छोड़ो, इससे तुम्हें कुछ प्राप्त होनेवाला नहीं है। हम प्रणय की अनुगामिनी युवतियों का स्वच्छन्दतापूर्वक भोग करो।" यह बात अरति ने कुछ धमकाने-जैसी भाषा में कहा, परन्तु इसका असर गौतम पर नहीं हुआ। तब तृष्णा ने आक्रोश से कहा, "अरे नादान श्रमण, हमारी प्रणय-याचना को इतने हलके में लिया, और हमारी उपेक्षाकर,

अपने पुरुषार्थ का परिचय दे रहे हो पर मत भूलो, कि हम महाराज मार की पुत्रियाँ हैं। हमारी इच्छाओं को पिता ने सदा महत्त्व दिया है। उनकी शक्ति का लोहा, यह चराचर संसार मानता है। इसलिए तुम्हें हमारी उपेक्षा भारी पड़ेगी, हमारे पिता तुम्हें छोड़नेवाले नहीं हैं।" इतना कहकर तीनों नागिन की तरह फुफकारती, पैर पटककर चली गयीं।

जब मार को उनकी पुत्रियों ने बताया कि गौतम हठी है। हमने हर प्रकार के आयुधों का प्रयोगकर उन्हें अपने वश में करने का प्रयास किया, परन्तु उसने हमारी घोर उपेक्षा की और हमारे सारे प्रयास निष्फल साबित हुए।

यह सुनकर मार ने प्रचण्ड हुंकार भरी और क्रोध में जलते हुए उसने मुट्ठियाँ भींचीं।

"सेना को तैयार करो हम अभी इसी क्षण शाक्य कुमार को परास्त करने के लिए प्रस्थान करेंगे।"

मार की आज्ञा पर सेना तैयार हुई, वह युद्ध के लिए उन्मत्त हो चला। गौतम के समीप जाते ही उसके पाँव ठिठक गये। उसने देखा शाक्य कुमार ने अपने सिर पर संकल्प चिह्न मुंज तृण धारण कर रखा है। कुछ देर के लिए स्तब्ध हो गया कि कदाचित् मेरे पुत्र-पुत्रियों ने इस गौतम के विषय में जो कहा वह सत्य ही है। मुझे इस पर सीधे आक्रमण करने के बजाय, कुछ विवेक से काम निकालना होगा। ऐसा सोचकर वह एक वृद्ध का रूप बनाकर सिद्धार्थ के समीप गया और करुण स्वर में बिलखते हुए कहा, "अरे सिद्धार्थ गौतम, यह क्या अविवेकपूर्ण कार्य कर रहे हो। तुम्हारी वय कृच्छ्र साधना की थोड़े है। तुम्हारे कृशकाय गात को देखकर मुझे रोना आ रहा है। किस भ्रम में तुमने स्वयं को प्रताड़ित करने का निर्णय ले लिया है। मेरी बात मानो युवक सिद्धार्थ, अभी तुम्हारी अवस्था सुखोपभोग की है। अपने माता-पिता और युवा पत्नी तथा उस नवजात पुत्र के लिए यह निरर्थक हठ छोड़कर, परिजनों के सौभाग्य से अपनी प्राण रक्षा करो, यह शक्तिहीन शरीर प्राणभार सहने में अक्षम हो रहा है। अगर तुमने शीघ्र ही कृच्छ्र साधना नहीं छोड़ी तो निश्चय ही माता-पिता के स्नेह से पालित-पोषित यह शरीर खो दोगे।"

मार के इस भ्रामक उद्‌बोधन का साधनारत सिद्धार्थ पर कोई असर नहीं हुआ। वह उसी अवस्था में बैठे रहे, जिस अवस्था में बैठे थे। मार को गौतम से प्रतिक्रिया की उम्मीद थी, वह कुछ देर प्रतीक्षा करता रहा, फिर आक्रोशित हो अपने रूप में आ गया। और क्रोध में भरकर तेज आँधियोंवाला वायव्य अस्त्र छोड़ा। अस्त्र के प्रभाव से वन के घनघोर वृक्ष आपस में टकराने लगे, तीव्र ध्वनि के साथ बड़े-बड़े वृक्ष मूल सहित उखड़ने और टूटकर गिरने लगे। उसकी भयावहता देखकर कमजोर हृदय का व्यक्ति प्राण त्याग दे। परन्तु सिद्धार्थ गौतम को बाहरी परिस्थिति का कोई भान नहीं था। देर तक इन्तजार के बाद मार ने वरुणास्त्र का प्रयोग किया। तेज आँधियों के बीच अचानक मूसलधार

बारिश से वन के वृक्ष नहा उठे, और साधनारत गौतम भी। बिजली के कड़कने और चमकने से वन अत्यन्त भयानक लग रहे थे। तेज बारिश से देखते-ही-देखते तपासन के इर्द-गिर्द पानी लग गया। विद्युत् ध्वनि का वह स्वर वातावरण में भय का संचार करता था परन्तु मुझ पर नहीं। इस बार मार ने आग्नेय अस्त्र चलाया, जिसके प्रभाव से तपासन के पास अग्नि के गोले गिरने लगे, और विस्फोट की ध्वनि उत्पन्न करते। मार का यह अस्त्र भी मुझे विचलित नहीं कर पाया। तब मार ने अपने सैनिकों की एक टुकड़ी को मुझे भयाक्रान्त करने का आदेश दिया। आदेश मिलते ही विभिन्न प्रकार के भयानक आयुधों से सुसज्जित सैन्य टुकड़ी तपासन को घेरकर खड़ी हो गयी, और विभिन्न प्रकार की भयानक आवाजें निकालकर डराने लगी। परन्तु मैं विचलित नहीं हुआ। फिर मार ने सेना की दूसरी टुकड़ी को आगे किया जो अट्टहास करते हुए तपासन त्याग करने के लिए प्रेरित करने लगी, परन्तु वे असफल रहे। मार अब निराश हो गया। वह मेरी साधना भंग करने में असफल रहा। वह जाते-जाते कठोर चेतावनी देते हुए कहा, "श्रमण गौतम यह मत समझना कि मैं हार गया, आज भले ही तुम विजयी रहे, परन्तु मैं प्रतीक्षा करूँगा। एक-न-एक दिन तुम्हें परास्त करके तुम्हारे सिद्धान्त भंग कर दूँगा।" इतना कहकर वह चला गया। वातावरण पहले-जैसा हो गया, जैसे अभी यहाँ कुछ हुआ ही न हो।

"इस तरह आनन्द, मुझे कठोर तप करते हुए, दिन-पर-दिन बीतने लगे, और उनचासवें दिन, एक तेज पुंज मेरे मस्तिष्क में उदित हुआ। उस तेज पुंज के प्रकट होते ही, मेरे मस्तिष्क में पल रहे, जाने कितने प्रश्नों का उत्तर स्वतः मिल गया। और मैंने आँखें खोल दीं। वातावरण पहले की तरह शान्त व नीरव नहीं था। सुरभित हवाएँ चल रही थीं, पक्षियों की चहचहाने की ध्वनि मन को मोहित कर रही थी, हिरनों, खरगोशों के शिशु तपासन के इर्द-गिर्द निश्चिन्ततापूर्वक भ्रमण कर रहे थे। यह मेरे लिये अत्यन्त आनन्द का क्षण था। सच कहूँ तो यह मेरा बौद्धिक उन्नयन ही था, जो साधारण मनुष्य से कहीं बहुत अधिक ऊपर था। फिर भी मेरे मस्तिष्क में बौद्धिक उन्नयन की कोई हलचल नहीं थी, सामान्यतया ऐसा साधारण मनुष्य में नहीं होता कि उसकी बुद्धिलब्धि अचानक बढ़ जाये। प्रायः बुद्धिलब्धि के घटने या बढ़ने से मनुष्य असन्तुलित हो उठता है, परन्तु मेरे साथ ऐसा नहीं था। यह धैर्य मेरी साधना ने मुझे दिया था। मैं तपासन से उतर गया, और थोड़ी चहलकदमी की।"

•

"जानते हो आनन्द, बुद्धत्व-प्राप्ति के बाद भी मैं, चिन्तन में संलग्न था। समाज में व्याप्त विभिन्न प्रकार की विकृतियों, कुरीतियों के चलते मानव-जीवन जटिल व दुरभिसन्धि पर था, धार्मिक कर्मकाण्ड, तन्त्र-मन्त्र, जादू-टोने, पाप-पुण्य, पशुहिंसा, जाति-पाँति, ऊँच-नीच-जैसी संकीर्ण सोच से समाज भरा-पटा था। यह देखकर कभी-कभी मैं हतप्रभ हो जाता था कि मनुष्य स्वयं द्वारा निर्मित दुःख उठाने को विवश हैं। घर-घर पशुहिंसा वैदिक परम्पराओं के यजन का प्रतिफल था, जिसके कारण आचार-विचार दूषित हो चुके थे। धन-सम्पदा या सामाजिक प्रतिष्ठा तथा शारीरिक व्याधियों के निवारण के लिए उचित निर्णय न लेकर तन्त्र-मन्त्र, टोना-टोटका के प्रति आकर्षण जन-जन में व्याप्त था। हिन्दू समाज धार्मिक ढोंगियों के चक्रव्यूह में फँसा हुआ था, जो भोले-भाले लोगों को सुख-सत्ता के प्रति लालसा जगाकर स्वार्थ सिद्धि में लिप्त था। राजसत्ताएँ समाज में व्याप्त विभिन्न विरोधाभास के बीच सन्तुलन बनाने में लगी थीं, परन्तु उनका प्रयास निरर्थक था, क्योंकि वह स्वयं ही दिग्भ्रमित थे। राज-परिवार के सत्ता-संघर्ष ने उन्हें प्रजा से विमुख कर दिया था। युवा भटकाव की स्थिति में आ चुका था। तुम समझ सकते हो जिस राष्ट्र का युवा भटक जाय, वह राष्ट्र पतन के सोपान पर खड़ा हो जाता है। राष्ट्रीय समाज के एक बहुत बड़े वर्ग को बौद्धिक विकास की आवश्यकता थी, जो तत्कालीन परिस्थितियों में सम्भव नहीं था। हाँ, उसमें परिवर्द्धन की तमाम सम्भावनाएँ जीवित थीं। नीति-निर्धारण के अभाव ने मनुष्य को उस मोड़ पर खड़ा कर दिया था, जहाँ से जनता बौद्धिक खुराक की आवश्यकता महसूस कर रही थी।"

"सत्य तो यह है आनन्द, कि मेरे मन में किसी धर्म की स्थापना का विचार ही नहीं था, न ही मैंने हिन्दू धर्म के विपरीत कोई धर्म खड़ा करने के लिए तप किया था। इस गहनतम साधना के पीछे मानव-कल्याण का उद्देश्य निहित था। भटक रहे मानवों ने मेरे उपदेश को धर्म समझ लिया। चूँकि मैं मनुष्य को बौद्धिक बनाने के प्रति

संकल्पवान् था अतः मेरे बौद्धिक सिद्धान्त को, धर्म की व्याख्या मान बैठे। मैं इसके लिए तैयार भी हो गया, क्योंकि भले ही मनुष्य के इस आकर्षण से नये धर्म का प्रादुर्भाव होता था, परन्तु मेरा उद्देश्य फलीभूत होता नजर आ रहा था।''

''हाँ, तो मैं बता रहा था कि बोधिसत्त्व-प्राप्ति के बाद भी मैं साधना पर बैठता था, तथा स्वयं तर्क द्वारा समस्या पैदा करता और स्वयं ही चेतना द्वारा समाधान प्राप्त करता। इसका उद्देश्य मानव-जीवन के दुःखों का समूल नाश ही था, जिसमें मुझे सफलता मिल रही थी क्योंकि अब जिज्ञासा शान्त करने के लिए भटकना नहीं था। वह उत्तर स्वयं ही प्राप्त हो जाता। इस तरह कई सप्ताह तक मैंने मानव-जीवन की विभिन्न कठिनाइयों, दुःखों के कारणों के शोध-चिन्तन में बिताया, फिर एक निष्कर्ष पर पहुँचने के बाद, भ्रमणशील होकर मानवता का कल्याणकारी उपदेश देने का निर्णय लिया। अब मेरे मन में एक जटिल प्रश्न प्रस्फुटित हुआ।''

''वह क्या देव!'' आनन्द ने पूछा।

''इस कृच्छ्र साधना से प्राप्त चैतन्य ज्ञान किसे प्रदान करूँ, कौन इसका योग्य पात्र होगा, कौन होगा वह मनुष्य जो मेरे उपदेश को गम्भीरता से समझ सकेगा।''

''भगवन्! फिर वह कौन प्रथम व्यक्ति आपको मिला, जिसको आपने उपदेश दिया।'' आनन्द ने पुनः जिज्ञासा व्यक्त की।

''प्रिय आनन्द, मैं बोधिसत्त्व प्राप्तकर, कई सप्ताह तक चिन्तन करता रहा। एक दिन मैंने देखा, शकटों पर विक्रय के लिए सामान लादकर जा रहे व्यापारियों का काफिला, मेरे बिलकुल समीप से गुजरा। उस काफिले से दो व्यापारी भाई त्रपुष और भल्लिक मेरे पास आये।''

''प्रणाम श्रमण देव!'' दोनों ने प्रणाम निवेदित किया। मैंने आशीर्वाद की मुद्रा में हाथ उठाया और कहा, ''कल्याण हो भन्ते, वेश-भूषा से आप लोग व्यापारी लगते हैं।''

"हाँ, महात्मन्, मैं त्रपुष और ये भल्लिक हम दोनों उत्कल प्रदेश में व्यापार करने जा रहे हैं। अब तक हमें व्यापार में घाटा हुआ, हम आर्थिक रूप से विफल हुए। इस बार हमने अपनी समस्त बची हुई पूँजी लगाकर व्यापार करने का निश्चय किया है। हमारा मन लाभ-हानि के भ्रमर में फँसा हुआ है और हम पूर्णतया आशंकित हैं, कि हमारा व्यापार सफल होगा या नहीं, हम लाभ में होंगे या पूर्व की तरह व्यापार में घाटा ही उठायेंगे।"

पास में बैठे भल्लिक ने दोनों हाथ जोड़कर याचना की, "हे महात्मा! हमारी समस्त पूँजी इन शकटों पर लदी हुई है। अगर हम व्यापार में सफल रहे तो, इस संसार को देख पायेंगे, अन्यथा मृत्यु को वरण करना पड़ेगा।"

"नहीं, प्रिय बन्धुओ! आप लोग अपने हृदय से हानि का भ्रम निकाल दें। उच्च मनोबल से किया गया व्यापार कभी हानि नहीं पहुँचाता। जिस प्रकार आपने अपनी

समस्त पूँजी इकट्ठा कर व्यापार शुरू किया है, उसी प्रकार समस्त मनोभावों को नियन्त्रित कर, व्यापार में मन लगायें, आशंका से ऊर्जा का क्षरण होता है।" मेरी बातों से उनमें उम्मीद की किरण दिखायी दी।

"तो क्या हम निश्चय ही सफलता प्राप्त करेंगे महाराज।" दोनों ने एक साथ पूछा।

"सन्देह कर भय के पुनरागमन को आमन्त्रित मत करो वणिको, व्यापार और युद्ध को एक दृष्टि से देखना चाहिए।"

उस तरह दोनों व्यापारियों का मेरे उपदेशों से साहस बढ़ा। वे आशंका त्याग, ऊर्जा के साथ व्यापार के लिए कटिबद्ध हुए। त्रपुष ने हाथ जोड़कर निवेदन किया–"हे महाराज! आपकी बातों से हम पुनः ऊर्जावान् हुए। अतः चलते-चलते हम आपको कुछ भेंट देना चाहते हैं।"

"नहीं त्रपुष, मुझे धन का कोई आकर्षण नहीं है। मैंने तपश्चर्या के दौरान कुछ खाया नहीं। अतः मेरी सारी इच्छाएँ समाप्त हो चुकी हैं। तुम मुझे कुछ देने के बजाय अपने व्यापार में मन लगाओ।" मैंने कहा।

इस पर भल्लिक ने कहा, "नहीं देव पुरुष, हम अपने पथ-प्रदर्शक को बिना कुछ भेंट किये नहीं जायेंगे।"

"आप लोग हठ न करें, धन मेरे लिये मूल्यहीन है, और अन्न खाने की इच्छा नहीं बनती, इसलिए आप निश्चिन्त होकर जायें।" मेरे बार-बार कहने पर, दोनों भ्राता नहीं माने और पुनः निवेदन करते हुए कहा।

"महात्मन्! हम आपको अन्न और धन का दान नहीं देंगे, बल्कि मन्ह और मधुपिण्ड देंगे। मन्ह तो अन्न से निर्मित होता है परन्तु इसे पकाना नहीं पड़ता केवल घोल बनाकर पी सकते हैं। यह दोनों चीजें आपके लिए उपयुक्त हैं।"

"परन्तु एक श्रमण के लिए हाथ पर भिक्षा ग्रहण करना निषेध है, अगर मैं आप लोगों की बात मान भी लूँ तो, मेरे पास उपयुक्त पात्र नहीं है।" मैंने कहा।

"आप चिन्ता न करें देव, हम व्यापारीगण हैं, हम सुदूर देशों से बहुत-सारी वस्तुएँ लाते हैं और जरूरतमन्दों को बेचते हैं। हम आपको भिक्षापात्र सहित मन्ह और मधुपिण्ड देंगे।"

मैं दोनों की अभ्यर्चना को ठुकरा नहीं सका और त्रपुष तथा भल्लिक का दान स्वीकार किया।

"तो क्या त्रपुष और भल्लिक ही आपके प्रथम शिष्य हुए देव!" आनन्द ने पूछा।

"नहीं आनन्द! त्रपुष और भल्लिक को उपदेश देकर मैंने श्रमण नहीं बनाया था, बल्कि उनका मार्गदर्शन किया था। श्रमण का कर्त्तव्य होता है कि वह दुःखों का शमन करे। मैंने उनके दुःखों का शमन करके उन्हें व्यापार कर्म के प्रति प्रेरित किया था।"

"फिर प्रथम शिष्य कौन हुआ देव!" आनन्द ने पूछा।

"जैसा कि मैंने तुम्हें पूर्व में बताया था कि मेरे लिये यह यक्ष प्रश्न-जैसा था कि मेरे बोधिसत्त्व बनने के बाद, मेरे प्राप्त ज्ञान को ग्रहण करने की योग्यता किसमें है। किसका चयन करूँ। द्विविधा में पड़ा था कि अचानक काशी का स्मरण हो आया, बचपन में सुना था काशी विद्वानों, पण्डितों की नगरी है। हो सकता है मेरे ज्ञान को समझनेवाला काशी में ही मिल जाये।"

"फिर क्या हुआ भगवन्!" आनन्द ने पूछा।

"फिर मेरे पाँव स्वतः काशी की ओर चल पड़े। उस समय काशी क्या पूरे राष्ट्र में विभिन्न मत, मतावलम्बियों का जमघट था, सारे धर्म-सम्प्रदाय स्वयं की पूर्णता का दावा करते थे।"

"परन्तु भगवन्, मैंने तो सुना है उस समय केवल हिन्दू धर्म ही था।" आनन्द ने पूछा।

''निस्सन्देह आनन्द, वर्तमान प्रचलित धर्म हिन्दू ही था। परन्तु हिन्दू धर्म धार्मिक कर्मकाण्ड से इतना आच्छादित हो चुका था कि स्वार्थी प्रवृत्ति के लोग भोली-भाली प्रजा को ठगने के लिए विभिन्न मत-मतान्तर का प्रयोग करते थे।"

"यह कैसा सत्य है भगवन्!" आनन्द कुछ समझने के प्रयास में प्रश्न पूछ बैठा।

"हाँ आनन्द, मुझे भी यह अनुभव विचित्र ही लगा।"

"वह कैसे भगवन्!"

जब मैं काशी यात्रा पर था, मार्ग में केवल यह विचार करता रहा कि किसे मैं प्राप्त ज्ञान का विवरण सुनाऊँ, जिसकी समझ में आ जाये। संयोगवश काशी के समीप ही मुझे उपक नामक एक भिक्षु मिला, औपचारिक परिचय के बाद मैंने प्राप्त ज्ञान के सन्दर्भ में चर्चा की, तो वह उदासीन होकर बोला—''मैं जिस धर्म से जुड़ा हूँ, जिस मत को मानता हूँ, वही मेरे लिये पर्याप्त है।''

"मगर मैं किसी धर्म की बात नहीं सुनाता हूँ, बल्कि मैं कठिन साधना से प्राप्त आत्मबोध को बताना चाहता हूँ। यह ज्ञान आपके लिए उपयोगी होगा।"

"क्षमा करें महात्मन्, हमारे धर्म में विधर्मी की धर्म-सम्बन्धी बात सुनने पर प्रतिबन्ध है।" वह बोला।

"विधर्मी कैसे हूँ भाई!" मैंने पूछा।

"अगर आप विधर्मी नहीं हैं, तो हमें यह बतायें कि आप किस धर्म के मतावलम्बी हैं, आपका शास्ता कौन है।" उपक ने पूछा।

उपक की बातें मुझे एक क्षण के लिए विवश कर दीं कि क्या उत्तर दूँ। फिर मैंने कहा, ''इस दुःखमय संसार को दुःख मुक्त करने के लिए मार्गदर्शन की आवश्यकता है, और इसी मार्ग का दर्शन मुझे आत्मबोध में हुआ, जिसे मैं आपको बताना चाहता हूँ।''

''कदापि नहीं सन्तपुरुष, मैं आपकी बात सुनकर अपने धर्म से च्युत नहीं होना चाहता, क्षमा कीजियेगा।'' कहकर वह चल पड़ा।

"फिर तो मुझे आलार कालाम के पास जाना पड़ेगा, क्योंकि वही एकमात्र ऐसे विद्वान् महात्मा हैं, जो मेरे विचारों को सुन व समझ सकेंगे।"

आलार कालाम का नाम आते ही वह ठिठक गया, और पलटकर बोला, "उनको तो शरीर त्याग किये महीनों हो गये।"

"और रामपुत्त उद्दक!" मैंने कौतूहल से पूछा।

"वह भी कुछ दिन पूर्व चिरनिद्रा को प्राप्त हुए!" इतना कहकर वह आगे बढ़ गया।

"एक बार तो मैं उदासीन हो उठा कि आलार कालाम या रामपुत्त उद्दक रहते तो निश्चय ही मेरे बोध को समझ सकते थे। अब तो कोई ऐसा नहीं लगता जो मेरी बात सुनेगा।" हाँ, अगर पंचभिक्षु मिल जायें तो मेरा आत्मबोध उनके काम आ जाय। क्योंकि वे साधना के समय मेरी सेवा में संलग्न रहे, सम्भवतः इस उम्मीद में कि मैं एक दिन बुद्ध अवश्य बनूँगा परन्तु उन्होंने जल्दबाजी दिखायी और स्थान त्याग दिया। "तो क्या पंचभिक्षु आप से मिले भगवन्।" आनन्द ने पूछा।

"हाँ आनन्द, काशी में भटकते-भटकते मैं मृगदाव वन में ऋषिपत्तन गया। संयोगवश मेरी दृष्टि पंचभिक्षुओं पर पड़ी। मेरे मन में विश्वास की अग्नि प्रज्वलित हुई। मैं उनके समीप पहुँचा तो कौण्डिन्य को छोड़कर शेष चारों के विचार मेरे प्रति असहज थे। उनको क्षोभ था कि साधना छोड़कर मैंने देह क्षुधा शान्त करने के लिए आहार लेना शुरू कर दिया है। यह एक कृच्छ्र साधक के लिए निन्दनीय है।"

"सच बताऊँ आनन्द, तो सुजाता का खीर दान देना, मेरे लिये वरदान से कम नहीं था। वर्षों की कृच्छ्र साधना से मैंने जो शरीर के साथ घात किया उसका ज्ञान मुझे खीर खाने के बाद ही मिला। उस दिन ही मैंने जाना कि किसी उपलब्धि के लिए शरीर का पोषण आवश्यक है न कि कठिन साधना से आवश्यक ऊर्जा भी नष्ट करना। इसलिए मैंने मध्य मार्ग का चयन किया, जो पंचभिक्षुओं को अच्छा नहीं लगा।"

"फिर क्या हुआ देव!" आनन्द ने पूछा।

"जब मैं पंचभिक्षुओं के समीप पहुँचा तो वे परस्पर बातें कर रहे थे, अचानक चुप हो गये। कौण्डिन्य ने मेरा अभिवादन किया, किन्तु चार अन्य भिक्षुओं ने मुँह फेर लिया। इस पर कौण्डिन्य ने प्रतिरोध व्यक्त करते हुए कहा कि अरे नादान श्रमणो, आज अगर तुम्हारे पिता जीवित होते, तो निश्चय ही तथागत को यह दिन न देखना पड़ता। वे उनका मुक्त हृदय से स्वागत करते और ज्ञान प्राप्त करते।"

"हमें भ्रमित न करें भन्ते, इस गौतम ने क्षुधा-तृप्ति के लिए साधना भंग की है और शरीर को पालित-पोषित करने लगा, हम व्यर्थ ही इनके साथ अपना समय नष्ट किये।" अस्सजि बोला।

"गौतम का साथ छोड़कर, तुम लोगों ने क्या पाया।" कौण्डिन्य के इस प्रश्न पर सभी मौन हो गये। उन्हें चुप देखकर कौण्डिन्य ने आगे कहा--"जहाँ तक मैं समझता हूँ, तुम तब भी भ्रमित थे, और अब भी भ्रमित हो। तुम लोग समझते हो, सत्य से साक्षात्कार करने में तुम सही थे, और ये गलत।"

"तो आप इन्हीं से क्यों नहीं पूछ लेते कि क्या इन्हें ज्ञान प्राप्त हुआ।" इस बार वप्प बोला। कौण्डिन्य कुछ कहते इसके पहले मैं ही बोल पड़ा--"हाँ भिक्षुओ, मुझे ज्ञान प्राप्त हुआ!" यह सुनकर सभी आश्चर्यचकित हो गये, और मुझे देखने लगे।

"आश्चर्य न करें भिक्षुओ, मैंने ज्ञान प्राप्त कर लिया है। परन्तु क्या तुम लोग मुझे बैठने के लिए नहीं कहोगे।"

"जरूर कहूँगा गौतम, मैं आपके लिए आसन लाता हूँ।" कहकर वप्प कुटिया में चला गया। लौटा तो उसके हाथ में चटाई थी। उसने जमीन पर बिछा दी, एक मेरे लिये और पाँच अपने लिये। इसके पहले वप्प कुछ कहे कौण्डिन्य ने स्पष्ट कहना शुरू किया--"देखो भिक्षुओ, हम लोगों ने जिस उद्देश्य से गृह-त्याग किया था, वह दिन आज आ गया। हमारे बीच में तपस्वी गौतम नहीं हैं, बल्कि हमारे शास्ता हैं। हम इनके ही बताये मार्ग का अनुगमन करेंगे, परन्तु एक संकल्प के साथ।"

"वह क्या भन्ते!" भद्दिय ने पूछा।

"भिक्षुओ! मैं तुम सबसे वय में बड़ा हूँ, इसलिए तुमको यह बात बताता हूँ। गौतम तपश्चर्या से बुद्धत्व प्राप्तकर बुद्ध हो चुके हैं। वह हमारे प्रेरक हैं, मार्गदर्शक हैं, शास्ता हैं। और अपने शास्ता का नाम लेना अनुचित है।" कौण्डिन्य ने कहा।

"ठीक कहते हैं आप, हम लोग अपने शास्ता को भ्रमवश साथी जानकर नाम से पुकार रहे थे। अतः हम सभी संकल्प करते हैं कि भविष्य में कभी भूलकर भी अपने शास्ता का नाम नहीं पुकारेंगे, और उन्हें देव तुल्य सम्बोधन ही देंगे।" यह बात अस्सजि ने कही तो सभी लोगों ने सहमति जता दी।

अब मैंने सम्बोधन किया--"मेरे प्रिय भिक्षुओ, मेरे मार्ग का अनुसरण करने से पूर्व, तुम स्नानकर, केश त्याग तथा नये चीवर धारणकर मेरे समीप आओ।"

"जैसी आपकी आज्ञा भगवन्!" कौण्डिन्य ने कहा। तो चार अन्य भिक्षु भी मुझे प्रणाम कर, स्नान करने चले गये।

मैं कुछ देर के लिए ध्यान मुद्रा में बैठा ही था कि सभी भिक्षुओं ने लौटकर मुझे पुनः प्रणाम किया और उपदेश के लिए बैठ गये।

"हे भिक्षुओ! आज मैं आप लोगों को धर्म का मार्ग बताने जा रहा हूँ, यह पारम्परिक धर्मों से इतर नूतन धर्म है, जो मनुष्य को मनुष्यता का पाठ पढ़ायेगा। इस दुःखमय संसार में दुःख से निवृत्ति का मार्ग है। सारा संसार इस आग में जल रहा है, क्या आप लोग इस नूतन धर्म मार्ग से स्वयं को जोड़कर संसार दुःख निवृत्ति के लिए तैयार हैं।"

"हाँ देव, हम तैयार हैं!" सभी के स्वर एक मत हो गूँजे।

"तो ठीक है भिक्षुओ! ध्यान से मेरी बात सुनो। प्रव्रज्यों को दो अन्तों का अनुशीलन नहीं करना चाहिए, पहला कामोपभोग के प्रति आसक्ति दूसरा आत्मनिग्रह अर्थात् देह-दण्डन के प्रति अनुरक्ति। इसलिए ही मैंने मध्यमार्ग का चयन किया है।"

"हे भिक्षुओ! दोनों छोरों को छोड़ दो, और बीच से चलो। विषय-वासना में लिप्त होना निन्दनीय है किन्तु उससे अधिक निन्दनीय है कृच्छ्र साधना द्वारा शरीर को सुखा देना। जो बातें बुद्धि में न आयें, उन्हें मानने से इनकार करके भी हम धार्मिक बने रह सकते हैं।"

"हे भिक्षुओ! जो बुद्धिगम्य न हो, अथवा जीवन के लिए जिसका उपयोग न हो, जो राह में नहीं आ सकता हो, उसकी चर्चा करना छोड़ दो, जो बुद्धि से पकड़ा नहीं जा सकता हो उसका पीछा करना छोड़ दो।"

"ध्यान से मनुष्य अपनी इन्द्रियों पर निग्रह करना सीखता है, अपने मन पर नियन्त्रण की शक्ति पाता है। और अपने भीतर डूबकर अपने पूर्व जन्म की स्मृति तक पहुँच सकता है।"

"बुद्धि और विवेक के मार्ग पर चलो। बुराई के बदले भलाई दो, घृणा के बदले प्रेम दो। अगर कोई व्यक्ति अज्ञानतावश मेरी निन्दा करता है तो भी मैं उसे प्रेम की छाया दूँगा, और वह जितनी बुराई करेगा, मैं उतनी भलाई करता जाऊँगा।"

"जैसे मैं हूँ, वैसे वे हैं, जैसे वे हैं, वैसा ही मैं हूँ, इस प्रकार सबको अपने जैसा समझकर न किसी को मारो न मारने को प्रेरित करो।"

"तुम अपने क्रोध के लिए दण्ड नहीं पाओगे, बल्कि अपने क्रोध द्वारा दण्ड पाओगे। इसलिए भिक्षुओ क्रोध पर नियन्त्रण आवश्यक है।"

"हे भिक्षुओ! सांसारिक दुःखों में मुक्ति के लिए मनुष्य को अष्टांगिक मार्ग का चयन करना चाहिए। ये अष्टांगिक मार्ग हैं—सम्यक् दृष्टि, सम्यक् संकल्प, सम्यक् वाणी, सम्यक् कर्म, सम्यक् आजीविका, सम्यक् व्यायाम, सम्यक् स्मृति और अन्तिम है सम्यक् समाधि।"

"सांसारिक दुःख का सामूहिक नाम है जरामरण, और जरामरण के मूल में चार आर्य सत्य हैं। जिसमें दुःख नामक पहला आर्य सत्य है। जन्म दुःख कारक है। जरा दुःख कारक है, मरण भी दुःख कारक है। अप्रियों का समागम, और प्रियों का वियोग तथा इच्छित वस्तु का न मिलना भी दुःख का कारण है।"

"बार-बार उत्पन्न होनेवाली, और अनेक विषयों में रमनेवाली कामतृष्णा, भावतृष्णा और विनाशतृष्णा।" तृष्णा नाम का दूसरा आर्य सत्य है।"

"वैराग्य से उस तृष्णा का पूर्ण निरोध करना, त्याग करना उससे मुक्ति पाना। यह दुःख निरोध नाम का तीसरा आर्य सत्य है।"

"और जिस अष्टांगिक मार्ग की चर्चा मैंने पूर्व में की वही दुःख निरोधगामिनी प्रतिपदा नामक चौथा आर्य सत्य है।"

इसलिए हे भिक्षुओ! कोई इस संसार में इस बात से इनकार नहीं कर सकता कि जगत् में दुःख नहीं है। और हर व्यक्ति सोचता है कि मेरा दुःख कैसे नष्ट होगा। अतः आप लोग अब धर्म के कार्य में प्रवृत्त हो जाइये, इस संसार को दुःख मुक्त करने के लिए धर्मोपदेश दीजिये। आप सभी अलग-अलग दिशाओं का अनुसरण कीजिये, आप लोगों का यह दल संघ के नाम से जाना जायेगा।

●

"एक बात समझ में नहीं आयी भगवन्!" आनन्द ने पूछा।

"वह क्या आनन्द!"

"यही कि पंचभिक्षुओं में चार ने उपेक्षा से व्यवहार क्यों किया, क्या उन्हें आपकी साधना पर विश्वास नहीं था।"

"ठीक कहते हो आनन्द, उन पंचभिक्षुओं को क्या, तत्कालीन समाज में सहजता से किसी को विश्वास नहीं होता था कि मैंने साधना द्वारा बोध प्राप्त किया है। और रही बात उपेक्षा की तो एक बात जान लो आनन्द, कि मनुष्य की यह प्रवृत्ति होती है, जब तक उसे विश्वास न हो जाय कि अमुक उपलब्धियों में उससे श्रेष्ठ है, वह नतमस्तक नहीं होता है। इसमें एक बात प्रमुख थी, जिसको माता गौतमी ने मुझे बताया था।"

"वह क्या भगवन्!" आनन्द की जिज्ञासा ज्यों-की-त्यों थी।

"सुनो आनन्द! यह घटना मेरे शैशवावस्था की है, जिसकी स्मृति मुझे नहीं है, मुझे तो केवल माता के वचनों की स्मृति है।"

"शीघ्र सुनायें देव! मेरी उत्कण्ठा बढ़ती जा रही है। मैंने अपना पूरा ध्यान, आपके मुख से निकलनेवाली ध्वनियों पर टिका रखा है।"

ठीक है आनन्द, तुम्हारी जिज्ञासा ही तुमको अन्यों से भिन्न करती है। लो सुनो।

"यह बात उन दिनों की है, जब हर वर्ष की भाँति कृषि समारोह मनाया जा रहा था। राजमहल से लेकर प्रजा तक में एक विशेष उत्साह था। सारी तैयारियाँ पूर्ण थीं, पिताश्री उस दिन अपने हाथ से हल चलाकर कृषि कार्य का प्रारम्भ करते थे। यह एक अत्यधिक प्राचीन परम्परा थी, जब राजा एक दिन के लिए राजकीय वैभव त्यागकर कृषि कार्य करते थे। अनगिनत बैलों के सहारे खेती की जाती थी। पिताश्री के साथ अन्य अनुभवी किसान भी होते थे। इस समारोह में राजपरिवार के लोग तथा राज्य के विशिष्टगण भी आमन्त्रित होते थे। दास-दासियाँ समारोह पश्चात् बँटनेवाले स्वर्ण कार्षापण की लालच में इकट्ठे होते थे। मैं तो शिशु ही था, माता गौतमी पिताश्री से

अनुरोध कर मुझे भी वहाँ ले गयी। मैं कुशल दासियों की देख-रेख में था। मेरे आराम के लिए पालने का भी प्रबन्ध किया गया था। समारोह शुरू होते-होते कुछ विलम्ब हो गया, उस दिन धूप भी थी। आयोजन जब उत्कर्ष पर पहुँचा तो दासियों का मन भी उस स्थल की ओर जाने को हुआ। मैं दासियों की गोद में देखते-सुनते सो गया। चूँकि मेरी वजह से वे आयोजन स्थल को नजदीक से देख नहीं पायीं, पालने में मुझे सुला दिया, और आयोजन देखने लगीं। मेरी नींद खुली तो मैं हाथ-पाँव मारते उठ बैठा, मेरे पाँव जाने कब बैठने के प्रयास में पद्मासन की मुद्रा में मुड़ गये। मैं उसी मुद्रा में बैठा मजे से आयोजन देख रहा था। शायद भीड़-भाड़, चहल-पहल अच्छा लग रहा था। इसलिए मैं रोया नहीं, और दासियाँ कृषि समारोह देखने में संलग्न रहीं। जब समारोह खत्म हुआ तो, मुझे देखने दासियाँ मुड़ीं तो आनन्दपूर्वक खेलते देख, भौंचक हो गयीं क्योंकि संयोगवश मेरे पाँव पद्मासन मुद्रा में थे, जो कोई चमत्कार नहीं था। इस दृश्य को देखकर सभी स्तम्भित थे। अब आयोजन के बाद मुझे देखने के लिए भीड़ लग गयी, पिताश्री भी आये, देखे तो हँसकर कहने लगे कहीं मेरा पुत्र संन्यासी न बन जाये।"

तो माता गौतमी ने कड़ी फटकार लगाते हुए कहा, "शुभ-शुभ बोलिये, मेरी बहन की यही एकमात्र निशानी है, मेरा प्राण है, ऊपर से आप कह रहे हैं कहीं संन्यासी न हो जाये।"

"मैं तो परिहास कर रहा था महारानी, यह तो मेरे प्राणों से भी अत्यधिक प्रिय है। भला कौन पिता चाहेगा कि उसका पुत्र कम उम्र में संसार त्यागकर वैरागी बने।"

"हाँ महाराज, हमारी तो कामना है कि हमारा पुत्र चक्रवर्ती सम्राट् बने।" महारानी गौतमी ने कहा।

"हाँ महारानी, हम अपने पुत्र के पालन-पोषण में संसार की वह सभी वस्तु उपलब्ध करायेंगे, जिससे वह सांसारिक आकर्षण में बँधकर, चक्रवर्ती सम्राट् बने।" हम लोग राजमहल चले आये परन्तु कपिलवस्तु की प्रजा में महीनों चर्चा होती रही कि, ''राजकुमार पालने में पद्मासन लगा लिये थे।"

"आनन्द! एक बात तो जानते ही हो कि आदिकाल से लेकर अद्यतन प्रजा की प्रवृत्ति लगभग एक-सी रही है। प्रजा जिसे अपना स्वीकार कर लेती है, उसके गुण-दोषों की विवेचना नहीं करती शायद इसलिए कि उसमें अपने राजा के प्रति प्रेम निहित होता है।" बुद्धदेव ने कहा।

"आपका आशय किस घटना की ओर है देव।" आनन्द ने पूछा।

"केवल इस बात की ओर कि मेरे जन्म के बाद ज्योतिषियों द्वारा की गयी उद्घोषणा तथा कुछ महीने पश्चात् कृषि समारोह की घटना मेरे साधक होने के भविष्य की पुष्टि कर चुके थे।'' कहकर बुद्धदेव चुप हो गये।

चलते-चलते आनन्द ने एक दिन बुद्धदेव से कहा, ''देव! ऋषिपत्तन में प्रवास के दौरान पंचभिक्षुओं के बाद किसके हाथ प्रव्रज्या दी। बुद्धदेव ने आनन्द के कन्धे पर हाथ रखे चलते-चलते ही कहा, "ऋषिपत्तन में प्रवास के दौरान मैं पंचभिक्षुओं में प्रायः प्रचलित धर्म के अन्धविश्वास में फँसी प्रजा वर्ग और सामाजिक दशाओं पर चर्चा करता रहा।"

"धर्म मानव-जीवन का आत्मिक आधार है। जैसे किसी वस्तु को बिना आधार टिकाया नहीं जा सकता वैसे ही मानव-मूल्यों को। और मूल्य प्राप्त होते हैं आत्म-साक्षात्कार से। प्रचलित धर्मों ने एक-दूसरे से श्रेष्ठ बनने की प्रवृत्ति को ग्रहण कर लिया था, जिसका परिणाम था जीवन का पीछे छूट जाना और स्थापित मूल्य धराशायी हो रहे थे। मूल रूप से समाज में धार्मिक भावना और सामाजिक चेतना में सामंजस्य नहीं था, प्रचलित धर्म विरुद्धों के सामंजस्य पर चल रहे थे। देखो आनन्द! मानव-मन में स्व प्रस्फुटित कुछ ऐसे प्रश्न होते हैं, जिनका समाधान केवल धर्म ही कर सकता है। और वह सृष्टि संचालन सम्बन्धी प्रश्नों के उत्तर बिना आध्यात्मिक विकास के सम्भव नहीं है।"

"तत्कालीन परिवेश में विवेकहीन और श्रद्धारहित जीवन का प्रादुर्भाव हो रहा था। लोग असंगतियों के बीच धर्म से डरे हुए थे। जो समय के पाश से आबद्ध थे, समाज के गिरते मूल्य के प्रति उदासीन थे, धर्म के प्रति आस्था ही जीवनरक्षक प्रणाली है। इसका कोई विकल्प नहीं है, हम चाहे जितने मार्ग बदल लें। परन्तु विवेक के दायरे में आनेवाली बातों के साथ।"

"आनन्द, भोग एक रोग है! मनुष्य विलासिता भोगने के चक्कर में विवेक को बहुत पीछे छोड़ देता है, परन्तु जब पुनः विवेक से साक्षात्कार होता है तो वैराग्य छोड़ सभी मार्ग बन्द हो चुके होते हैं।"

"वह कैसे भगवन्!" आनन्द ने पूछा।

"ऋषिपत्तन में प्रवास के दौरान यश आया था!"

"यश कौन देव!"

"वह काशी के एक श्रेष्ठी का पुत्र था! चूँकि वह सुविधासम्पन्न परिवार का इकलौता पुत्र था, इसलिए कम उम्र में ही विलासी हो गया। विलासिता में ही उसका समय बीतने लगा। आमोद-प्रमोद में समय बिताने लगा। आमोद-प्रमोद में समय बिताना उसका प्रिय शौक था। नर्तकियों-गणिकाओं के बीच वह अपना समय काटता था। एक रात नृत्य-गान करनेवाली गणिकाएँ, ज्यादा मद्यपान करने के कारण वहीं सो गयीं, सभी कर्मचारी जा चुके थे। उस कक्ष में बेसुध पड़ा यश व गणिकाएँ ही थीं। प्रभातपूर्व वेला में यश की निद्रा खुली। उसका सिर भारी था। वह उठा तो शरीर का सन्तुलन ठीक नहीं था। फिर भी यश ने सोचा कि वह दरवाजे से बाहर निकल जाये। उसने देखा कि गणिकाएँ मदिरापान कर बेसुध हो सोयी हुई हैं। किसी की नाक से खर्राटे की बेढंगी

ध्वनि निकल रही थी, किसी के मुँह से लार टपककर फैला हुआ है, किसी के वक्ष से आँचल हट जाने से उसके उरोज दिख रहे हैं, कोई मुँह चला रही है, जैसे कुछ खा रही हो। विभिन्न वय की इन गणिकाओं का यह रूप देखकर यश के मन में वितृष्णा जाग उठी। उसने सोचा क्या मैं ऐसी ही स्त्रियों से घिरा जीवन को व्यर्थ गँवा रहा था। क्या जीवन का उद्देश्य इन्हीं सब व्यर्थ की विलासिता में है, कदापि नहीं। क्या मैंने अभी तक जीवन को खोया है, अगर खोया है, तो क्या पाना था, जिसको मैं मतिभ्रम की दशा में नहीं पा सका। इस तरह विचार करके उसने अत्यन्त दुःख का अनुभव किया। वह सोचने लगा कि, माता-पिता के समक्ष क्या मुँह दिखाऊँगा, अब से पूर्व मैंने ऐसी सुधि क्यों नहीं ली, उनके कठिन श्रम से उत्पन्न धन का मैंने दुरुपयोग ही किया, यह धन ही मेरे भटकाव का मार्ग बन गया, अब इस धन के प्रति लिप्सा व्यर्थ है। मेरा जीवन व्यर्थ है। मेरे कुकृत्यों का प्रायश्चित्त क्या होगा, आखिर कहाँ जाऊँ मैं, किसे अपना मार्गदर्शक बनाऊँ जो मेरे जीवन के शेष समय को धर्म के पथ पर मोड़ दे।''

''धर्म का ध्यान आते ही वह चौंका और उसे मेरी स्मृति आयी, क्योंकि उस समय मेरे भिक्षु काशी के लिए कौतूहल के विषय थे। जिसकी वजह से जहाँ-तहाँ श्रेष्ठी परिवारों में चर्चा होती थी कि कोई बुद्ध है जो दुःख नाश के लिए वर्षों तपस्या किया है। और आजकल ऋषिपत्तन में प्रवास किये हुए है। इसलिए यश अत्यन्त दुःखी मन से मेरे समीप आया।''

''प्रणाम देव!''

''कहो श्रेष्ठी कुमार, अपने वैभवपूर्ण जीवन के सुख त्यागकर मेरे समक्ष किस हेतु से आये हो।''

''भगवन्, मेरा मन अत्यन्त क्लान्त है, मैं दुःख-सागर में डूब रहा हूँ। कृपाकर मुझे बचाइये देव।''

''अरे कुमार! दुःख तो मनुष्य की परछाईं है, इससे बचने का केवल एक मार्ग है।''

''वह क्या भगवन्!''

''आपको प्रव्रज्या ग्रहण करनी होगी!''

''मुझे इस विलासितापूर्ण जीवन से मुक्ति चाहिए, मैंने आज तक कोई ऐसा कार्य नहीं किया है, जिससे मन को सुख प्राप्त हो।''

''सारे कार्यों का आरम्भ मन से होता है, मनुष्य यदि दुष्ट गन से बोलता है या कार्ग करता है, तो दुःख उसका पीछा करता है। जो मनुष्य अच्छी वस्तुओं को देखता हुआ विहार करता है, इन्द्रियों में असंयत रहता है, भोजन के परिणाम को नहीं जानता और जो प्रमादी तथा वीर्यविहीन है, उसे मार इस प्रकार गिरा देता है, जिस प्रकार दुर्बल वृक्ष को हवा गिरा देती है। ठीक से छाजन किये हुए मकान में वर्षा का पानी प्रवेश नहीं कर पाता उसी प्रकार अच्छे संस्कारों से पालित चित्त में कोई रागात्मक दोष प्रवेश नहीं कर पाते।''

"तुमने किसी बाण बनानेवाले लोहार को देखा है कुमार यश!"

"हाँ भगवन्!"

"जिस प्रकार लोहार तीर को सदा सीधा करने का प्रयत्न करता रहता है, उसी प्रकार ज्ञानी मनुष्य, सदा विचलित रहनेवाले चित्त को सीधा करने का प्रयत्न करता है। इसलिए मनुष्य को दूसरों के गुण-दोष देखने के बजाय, स्वयं के भले-बुरे कार्यों को देखना चाहिए।"

"मैं समझ गया भगवन्, मेरे चित्त की स्थिरता के लिए प्रव्रज्या प्रदान कीजिये।" यश ने कहा।

"ठीक है यश, तुम्हें मैं प्रव्रज्या प्रदान करता हूँ!"

"जाओ अर्हत् बनो!" इस तरह मैंने उसे भोगलिप्सा से बाहर निकाला। यह द्वन्द्व प्रवृत्तियों का होता है आनन्द, कुछ ग्रहण की हुई प्रवृत्ति होती है, तो कुछ पूर्व जन्म की अमिट प्रवृत्तियाँ, मनुष्य के अन्दर इन्हीं गुण-दोष के कम या अधिक होने पर प्रवृत्तियाँ विकसित होती हैं। यश के प्रव्रज्या ग्रहण की सूचना पर उसके माता-पिता आये, उन्हें दुःख था कि मैंने उनसे उनका बेटा छीन लिया। फिर मैंने समझाया कि यश को विलासितापूर्ण जीवन से बाहर निकाला है मैंने, अब वह संसार के दुःखी मनुष्यों को दुःख से बाहर निकालने के लिए प्रयत्नशील है, क्या आप लोगों को अपने पुत्र पर गर्व नहीं है। मेरी बात पर यश के नाराज माता-पिता ने कहा, "अरे महात्मा मेरा पुत्र जैसा भी था, मेरी आँखों के सामने उपस्थित था। अब आपने उसे संन्यासी बनाकर संसार में भटकने के लिए विवश कर दिया।"

"हमने आपका क्या बिगाड़ा था महात्मा, किस वैर का बदला लिया।" कहकर यश की माता रोने लगीं। मैंने उन्हें समझाते हुए कहा, "इस संसार में हर कोई किसी का पुत्र है, किसी का पिता है, पति है, भाई है, रिश्तेदार, नातेदार है, ये सभी सांसारिक सम्बोधन हैं। परन्तु सांसारिक रिश्तों में आबद्ध वह पवित्र आत्मा शरीर के माध्यम से दुःख उठाने को विवश है, यद्यपि वह दुःख आत्मा को नहीं होता बल्कि शरीर को होता है, फिर भी वह एक-दूसरे से निबद्ध है। जब शरीर जरा-मरण का कष्ट उठाता है तो आत्मा कहीं भाग तो नहीं जाती, बल्कि समय पूर्ण होने तक विवश होती है। कुछ देर के लिए यह मान लो कि यश शरीर है और तुम आत्मा। क्या तुम इस बात से इनकार कर सकते हो कि यश के दुःख से तुम दुःखी नहीं होते।" दोनों चुप हो गये।

मैंने आगे कहा, "जब शरीर नीरोग व स्वस्थ रहता है तो आत्मा भी प्रसन्न होती है, जैसे तुम लोग होते हो। अब बताओ मैंने शरीर को रोगमुक्त करके क्या गलत किया।" दोनों पुनः चुप रहे।

"अब आप निश्चिन्त रहें, आपका पुत्र दोषमुक्त है, समय आने पर अपने पुत्र से प्रसन्नतापूर्वक मिल लेंगे।" यश के माता-पिता का विषाद नष्ट हो गया और वे प्रसन्नतापूर्वक लौट गये।

बुद्धदेव विश्राम के लिए लेटे हुए थे। आनन्द स्नेहपूर्वक पाँव दबा रहे थे। बुद्ध अपने जटिल बीमारियों से शारीरिक रूप से पहले जैसी ऊर्जा नहीं महसूस कर रहे थे। राज गृह प्रवास के दौरान लम्बे समय तक की अस्वस्थता ने उनके शरीर को काफी कमजोर कर दिया, परन्तु उद्‌देश्य तो पूरा करना ही था, सबके लाख मना करने के बावजूद, राजगृह से चल पड़े। आनन्द भी महसूस करता था, कि भगवन् का सान्निध्य जब तक है, संसार को दुःख निवृत्ति का मार्ग स्पष्टतः दिखायी देता है, परन्तु बाद में...।

"बिना स्वास्थ्य के जीवन जीवन नहीं होता, आनन्द। बस पीड़ा की एक स्थिति है, मौत की छवि है।"

"ऐसा न कहें देव! इस संसार को आपकी जरूरत है।"

"नहीं आनन्द, संसार को मनुष्य के शरीर की नहीं, विचार की जरूरत होती है। क्योंकि यह तो नाशवान् है, एक-न-एक दिन नष्ट होना ही है, परन्तु विचार तो नष्ट नहीं होंगे न।"

आनन्द चुप रहा कुछ कह नहीं पाया। बात कहते-कहते अचानक बुद्धदेव को खाँसी आयी, और मुख से रक्त निकल पड़ा। आनन्द घबड़ा गया।

"भगवन्!"

"चिन्ता न करो आनन्द, अभी निर्वाण में समय है, अभी बहुत-कुछ करना है।"

आनन्द बिलख उठा। बुद्धदेव ने समझाया, भावनाओं से ऊपर उठो आनन्द, तुम्हें मेरे बाद बहुत-कुछ करना है। मेरे बाद बौद्धिष्ट, मार्ग से विमुख न हो जायें, इसलिए मेरे सिद्धान्तों को लिपिबद्ध कर देना। बुद्धदेव कुछ क्षण शान्त हो गये। फिर अचानक बोल पड़े—"आनन्द! मेरे निर्वाण के बाद हो सकता है, तुम लोगों को ऐसा लगे कि अब हमारा कोई शास्ता नहीं रह गया है। इसलिए आनन्द, तुम स्वयं के लिए दीपक बनो, धर्म की शरण में जाओ किसी दूसरे का आश्रय मत खोजो।"

"और हाँ, मेरे बाद यदि तुम्हें लगे कि मेरे बनाये गये नियम, ज्यादा कठोर हैं, उसका अनुपालन सम्भव नहीं है, तो उन्हें तोड़ देना और सरल मार्ग उपस्थित कर देना।"

"नहीं देव, हम आपके नियमों का अनुपालन कठोरता से करेंगे।" आनन्द ने कहा।

"आनन्द, विवशता में किया गया कार्य, हमें अच्छी चीजों से दूर ले जाता है, इसलिए हो सकता है कुछ बौद्धिष्ट कठोर नियमों के अनुपालन में बाद में कठिनाई महसूस करें, ऐसे लोगों के लिए नियमों में ढील संघ को सुरक्षित रखेगा, क्योंकि देवदत्त की प्रकृति के लोग भी हैं संसार में।"

"ठीक है भगवन्, जैसी आपकी इच्छा!" आनन्द ने पाँव दबाते-दबाते ही सहमति जतायी।

"एक बात तो जानते ही हो आनन्द, कि देवदत्त बचपन से ही मुझसे द्वेष रखता था। वह मेरी हर उस वस्तु को अपना बनाने की चेष्टा करता जो राजपुत्र होने के नाते

मुझे प्राप्त होता। बचपन में एक बार मांसाहार के लिए हंस के ऊपर बाण प्रहार किया था, संयोग से घायल हंस मेरे समीप आकर गिरा और लम्बे वाद-विवाद के बाद, मैंने उसकी प्राण-रक्षा की। देवदत्त नाराज होकर वापस लौट गया। उस घटना के बाद देवदत्त जब कभी मिलता, द्वेष से जलती हुई उसकी आँखें, मुझे भस्म करने को व्यग्र दिखतीं। यद्यपि हर बार उसे मैंने क्षमा भी किया कि शायद वह अपनी भूल को समझ ले, और दयार्द्र हो उठे, परन्तु यह सम्भव नहीं हो सका।''

''तुम्हें याद होगा आनन्द, कि मेरे और गोपा के प्रणय अवसर पर देवदत्त ने विघ्न डालने की कोशिश की।''

''मुझे याद है भगवन्, आपके स्वागत के लिए खड़ी सुसज्जित हाथी के मर्मस्थल पर प्रहारकर देवदत्त ने मार डाला, ताकि आप स्वयंवर स्थल पर नहीं पहुँच सकें।'' परन्तु आपके मार्ग के व्यवधान को, आपके शुभचिन्तक कैसे स्वीकार कर पाते, और मृत हाथी को नगर के बाहर गड्ढे में डालकर मिट्टी से दबा दिया गया।

''हाँ याद है आनन्द, सारी घटना मेरे मानस-पटल पर सुरक्षित है। आज गोपा को शरीर छोड़े दो वर्ष पूरे हुए, उसने अपने सभी दायित्वों को जिम्मेदारी से निभाया।''

''हाँ देव, राहुलमाता अपने दायित्व को पूरा कर अर्हत् बनीं।''

बुद्धदेव कुछ क्षण शान्त रहे, आनन्द ने भी टोकना उचित नहीं समझा। फिर स्वयं ही बुद्धदेव ने कहना शुरू किया।

''शस्त्र और शक्ति प्रदर्शन में देवदत्त मुझसे पराजित हुआ और गोपा ने मुझे वरण कर लिया। देवदत्त को छोड़कर यह सबके लिए हर्ष का विषय था। अन्ततः देवदत्त नाराज होकर चला गया।''

''एक बात तुम नहीं जानते आनन्द, पिताश्री ने मेरे प्रथम कपिलवस्तु आगमन पर ही मुझे देवदत्त के कुत्सित विचारों से अवगत कराया था।''

''वह क्या भगवन्!'' आनन्द ने पूछा।

''तत्कालीन परिवेश में स्त्रियों की दशा कुछ ठीक नहीं थी। प्रचलित मान्यताओं में जिस स्त्री का पति मृत हो गया हो, या फिर संन्यास ग्रहण किया हो, स्त्री चाहे तो स्वयं किसी दूसरे पति का चयन कर सकती थी, परन्तु ज्यादातर घटनाएँ ऐसी थीं जिसमें पुरुष समाज जबरदस्ती अपने विचार स्त्री पर थोपकर, उसका विवाह दूसरे व्यक्ति के साथ करा देता था। विडम्बना यह थी कि वह स्त्री अपनी आत्मा के विपरीत बर्बर समाज के कतिपय नियम को मानने के लिए बाध्य थी।''

''इसमें देवदत्त की घटना क्या थी देव!'' आनन्द ने पूछा।

''आनन्द, मेरे गृह-त्याग के बाद शाक्यवंशी युवकों में गोपा को लेकर चर्चा होने लगी। यह चर्चा देवदत्त ने अपने स्वार्थ के लिए शुरू करायी थी। वह मेरे गृह-त्याग को आधार बनाकर, प्रचलित मान्यताओं का साक्ष्य देकर गोपा से विवाह करना चाहता

था। परन्तु गोपा ने बड़ी दृढ़ता से उसे नकार दिया। यहाँ तक कि देवदत्त ने जब पिताश्री पर दबाव बनाया तो गोपा की इच्छा बताकर, उसे कड़ी फटकार लगायी, और चेतावनी देकर वहाँ से भगा दिया।''

''यह तो बड़ा निन्दनीय कर्म था देवदत्त का!'' आनन्द ने कहा।

''हाँ आनन्द, प्रचलित मान्यताओं में कुछ चीजें ऐसी थीं जो स्त्री को मानवीय होने का दर्जा तक नहीं देती थीं, जिसको लेकर मैं हमेशा चिन्तित रहता था, यह बात जानने के बाद कि, गोपा ने जिस तरह से प्रतिकार किया, शायद ऐसी दृढ़ता अन्य नारियाँ न दिखा पाती होंगी। परन्तु इस बात की समस्या तो बनी ही रह जाती थी कि गोपा-जैसी असंख्य स्त्रियों की दशा में कैसे सुधार हो।''

''हाँ देव, उस समय यह समस्या वाकई कठिन थी। किन्हीं भी प्रचलित मान्यताओं को तोड़ने का साहस हर किसी में नहीं होता और फिर देवदत्त एक के बाद एक षड्यन्त्र कर आपसे प्रतिशोध लेने की जुगत में लगा रहा। वह चिंचावाली घटना भी तो उसी की देन थी।

''हाँ आनन्द, भला कैसे भूल सकता हूँ, उस घटना को, अगर देवदत्त अपने षड्यन्त्र में सफल हो गया होता तो मानवता के दुःख त्राण का मेरा स्वप्न, शायद बिखर जाता।'' बुद्धदेव इतना कहकर कुछ क्षण के लिए चुप हो गये। जैसे वह दृश्य आँख के सामने नाच रहा हो।''

बुद्धदेव अपने शिष्यों के साथ बैठे, बातचीत कर रहे थे कि देखा कुछ लोगों का झुण्ड उनकी तरफ बढ़ता चला आ रहा है। वे लाठी-डण्डे से लैस थे। एक महिला जिसके बाल खुले हुए थे, गुस्से में आँखें बड़ी-बड़ी किये साथ आ रही थी। बुद्धदेव के पास आनेवाली भीड़ की कमी नहीं थी। प्रायः रोज ही दस-बीस की संख्या में लोग आते थे, परन्तु उनके पैरों की गति और इनके पैरों की गति में भिन्नता थी। रह-रह कर उनके मुख से कुछ कटु स्वर भी निकलता था, परन्तु कुछ स्पष्ट नहीं था। क्योंकि दूरी थी। मगर बुद्धदेव और उनके शिष्यों का ध्यान उस भीड़ की तरफ ही था। कुछ समीप आने पर बुद्धदेव ने अनुमान किया कि परिस्थितियाँ कुछ सामान्य नहीं हैं। फिर भी वे आनन्द से पूछ बैठे, ''आनन्द शीघ्रता से आती हुई भीड़, प्रव्रज्या लेनेवालों की तो नहीं लगती।''

''हाँ भगवन्, मुझे भी कुछ ऐसा ही लगता है!'' आनन्द ने बताया।

''पर ये हैं कौन, और इतने उत्तेजित क्यों हैं! और इनके साथ वह महिला कौन है। यह कोई सद्‌गृहस्थ की महिला तो नहीं लगती। गृहस्थों की तरह इसके पाँव जमीन पर नहीं पड़ रहे हैं। खुले केश इस स्त्री के अमर्यादित आचरण की अभिव्यक्ति दे रहे हैं।''

''मुझे भी कुछ ऐसा ही लगता है, भगवन्!''

''परन्तु एक बात समझ में नहीं आयी, भगवन्!''

''वह क्या आनन्द!''

''इस तरह आपके समीप आने का क्या प्रयोजन हो सकता है।'' आनन्द ने जिज्ञासा व्यक्त की।

''जब वे लोग आ ही रहे हैं, तो विचार क्यों देखते हैं, क्या प्रयोजन है इनका।'' बुद्धदेव ने कहा।

भीड़ समीप आ गयी। उसमें एक व्यक्ति ने आक्रोश से पूछा—''बता कुलटा, तेरे पेट में पलनेवाला पाप किसका है।'' वह महिला रोने का नाटक करते हुए बोली—''मुझे कुलटा न कहिये, मेरे पेट में पलनेवाला बच्चा किसी का पाप नहीं है। उसके पिता हैं, जीवित दशा में हैं।''

''हाँ तो बताती क्यों नहीं!'' दूसरे ने कहा।

''डरो मत बहन, सच-सच बता दो, आज तुम्हें न्याय मिलेगा!'' तीसरे ने कहा।

''हाँ-हाँ न्याय मिलेगा, तुम्हारा पति तुम्हें मिलेगा, तुम्हारे बच्चे का पिता तुम्हें मिलेगा, डरो मत, आज सच बोलकर, अपने माथे पर लगा कलंक मिटा दो।'' चौथे ने लाठी को जमीन पर ठोककर कहा। बुद्धदेव ने सोचा शायद संघ के किसी भिक्षु ने ऐसा अमर्यादित आचरण कर दिया हो, क्योंकि मार पराजित होने के बाद, मेरे समीप आने से तो रहा, परन्तु उसने जाते-जाते स्पष्ट कह दिया था कि मैं समय का इन्तजार करूँगा, और छोड़ूँगा नहीं।—क्या पता संघ के माध्यम से मार ने प्रवेश कर मुझे विचलित करने का रास्ता ढूँढ़ निकाला हो। अचानक वह महिला रोते-रोते मेरे पाँव पर गिरी—''स्वामी।''

मैं और मेरे भिक्षु भौंचक रह गये। तत्पश्चात् ही मुझे समझ में आ गया कि यह महिला झूठ बोलकर मुझे बदनाम करने की साजिश में लिप्त है। वह पुनः रोते हुए बोली, ''देखिये-देखिये स्वामी, ये लोग मुझे कुलटा कह रहे हैं, मैं अभी तक इसलिए चुप थी कि आपकी मर्यादा पर आँच न आये, परन्तु ये लोग हमारे पुत्र को पाप बताकर उसकी हत्या करना चाहते हैं।''

''नहीं बहन, जीव हत्या पाप है, अगर गर्भ में पल रहा कोई बच्चा है, तो उसकी रक्षा होगी।'' बुद्धदेव ने कहा।

अंय। वह अचकचा गयी तभी भीड़ में से एक ने पुनः आक्रोश में कहा, ''ढोंगी, पाखण्डी, व्यभिचारी संन्यासी होने का नाटक करता है, रात में भोली-भाली स्त्रियों से व्यभिचार करता है और दिन में संन्यासी बनता है।''

''चुपचाप अपने पाप स्वीकार कर ले संन्यासी, अन्यथा बड़ा अनर्थ होगा।'' दूसरे ने कहा।

"हाँ-हाँ संन्यासी होने का नाटक बन्द कर, और इसे अपनी पत्नी स्वीकार कर।" तीसरे ने कहा।

"जरूर बहन, अगर मेरे स्वीकार करने से तुम्हारे बच्चे की प्राण रक्षा हो सकती है, और ये लोग पाप कर्म से वंचित हो जाते हैं, तो मैं स्वीकार करने को तैयार हूँ।" बुद्धदेव ने कहा।

वह महिला कुछ असामान्य हुई, और उठकर खड़ी हो गयी। मैंने देखा उसके साथ आनेवाले लोग कुटिल मुस्कान के साथ एक-दूसरे को देख रहे थे। मेरे भिक्षु कुछ भी सोच और समझ पाने में असमर्थ रहे।

"क्या नाम है बहन तुम्हारा!" बुद्धदेव ने पूछा।

"चिनमना, लोग मुझे चिंचा भी कहते हैं!" वह कुछ अत्यधिक ही असहज हो गयी।

"बहन! मैं यह नहीं जानता तुम किन परिस्थितियों का शिकार होकर यहाँ आयी हो, तुम्हारी क्या मजबूरी है जो ऐसे घृणित पाप कर्म में लिप्त हो। परन्तु इतना तो सत्य है किसी स्त्री का इससे बड़ा दुर्भाग्य क्या होगा, किसी लघु लालच में अपने को समाज की नजर में नीचा गिरा ले। वर्तमान सामाजिक व्यवस्था में पुरुष तो अपना स्थान बना लेता है, परन्तु स्त्री एक बार गिरती है तो गिरती चली जाती है।"

तभी एक व्यक्ति ने कड़क आवाज में कहा, "अरे दुष्ट संन्यासी, तू अपनी चमत्कारी बातों से हमें भ्रमित करता है, चुपचाप चिंचा को स्वीकार कर ले।"

मेरी बातों का असर उन सभी पर हुआ या न हुआ हो, परन्तु चिंचा पर अवश्य पड़ा, वह भयभीत हो काँपने लगी।

मैंने कहा, "बहन, यह संसार युग्म से चलता है, स्त्री ही प्रकृति है, इसके अन्दर सृजन की क्षमता है सृजन के इस विराट् नैसर्गिक गुण का दुरुपयोग, हो सकता है नारी का अस्तित्व ही मिटा दे। तुम भयरहित जीवन जीयो यही मेरा आशीर्वाद है।"

"चिंचा फूट-फूटकर रो पड़ी, इस बार प्राकृतिक रूप से उसे अपने स्त्री होने का आभास हो गया, वह समझ गयी, मेरा यह मिथ्या अभियोग समाज नारी जाति को क्षमा नहीं करेगा, कभी सम्मान प्राप्त नहीं होगा, सदियों तक यह कलंक पीछा नहीं छोड़ेगा।"

उसके फूट-फूटकर रोने से, पेट पर बँधा कपड़ा ढीला होकर जमीन पर गिर गया। परन्तु चिंचा ने कोई प्रतिक्रिया नहीं दी, न ही वह भयभीत हुई और न ही विचलित। वह शर्म से गड़ी रोती रही, उसके हृदय की कलुषता आँखों से उमड़-घुमड़कर बह रही थी। साथ आये कपटी सहयोगी धीरे से खिसक लिये। मेरे भिक्षु आश्चर्यचकित तथा आक्रोशित थे। परन्तु चिंचा रोती रही जार-जार। अचानक उसने दृढ़ निश्चय के साथ आँसू पोंछे और मेरे चरणों में प्रणाम कर बोली, "भगवन्, मैं क्षुद्र बुद्धि नारी, थोड़े पैसों की लालच में नारी जाति को कलंकित करने निकली थी, आपने मेरी चेतना को झकझोर

दिया। मुझे नारी होने का अहसास कराया, बस एक कृपा और कीजिये भगवन्, आपने मुझे बहन कहा है, मैंने इस देह से इस पवित्र रिश्ते को कलंकित किया है। अतः इस देह के त्याग की अनुमति दें भगवन्।" वह पुनः फूट-फूटकर रोने लगी।

"चिंचा, प्राणाघात करना सबसे निन्दित कर्म है। इसलिए तुम निश्चिन्तता के साथ जाओ और कलंकमुक्त जीवन जीयो।" चिंचा वहाँ से चली गयी। लेकिन छिपकर देख रहा देवदत्त, अपनी असफलता पर इतना विचलित हुआ कि एक पत्थर उठाकर मारा, संयोगवश वह पत्थर मेरे पाँव में लगा और खून की धारा निकल पड़ी। भिक्षुओं ने देखा कोई चीवरधारी भाग रहा है।

"क्या सोचने लगे भगवन्!" आनन्द ने पूछा।

"कुछ नहीं आनन्द, देवदत्त की प्रवृत्ति के लोग सुधरते नहीं, क्योंकि वे बिना संघर्ष के सब-कुछ पाना चाहते हैं।"

●

''भगवन्!'' देवदत्त ने विनीत भाव से आवाज दी। बुद्धदेव ने आँखें खोलीं, वे इस समय सिंह शय्या पर विश्राम कर रहे थे।

''कहो देवदत्त, कैसे पदार्पण किया!''

''भगवन्, संघ के भिक्षु अगर कड़े अनुशासन में रहें तो, भविष्य में किसी प्रकार के भ्रष्ट आचरण की सम्भावना नहीं रहेगी।''

''स्पष्ट कहो देवदत्त, तुम कहना क्या चाहते हो!''

"देव! मैं कहना चाहता हूँ कि आपके बाद भिक्षुओं को अनुशासित रख पाना, थोड़ा कठिन होगा, इसलिए अपने रहते मुझे कुछ कठोर नियम लागू करने की अनुमति दें।"

"कैसे नियम देवदत्त!"

"ये नियम संघ की सुरक्षा के लिए आवश्यक हैं।" इतना कहकर देवदत्त ने अपने बनाये कठोर नियम सुझाये।

"नहीं देवदत्त, ये नियम यन्त्रणा-भरे हैं, मैं इसे कदापि स्वीकार नहीं करूँगा। मेरे भिक्षु संसार त्यागकर दुःखों से मुक्ति के लिए धर्म की शरण में आये हैं, न कि दुःख उठाने।" बुद्ध ने लेटे-लेटे ही स्पष्ट कर दिया।

अपनी बात अस्वीकार होती देख, देवदत्त चिल्ला उठा, "देखो भिक्षुओ, देखो, यह गौतम कितना ढोंगी है, स्वयं के अन्दर से लालच समाप्त नहीं हुआ, परन्तु यह दूसरों को लालच दूर करने का उपदेश देता है।"

शोर-गुल सुनकर बहुत-सारे भिक्षु इकट्ठा हो गये। देवदत्त ने कहना जारी रखा—"हे भिक्षुओ! मैंने इस गौतम से संघ और भिक्षुओं के कल्याणार्थ कुछ नियमों को तत्काल लागू करने का आग्रह किया, परन्तु इस स्वार्थी गौतम ने इसे लागू नहीं किया। क्या इतने बड़े बौद्ध समाज से कोई दूसरा नियन्त्रक नहीं हो सकता जो धर्म और संघ को आगे बढ़ाये।"

देवदत्त ने नाटकीय मुद्रा बनाकर आगे कहा, "गौतम! तुम समझते हो, हम तुम्हारे चाकर हैं, तुम्हारे बेढंगे और बेतुके उपदेशों का हम लोगों ने बहुत अनुसरण कर लिया।

हम लोग तुमसे अलग दूसरा संघ बनायेंगे, और कठोरतापूर्वक उसका पालन करेंगे। क्यों भिक्षुओ आप लोग सहमत हैं।"

कुछ देर के लिए वहाँ स्तब्धता छा गयी, कोई कुछ कहने की हिम्मत नहीं जुटा पा रहा था। देवदत्त ने पुनः ललकारा—"क्या सोचने लगे भिक्षुओ, इस गौतम के साथ रहकर तुम्हारा कोई कल्याण नहीं होगा, तुम्हारा संसार त्याग, व्यर्थ चला जायेगा।'' उसी समय एक भिक्षु आगे बढ़कर बोला, ''देवदत्त! अब आगे हमारे शास्ता के लिए एक शब्द भी बोले तो अच्छा नहीं होगा। हम लोग तुम्हारे स्वभाव से परिचित हैं, हम अपने शास्ता को छोड़कर कहीं नहीं जायेंगे।'' कुछ भिक्षुओं ने गौतम के पक्ष में हाँ-में-हाँ मिलाया, तभी अचानक देवदत्त की ओर से पाँच-छह की संख्या में भिक्षुओं ने कहना शुरू किया— ''देवदत्त सही कह रहे हैं, अगर गौतम सही हैं तो उन्हें देवदत्त के नियम लागू करने में क्या कठिनाई है।''

"हमारे शास्ता ने जो नियम बनाये वह किसी व्यक्ति के हित के लिए नहीं हैं बल्कि संसार की भलाई के लिए हैं, और देवदत्त के नियम स्वार्थ से निर्मित हैं। हम अपने शास्ता के पक्ष में हैं।"

देवदत्त विचलित होकर बोला—"भिक्षुओ! ये लोग भ्रमित हैं, गौतम ने बुद्धि भ्रष्ट कर दी है, मैं तत्क्षण ही इनके संघ से अलग होता हूँ और स्वतन्त्र रूप से अलग संघ का निर्माण करूँगा। जो भिक्षु मेरे साथ चलना चाहें, वे आयें।" कहकर देवदत्त बिना प्रणाम किये ही चल पड़ा उसके पीछे, उसके चन्द समर्थक भी चले गये।

"आपने उन्हें रोका क्यों नहीं देव!" आनन्द ने पूछा।

"यह प्रवृत्तियों का खेल है आनन्द, देवदत्त संघ से जुड़ते समय भी मन को निर्मल नहीं कर पाया था, वह बार-बार भिक्षुओं की शिकायत कर अपनी श्रेष्ठता सिद्ध करता रहा है, मैं उसके स्वभाव से परिचित था। अतः उसे रोकने का मतलब था, समस्या को श्वास देना।"

"परन्तु भगवन्, यह देवदत्त, समाज में निन्दा करेगा!"

"यह उसका स्वभाव है आनन्द, उसे निन्दा से ऊर्जा प्राप्त होगी। संसार में मनुष्य को लक्ष्य से भटकानेवालों की भी संख्या रही है आनन्द, मनुष्य को हित, अनहित का विचार स्वयं करना होगा।"

"एक बात तुम शायद नहीं समझ पाये आनन्द!"

"वह क्या भगवन्!"

"देवदत्त की प्रवृत्ति में कोई परिवर्तन नहीं हुआ था। बल्कि मेरी बढ़ती छवि से द्वेष से आच्छादित उसके हृदय की अग्नि बढ़ती गयी, परिणामस्वरूप उसके कठोर नियम, संघ में उसे सम्राटों जैसे अधिकार देते। चिंचावाली घटना उसके प्रतिशोध का परिणाम था।"

"हाँ देव, इतना तो मैंने भी सुना था कि देवदत्त ने मगध राजकुमार अजातशत्रु को भ्रमित कर अपने पक्ष में मिला लिया था। आपसे अलग होने के बाद उसने धर्म के साथ राजनीति को पुनः एकाकार कर दिया।" आनन्द ने कहा।

''हाँ आनन्द, वह अजातशत्रु को इतना भ्रमित कर दिया है कि वह अपने पिता बिम्बिसार का द्रोही बन चुका है। वह अपने पिता द्वारा किये गये धार्मिक कृत्यों की अलोचना करता है, तथा इस सन्दर्भ में वह प्रतिदिन देवदत्त का दर्शन करता है।"

पास खड़ा एक भिक्षु बोल पड़ा—"भगवन्! राजकुमार अजातशत्रु, बड़ी सेना के साथ देवदत्त का दर्शन करते हैं, तथा उनके भिक्षुओं को भोजन कराते हैं।"

"देवदत्त के लाभ सत्कार से स्पृहा न करें भिक्षुओ, जैसे केले का फल, उसके पेड़ को समाप्त कर देता है, खच्चरी का गर्भ खच्चरी को समाप्त कर देता है। वैसे ही देवदत्त जैसे अभिमानी का नाश संघ की आड़ में लेनेवाला लाभ ही कर देगा।" बुद्धदेव ने कहा।

"एक बात तो मैंने भी सुनी है देव, कि देवदत्त अजातशत्रु को सम्राट् बनने का मन्त्र देता है, गलत प्रवचन से उसकी महत्त्वाकांक्षा बढ़ाता है।" आनन्द ने कहा।

"इसका परिणाम किसी के पक्ष में हितकर नहीं होगा, चाहे वह अजातशत्रु हो चाहे देवदत्त।" बुद्धदेव बोले।

''हाँ देव, मुझे लगता है देवदत्त ने अजातशत्रु की महत्त्वाकांक्षा को ढाल बनाकर, आपसे प्रतिशोध का मार्ग ढूँढ़ लिया है।"

"एक बात जान लो आनन्द! किसी जंगली जानवर की अपेक्षा, एक कपटी और दुष्ट मित्र से ज्यादा डरना चाहिए। जानवर तो बस आपके शरीर को नुकसान पहुँचा सकता है, परन्तु एक बुरा मित्र आपकी बुद्धि को नुकसान पहुँचा सकता है।"

इतना कहकर बुद्धदेव ध्यान मुद्रा में चले गये। आनन्द पंखा झलने लगा।

शाम होने में देर थी। बुद्धदेव ध्यान से बाहर आये तो आनन्द ने उन्हें जल पिलाया। और पुनः पंखा झलने लगा। बुद्धदेव ने भिक्षुओं के बारे में पूछा। आनन्द से जानकारी ली और बोले—"आनन्द! लिच्छवी के लोगों को सूचना मिल गयी होगी न।"

"हाँ देव, मैंने सूचना भेज दी है, वे लोग शीघ्र आकर दर्शन कर लें।"

"हाँ आनन्द, लिच्छवियों एवं वैशालियों का अगाध प्रेम रहा है मुझ पर। चाहता हूँ निर्वाण से पूर्व वे अन्तिम मुलाकात कर लें।"

"जी भगवन्!" और उसने पंखा झलना जारी रखा फिर अचानक कुछ याद आते ही बोल पड़ा—

"भगवन्! यश के बाद शिष्य बनने का किसको सौभाग्य मिला।"

यश को दीक्षा देने के बाद, मैं ऋषिपत्तन से राजगृह की ओर बढ़ा। मार्ग में सन्ध्या होने के बाद चलना कठिन हो गया, कुछ ही दूरी पर काश्यप बन्धुओं का आश्रम था। सबसे पहले मैं उरुविल काश्यप के समीप गया और बताया कि, ''मैं आज आपके आश्रम में रात बिताना चाहता हूँ। सुबह होते ही प्रस्थान कर जाऊँगा।''

"हमारे आश्रम में श्रमणों की संख्या पाँच सौ के ऊपर है। भोजन की व्यवस्था तो मैं कर दूँगा लेकिन रहने की व्यवस्था कठिन है।"

"भोजन तो मैं भिक्षाटन का ही खाता हूँ, जो मेरे पास है। रही बात सोने की तो मैं कहीं भी धरती पर विश्राम कर लूँगा।" मेरे कहने का प्रभाव काश्यप पर पड़ा, उन्होंने अनमने ढंग से उपला-घर में विश्राम की अनुमति दे दी। मेरे लिये रात काटने के लिए पर्याप्त था मैंने उपला-घर में जमीन पर शय्या बिछायी और सो गया।

काश्यप के शिष्य मुझे उपला-घर में सोता देख काफी भयभीत हुए। क्योंकि उन्होंने उपला-घर में आते-जाते कई बार एक विषधर सर्प को देखा था। वह सर्प काफी पुराना था, क्योंकि उसके शरीर पर बाल थे। जिन श्रमणों ने उस सर्प को देखा था, वे मारे भय के ठीक से सो नहीं पाये और प्रातः उपला-घर में मुझे देखने गये कि मैं जीवित हूँ या नहीं। श्रमणों ने देखा कि मेरे सिरहाने वही सर्प फन काढ़े बैठा है, और मैं निश्चिन्ततापूर्वक सो रहा हूँ। चूँकि थका-माँदा होने के कारण मैं देर तक सोता रहा। यह दृश्य काश्यप सहित सभी शिष्यों ने देखा, बात जंगल के आग की तरह फैली, काश्यप के दोनों अन्य बन्धुओं ने भी आकर वह दृश्य देखा। मैं उसी तरह सोया था। मेरे जागने से पूर्व ही वह सर्प निकलकर चला गया, कुछ लोगों ने उसे जंगल की तरफ जाते देखा, परन्तु मारे भय के किसी की हिम्मत नहीं हुई कि उसे कोई छेड़े। जागने के बाद मैं बाहर आया तो देखा कि श्रमणों की भारी भीड़ मुझे घूर-घूरकर देख रही है। मैं सोच में पड़ गया कि कोई बात हो गयी क्या। आगे बढ़ा तो श्रमणों ने मेरे लिये रास्ता छोड़ दिया। मैं काश्यप के पास गया, तो वे चिन्तित मुद्रा में टहल रहे थे। मैंने कहा, "महात्मा, अब मुझे आज्ञा दीजिये क्योंकि मैंने केवल रात्रि विश्राम की अनुमति माँगी थी।"

काश्यप क्षमा माँगते हुए बोले, "महात्मन्, मैंने आपके साथ छल किया, जान-बूझकर मैंने आपको उपला-घर में सोने के लिए कहा, यह जानते हुए कि वहाँ एक विषैला सर्प रहता है।"

मैंने कहा—"अतीत पर ध्यान मत दो, भविष्य में मत सोचो, अपने मन को वर्तमान में केन्द्रित करें। सभी बुरे कार्य मन के कारण उत्पन्न होते हैं, अगर मन परिवर्तित हो जाये तो अनैतिक कर्म की सम्भावना नष्ट हो जाती है। हजारों खोखले शब्दों से अच्छा है, वह एक शब्द जो शान्ति लाये।"

"वह एक शब्द क्या है महात्मन्!" काश्यप ने पूछा।

"त्रिशरण!" मैंने कहा।

"त्रिशरण!" वह चौंक पड़े फिर मुझसे पूछा—"यह त्रिशरण क्या है, महात्मन्!"

"बुद्धं शरणं गच्छामि, धम्मं शरणं गच्छामि, संघं शरणं गच्छामि।"

"आप कौन हैं, जो ऐसी ज्ञान भरी बातें कर रहे हैं।" काश्यप ने पूछा।

"मुझे लोग तथागत बुद्ध कहते हैं, मुझे सत्य बोध प्राप्त हुआ है। संसार की दुःख निवृत्ति के लिए इसी तरह पदयात्रा करता हूँ।"

"हे तथागत बुद्ध, हमने देखा जब आप सोये हुए थे, तो वह विषैला सर्प आपके सिरहाने आपकी रक्षा कर रहा था।"

मैंने हँसते हुए कहा, "हो सकता है यह संयोग मात्र हो।"

"हे बुद्धदेव! इस घटना को मेरे सभी शिष्यों ने देखा, वे भय से काँप रह थे, मैं आशंका से चंचल हो उठा।"

"यदि मनुष्य पाप करता है, तो वह बार-बार न करे उसमें स्वच्छन्दतापूर्वक रत न होवे, क्योंकि पाप का संचय दुःखकारी होता है। अच्छे कर्म से अपनी दशा सुधारी जा सकती है।"

"आपके धर्म का आधार क्या है।" काश्यप ने पूछा।

"धर्म में रुचि के द्वारा ही जीवन रक्षा सम्भव है। मेरा मानना है वही धर्म महत्त्वपूर्ण है, जो हमारी सामाजिक समस्याओं का निदान कर, वैज्ञानिक एवं नैतिक दृष्टि का विकास करे।" मैंने कहा।

"बस भगवन् बस, मैं शरणागत हुआ। आज से मैं त्रिशरण में हूँ।" कहकर काश्यप मेरे चरणों में गिर पड़े। मैंने उन्हें उठाते हुए कहा—"हे काश्यप, आपको मैं अपने धर्म में दीक्षित करूँगा। आप संसार की दुःख निवृत्ति के लिए प्रव्रज्या ग्रहण करें।"

''एक निवेदन है देव!''

"कहिये!"

"मेरे शिष्यों ने इसी ज्ञान के लिए संसार त्यागकर वैराग्य लिया था। परन्तु वे कुछ प्राप्त नहीं कर सके। इसलिए हे देव! आप मेरे साथ, मेरे शिष्यों को भी प्रव्रज्या प्रदान करें।" काश्यप ने कहा।

"आप अपने शिष्यों से पूछ लें, जो त्रिशरण में आना चाहें, उनका स्वागत है, जो नहीं आना चाहें उनके लिए कोई दबाव नहीं है।" मैंने कहा।

मेरे कहने भर की देर थी, अधिकांश त्रिशरण में आने को तैयार हो गये। कुछ अनिर्णय की स्थिति में थे, विचार-विमर्श के बाद वे भी तैयार हो गये। इस तरह उसी दिन सबको धर्म में दीक्षित कर प्रव्रज्या देने का निर्णय लिया। सारी औपचारिकता पूर्ण करने के बाद उन्हें सामूहिक प्रव्रज्या प्रदान किया। पुनः मैं शिष्यों सहित आगे बढ़ा, मार्ग में शिष्यों का समूह त्रिशरण का गान करते चले जा रहे थे, बुद्धं शरणं गच्छामि, धम्मं शरणं गच्छामि, संघं शरणं गच्छामि। मार्ग के दोनों किनारों पर राहगीरों की भीड़ हमें बड़े ही कौतूहल से देख रही थी, जाते समय मार्ग में नदी काश्यप का आश्रम मिला, वे बहुत वितर्की नहीं थे। उन्हें सूचना मिल चुकी थी कि उनके बड़े भाई ने धर्म पथ

पर चलना स्वीकार कर लिया है। नदी काश्यप बिना तर्क-वितर्क किये, प्रव्रज्या स्वीकार करने के लिए तैयार हो गये। और उनके शिष्य भी, परन्तु गया काश्यप ने काफी तर्क-वितर्क किया और अन्त में एक प्रश्न पूछा, ''त्रिशरण के तीन वाक्यों में दो तो मुझे समझ में आये, मगर संघं शरणं गच्छामि क्या है। संघ क्या है।''

"भन्ते! धर्म के मार्ग पर चलनेवाले पथिकों का विश्राम स्थल है संघ। भिक्षुओं को शरण देता है। निर्देशित करता है, कि भिक्षु धर्म क्या है, क्या आचरण होना चाहिए भिक्षुओं का, संसार के दिग्भ्रमित दुःखी मनुष्यों को दुःखमुक्त करना ही, भिक्षु का प्रमुख कर्त्तव्य है।" मैंने कहा।

"तो मैंने मिथ्या सुना है कि गौतम का संघ निर्वाण के लिए प्रेरित करता है।" गया काश्यप ने कहा।

"बिलकुल मिथ्या है गया काश्यप, क्योंकि संघ निर्वाण के लिए प्रेरित नहीं करता है बल्कि धर्म पथ पर अडिग रहने के लिए प्रेरित करता है। हाँ, अगर कोई भिक्षु धर्म के पथ पर रहते हुए भी अर्हत् प्राप्त करता है, तो निश्चय ही वह निर्वाण प्राप्त कर लेगा। हमारे संघ का गुण है कि उसमें जाति-भेद के लिए कोई स्थान नहीं है। जिस प्रकार गंगा, यमुना, अचिरवती, सरयू आदि नदियाँ महासमुद्र में मिलने पर अपने-अपने नाम छोड़कर, महासमुद्र का नाम लेती हैं, उसी प्रकार क्ष्त्रिय, ब्राह्मण, वैश्य, शूद्र ये चारों वर्ण मेरे संघ में प्रवेश करने पर, सिर्फ शाक्य श्रमण गौतम के नाम से पहचाने जाते हैं।"

गया काश्यप ने भी निरुत्तर होकर, शिष्यों सहित उप-सम्पदा स्वीकार की। यह बात धीरे-धीरे चर्चा का विषय होती जा रही थी, कोई गौतम नामक श्रमण हैं, जिनसे बात करनेवाला संन्यासी हो जाता है। कुछ समय तक आम जनता इस धर्म से जुड़ने में कतराती थी। इतने बड़े शिष्य समूह लेकर जिधर से निकलता, लोग सड़कों के किनारे खड़े होकर कौतूहल से मुझे तथा मेरे संघ के श्रमणों को देखते। जनता में एक प्रच्छन्न भय भरा था कि मैं उन्हें पकड़कर जबरदस्ती श्रमण बना दूँगा। मेरे श्रमण जब भिक्षाटन पर निकलते तो जनता से दुःखमुक्ति के लिए मेरे शरण में जाने के लिए कहते। वे खाली समय में या मार्ग में आते-जाते स्वयं ही त्रिशरण दुहराते, ''बुद्धं शरणं गच्छामि, धम्मं शरणं गच्छामि, संघं शरणं गच्छामि।'' मैं अधिकतर गाँव से बाहर ही किसी आम्र-वाटिका या पुष्प-वाटिका में विश्राम करता। प्रायः अब लोगों का आना-जाना शुरू हो गया। जो प्रभावित होते, वे प्रव्रज्या ग्रहण करते। जो केवल मुझसे समाधान चाहते, वे समाधान लेकर लौट जाते। यह क्रम कई दिन तक चला। अब लोगों में फैली यह अवधारणा टूटने लगी कि गौतम पकड़कर जबरदस्ती संन्यासी बना देता है। मुझसे बात कर लौटनेवालों को घेरकर गाँववाले तरह-तरह के प्रश्न पूछते थे कि कैसा है वह गौतम श्रमण, कैसी-कैसी बातें करता है, क्या धर्मभ्रष्ट कर अपने धर्म में मिला लेता है। सुना है कुछ तन्त्र-मन्त्र कर बुद्धि घुमा देता है, और साधु बना देता है। होश में आने पर लोग कलपते हैं, रोते हैं, परन्तु उन्हें अपने परिवार के लोगों से मिलने नहीं दिया जाता

आदि। लेकिन मुझसे मिलकर लौटनेवालों के मुखमण्डल पर एक आभा होती, उत्साह व रोमांच होता, नयी ऊर्जा से परिपूर्ण व युवा की तरह स्मृतिवान् समझते। यह देखकर लोगों का आकर्षण मुझमें बढ़ा और वे निस्संकोच आने लगे। हाँ! एक बात इसके विपरीत साथ-साथ चल रही थी। वह थी प्रचलित धर्म के ठेकेदार मेरे बारे में भोली-भाली जनता के बीच विभ्रम फैला रहे थे। लेकिन शीघ्र ही जनता का आकर्षण मुझमें बढ़ा, वे भारी संख्या में प्रव्रज्या लेने के लिए आने लगे। इतना कहकर बुद्धदेव हँस पड़े।

"क्या हुआ देव!" आनन्द ने पूछा।

"तुम लोगों के प्रव्रज्या लेने से पूर्व की एक घटना की स्मृति हो आयी, आनन्द।"

"कैसी घटना भगवन्!" आनन्द ने पूछा।

"उन दिनों मैंने शिष्यों को प्रव्रज्या देने का अधिकार प्रदान नहीं किया था। मेरे धर्म में दीक्षित हो प्रव्रज्या लेने के लिए उन्हें मेरे पास आना पड़ता था। याद नहीं कि मैंने किस ग्राम में विश्राम किया था। परन्तु वह घटना मेरी स्मृति में बनी हुई है। प्रभात का समय था, आकाश चटख नीले रंग का दिखायी दे रहा था। ठण्डी-ठण्डी हवाएँ चल रही थीं। इक्का-दुक्का लोग आ-जा रहे थे। मैं ध्यान पर बैठा हुआ था, ज्यादातर श्रमण ध्यान पर ही थे, केवल सेवा कार्य में नियुक्त भिक्षुओं को छोड़कर। मैं प्रव्रज्या देने तक का सारा कार्य अपने सामने करवाता था, जैसे सिर मुण्डन, स्नान, चीवर धारण आदि। प्रव्रज्या लेने के लिए दस-बारह की संख्या में युवाओं का एक समूह पास आया। वे आकर चुपचाप बैठ गये। ध्यान से उठने के बाद मैंने उनसे बातें कीं, घर-परिवार के बारे में। फिर मैं प्रव्रज्या देने के लिए तैयार हो गया। उन्हें स्नान करने के लिए भेजा, केश मुण्डन की तैयारी होने लगी। बारी-बारी से जो स्नान करके आते उनके केश उतारे जाते, ऐसे में वे बिलख-बिलखकर रोते। उनके पुराने वस्त्र के स्थान पर नये चीवर दिये जाने लगे। अचानक मोहपाश में आबद्ध वे युवा रोते-रोते भाग खड़े हुए, और जाते-जाते यह कहते गये कि अभी हमें संसार में रहना है, प्रव्रज्या नहीं लेना है। मेरे भिक्षु परिहास के लिए उनके पीछे दौड़ने का स्वाँग करते कि रुको, बिना प्रव्रज्या लिये तुम भाग नहीं सकते।"

"यह घटना मुझे जब-जब याद आती है, हँसी स्वतः फूट पड़ती है। परन्तु उस दिन के बाद मैंने भिक्षुओं से कह दिया कि तुम्हारे ऐसा करने से जनता में भ्रम फैलेगा। इसलिए ऐसा परिहास मत करना।" चलते-चलते मैं राजगृह पहुँचा, जो मगध के एक नगर नाम से भी जाना जाता है। मेरे साथ इतनी बड़ी भिक्षुओं की टोली देख, बाजार में हड़कम्प मच गया, कि ये भिक्षु तो बाजार ही लूट लेंगे। राजगृह के व्यापारी हमें आशंका के भय से देख रहे थे। परन्तु एक भी भिक्षु ने अशिष्टता नहीं की, बस वे चलते रहे, जिधर मेरे पाँव जा रहे थे। व्यापारीगण आपस में खुसुर-फुसुर बातें भी कर रहे थे। पर हमें इससे क्या, हम चलते रहे। हम राजगृह से बाहर एक वाटिका में विश्राम के लिए रुक गये। और मैंने भिक्षुओं को निर्देशित करते हुए कहा, "भिक्षुओ! आप लोग बाजार छोड़कर गाँवों में भिक्षा के लिए प्रस्थान करें। सभी लोग अलग-अलग दिशा में

जायें, समूह में न जायें। केवल अपने लिये, एक दिन की ही भिक्षा लें। और याद रखें, किसी असहाय, गरीब, वृद्ध, रोगी तथा गर्भवती स्त्री के भाग की भिक्षा कभी न लें। जो प्रसन्नता से दे उसे ही स्वीकार करें। मांस की भिक्षा कभी न लें तथा सूर्यास्त तक वाटिका में उपस्थित हो जायें।" ऐसे जाने कितने ही निर्देशों से आबद्ध मैंने उन्हें भिक्षाटन को भेजा। मैं भी भिक्षाटन को जाता था; लोग मुझे देखने के लिए भीड़ लगा लेते थे। यहाँ तक कि वे परस्पर बातें भी करते थे कि यह भिक्षु किसी साधारण परिवार का नहीं है इसका तेज तो देखो, मुख पर कितनी आभा है। कितना शान्त तथा निश्चल है। वे मुझे सप्रेम भिक्षा देते। यहाँ तक कि कई गृहस्थों ने मुझसे पूछा, कि इतनी कम उम्र में संन्यास ग्रहण करनेवाला मैं कौन हूँ। मैं उन्हें सहृदयता से बतला देता कि मैं एक राजपुत्र हूँ तो वे हैरान रह जाते। मैं स्पष्टवादी था सो बता दिया कि स्वेच्छा से जनकल्याण के लिए संन्यास ग्रहण किया है।

राजपुत्र होकर संन्यास यह बात राजगृह और उसके आसपास गाँवों में भी पहुँच गयी। लोग दर्शन के लिए आने लगे, और विभिन्न समस्याओं के समाधान के लिए भी। यह बात महाराज बिम्बिसार को भी पता चली। उनकी उत्सुकता बढ़ी, और वे स्वयं ही एक दिन दर्शन के लिए उपस्थित हो गये।

"मगधराज बिम्बिसार का प्रणाम स्वीकार करें देव!"

"आशीर्वाद है राजन्!" कहते हुए मैंने उन्हें यथोचित आसन दिया।

"भगवन्! आपकी ख्याति सुनकर आया हूँ, मन बड़ा उद्विग्न है, चिन्ताएँ शरीर को खाये जा रही हैं।" बिम्बिसार ने निवेदन किया।

"ऐसा क्यों है राजन्, कोई विशेष परिस्थिति है!" मैंने पूछा।

"हाँ देव! वृद्धावस्था में किया गया विवाह और उससे उत्पन्न पुत्र, मेरी मनःस्थिति को सामान्य नहीं रहने दे रहे हैं।"

"राजन्! सावधान रहनेवाले मनुष्य को भय नहीं होता, और असावधान मनुष्य पतन के किस गर्त में गिर जायेगा यह किसी को पता नहीं चलता।"

"अत्यधिक दुःख ने जीवन का आनन्द छीन लिया है देव! इससे निवृत्ति का कोई मार्ग सुझायें।"

"जल से बाहर निकलने पर, जिस प्रकार मछली तड़पती है, उसी प्रकार मार के बन्धन से निकलने के लिए चित्त तड़फड़ाता है। और रही बात निवृत्ति की, तो यह जानिये, राजन्, कि माता-पिता तथा अन्य सम्बन्धी मनुष्य की उतनी भलाई नहीं कर सकते, जितना सन्मार्ग में लगा हुआ चित्त।"

"परन्तु भगवन् चित्त तो चंचलता के उच्च सोपान पर खड़ा है। इसे कैसे सतह पर लाया जाये।"

बुद्धदेव ने कहा, "राजन्, जागनेवाले मनुष्य के लिए रात्रि लम्बी होती है, थके हुए यात्री के लिए योजन और सद्धर्म न जाननेवाले मूर्ख के लिए संसार लम्बा होता है।"

"मैं इस भटकाव से मुक्ति चाहता हूँ, भगवन्!"

"महाराज बिम्बिसार! जो छिछला होता है, वह शब्द करता है जो गम्भीर होता है, वह मौन रहता हैं जैसे नदी, नाले तथा घाटियों से बहनेवाला पानी, परन्तु समुद्र को देखो, उसकी गम्भीरता के कारण ही वह उदधि है।"

"मैं समझा नहीं भगवन्!"

"मनुष्य को कल्याण कार्य शीघ्र करना चाहिए। इसलिए राजन्! आप अपनी चिन्ताओं को धर्म के पथ पर मोड़ दो।"

"मैं समझ गया भगवन्! मैं आपको अपने प्रासाद में शिष्यों सहित भोजन के लिए आमन्त्रित करता हूँ।"

"ठीक है महाराज, हम अवश्य आयेंगे!"

उन्होंने शीश झुकाकर प्रणाम किया और चले गये। महाराज बिम्बिसार में एक परिवर्तन देखा मैंने। मेरे यहाँ आने से पूर्व वे अत्यधिक क्लान्त थे, परन्तु उपदेशों ने जैसे ऊर्जा संचरण कर दिया। वे जाते समय प्रसन्नचित्त थे।

अगले दिन मैं अपने शिष्यों सहित उनके प्रासाद गया। वहाँ भोजन करने के उपरान्त महाराज बिम्बिसार ने विश्रामालय में धर्म और समाज-सम्बन्धी चर्चा की, और जन-कल्याणार्थ राजकोष का मुँह खोल दिया। साथ ही बड़ी विनम्रता से एक निवेदन किया—"भगवन्! मैं आपके लिए अपना प्रिय वेणुवन दान दे रहा हूँ। शिष्यों सहित आप उसमें प्रवास करें। वेणुवन का प्रासाद आपके भिक्षुओं के रहने के लिए पर्याप्त है।"

"परन्तु राजन्! हम श्रमण कहीं एक जगह कहाँ रुकते हैं!" मैंने कहा।

"भगवन्! मैं यह जानता हूँ कि आप संसार के कल्याण के लिए भ्रमणशील रहेंगे, परन्तु आप जब कभी राजगृह पधारें वेणुवन में ही विश्राम करें। मैं आपके उपदेशों का लोभ संवरण नहीं कर पा रहा हूँ।"

इच्छा न होते हुए भी, मैंने वेणुवन स्वीकार कर लिया कि इतनी अधिक भिक्षुओं की संख्या है इन्हें वर्षा काल में खुले में नहीं रहना पड़ेगा।

फिर वहाँ से हम लोग वेणुवन ही चले आये, महाराज बिम्बिसार भी साथ आये और जितने दिन मैं राजगृह में रहा महाराज बिम्बिसार प्रतिदिन सायं को आते रहे। धर्मोपदेश से उनके जीवन में भारी परिवर्तन हुआ, वह पहले की अपेक्षा ज्यादा प्रसन्नचित्त रहने लगे! उन्होंने कई राज्यों को युद्ध में जीतकर अजातशत्रु को वहाँ का उपनृप बनाया, परन्तु तब तक अजातशंत्रु की महत्त्वाकांक्षा को पर लग चुके थे। वह अब सीधे मगध का सम्राट् बनना चाहता था। अजातशत्रु की इस महत्त्वाकांक्षा की अग्नि को हवा दे रहा था देवदत्त।

"देवदत्त!" आनन्द चौंका।

"हाँ आनन्द, देवदत्त मुझसे अलग होने के बाद कूटनीतिक चालों से अजातशत्रु को अपने पक्ष में मिला लिया, क्योंकि दुश्मन का दुश्मन दोस्त होता है। देवदत्त मेरी तरह राज्याश्रय प्राप्त कर वह श्रेष्ठता प्राप्त करना चाहता था। परन्तु नकल सिर्फ नकल होता है, सत्य नहीं। देवदत्त ने अपनी महत्त्वाकांक्षाओं को पूर्ण करने के लिए अजातशत्रु को अपनी ओर मिला लिया था और उसे अनीतिपूर्ण ढंग से मगध सम्राट् बनने का स्वप्न दिखाता था। अजातशत्रु भी देवदत्त की अन्धभक्ति करने लगा। उसे लगता था देवदत्त से बड़ा उसका कोई शुभचिन्तक नहीं है, जो उसे सम्राट् की गद्दी तक ले जायेगा। वह महाराज बिम्बिसार की हत्या करवाना चाहता था, परन्तु संयोगवश अजातशत्रु सफल नहीं हो सका। देवदत्त अजातशत्रु के माध्यम से मुझे भी कुचलना चाहता था, परन्तु जब तक महाराज बिम्बिसार थे, देवदत्त को सफलता नहीं मिलनी थी। दोनों अपनी-अपनी महत्त्वाकांक्षाओं को लेकर प्रयत्नशील थे और अन्ततः एक दिन छलपूर्वक महाराज बिम्बिसार को कैद कर लिया गया। अजातशत्रु स्वयं को मगध का सम्राट् घोषित कर राज्य के संचालन का कार्य करने लगा। जनता के बीच अजातशत्रु के प्रति आक्रोश न फूट पड़े, इसलिए वह रहस्य बनाकर रखा। कैद में उन्हें विभिन्न प्रकार की यातनाएँ सहनी पड़ रही थीं।"

"सुन रहे हो न आनन्द!"

"हाँ भगवन्!"

"उन दिनों मैं राजगृह में ही था। भिक्षाटन के लिए मैं सुबह ही निकल जाया करता था। वह भी अकेले क्योंकि सन्ध्या के समय राजगृह के बहुत-सारे गृहस्थ उपदेश सुनने मेरे पास आते थे। इसलिए प्रायः शाम का समय मैं उनके लिए बचाकर रखता था। देवदत्त के बहकावे में आकर अजातशत्रु मुझे भी अपना शत्रु ही समझता था। एक दिन भिक्षाटन के दौरान एक विचित्र घटना घटी।"

"कैसी घटना भगवन्!" आनन्द ने पूछा।

"मैं भिक्षाटन कर राजगृह नगर से लौट ही रहा था, कि लोगों के भागने, चीखने-चिल्लाने की ध्वनि सुनायी दी। कुछ क्षण के लिए मैं ठिठका और यह अनुमान लगाने का प्रयत्न किया कि बात क्या है। किस कारण लोग चीखते भाग रहे हैं। मैं जिज्ञासावश भीड़ की तरफ बढ़ा। लोग जान बचाकर भागने में इतने प्रयत्नशील थे, कि मेरा भी ध्यान नहीं दिया। लोग गिरते-पड़ते पलायन कर रहे थे। अचानक ही किसी का स्वर मेरे कान से टकराया, भगवन्! आप उधर न जायँ। एक व्यक्ति कुछ क्षण के लिए रुककर मुझसे बोला।''

"क्या बात है भद्रे!"

"एक पागल हाथी, कई लोगों के प्राण ले चुका है। वह सीधे इधर ही आ रहा है, वह देखिये।" इतना कहकर वह भाग खड़ा हुआ। मैंने भी सुरक्षित स्थान के लिए दृष्टि

दौड़ायी। परन्तु भीड़ ने सुरक्षित स्थान तक पहुँचने का मौका ही नहीं दिया। उन्मत्त हाथी के भय से एक वृद्धा भागने में गिर पड़ी, भागती हुई भीड़ ने अपने प्राण रक्षा के चक्कर में वृद्धा की ओर ध्यान नहीं दिया। मैंने अनुमान कर लिया हाथी समीप है। फिर भी मैं वृद्धा की ओर बढ़ा, वह गिरकर चिल्ला रही थी, शायद चोट लगी थी, गिरने से और भागती भीड़ के रौंदने से। मैंने तत्परता दिखायी, वृद्धा को उठाया, वह अपने पैरों पर खड़ी होते ही भागी, हाथी नजदीक था। वह मेरी तरफ आ रहा था, अचानक ही उसकी चाल धीमी हो गयी। और मेरे समीप आने से पूर्व ही वह बैठ गया, शायद नशे की अधिकता ने उसे शिथिल कर दिया था। राजगृह के नागरिकों ने इसे चमत्कार माना, और मुझे और भी श्रद्धा से पूजने लगे। जिसके बारे में मैंने नागरिकों को बताया था कि यह महज एक घटना थी।

"मगर वह पागल हाथी!" आनन्द ने पूछा।

"वह पागल हाथी, देवदत्त के कहने पर अजातशत्रु ने मुझ पर छोड़ा था, जिसका रहस्योद्घाटन उसने स्वयं ही अपने मुँह से किया।"

"स्वयं अजातशत्रु!" आनन्द का मुँह इन शब्दों के साथ खुला-का-खुला ही रह गया।

●

बुद्धदेव वेणुवन में विश्राम कर रहे थे। उसी समय एक भिक्षु ने आकर सूचना दी—"भगवन्! राजवैद्य जीवक आपके दर्शन करना चाहते हैं।"

"भेज दो!" कहने के साथ ही उन्होंने हाथ से बुलाने का संकेत किया।

कुछ क्षण बाद वह भिक्षु जीवक के साथ उपस्थित हुआ। जीवक ने देखा बुद्धदेव लेटे हुए हैं। ज्यादातर ऐसा नहीं होता था। जब बुद्धदेव अस्वस्थ होते थे, तभी इस तरह लेटे रहते थे, अन्यथा क्षणिक विश्राम के बाद आगन्तुक से उत्साहपूर्वक मिलते थे।

"प्रणाम भगवन्!"

"आ गये जीवक!"

"हाँ भगवन्!"

"तुमने मुझे, भयंकर रोग से मुक्ति प्रदानकर, मेरी आयु में वृद्धि कर दी है।"

"परन्तु भगवन्, आप इस तरह लेटे क्यों हैं!"

"कुछ नहीं जीवक, शरीर में दर्द था, इसलिए विश्राम करने लगा!"

"जरा देखूँ!" कहकर उसने बुद्धदेव के शरीर को छुआ।

"अरे! आपको तो भयंकर ज्वर है।" वह चौंका।

"कुछ नहीं जीवक, थोड़ा-बहुत तो ऋतु परिवर्तन का प्रभाव शरीर पर होता ही है।"

"नहीं भगवन्, आपके स्वास्थ्य की जिम्मेदारी मेरी है, मेरे होते आप शारीरिक पीड़ा उठायें, यह मुझे स्वीकार नहीं।" जीवक ने स्नेहसिक्त हठ किया। बुद्धदेव हँस पड़े।

"अच्छा-अच्छा, तुम नहीं मानोगे!"

जीवक शीघ्रता से कक्ष से बाहर आया और कुछ देर में वापस लौटा तो उसके हाथ में ओषधियाँ थीं। वह बुद्धदेव से बोला—"भगवन्! यह ओषधि आपको एक प्रहर तक ज्वरमुक्त कर देगी।"

जीवक ने ओषधियों को खल-बट्टे में लेप बनाया, फिर स्वच्छ जल में घोलकर, कपड़े से छानकर बुद्धदेव को अर्पित किया।

"ओषधि लीजिये भगवन्!" जीवक ने आग्रह किया। बुद्धदेव उठ बैठे, और जीवक के हाथ से ओषधि पात्र लिया।

"नहीं मानते तो, पीना ही पड़ेगा!"

"भगवन्, मुझे इस सेवा से वंचित न कीजिये, भविष्य में किसी प्रकार की शारीरिक व्याधि होने पर मुझे तत्काल सूचना देने की कृपा करें।"

बुद्धदेव पुनः हँस पड़े—"अच्छा भाई, अब तुम्हारे अधिकार का हनन नहीं होगा।" कहने के साथ ही उस कटुक ओषधि को गले में उतार लिया।

"अत्यधिक कटुक ओषधि है जीवक!"

"भगवन्! ओषधि कभी जिह्वा के स्वाद के लिए नहीं होती, उसका उद्देश्य निर्ममता-पूर्वक व्याधियों को नष्ट करना होता है।"

"ठीक कहते हो जीवक, पंचशील के सिद्धान्तों ने जिह्वा के स्वाद की आवश्यकता ही नहीं रहने दी, फिर मैं परिहास का अवसर खोना नहीं चाहता था। अच्छा बताओ कि महाराज बिम्बिसार का कुछ पता चला।"

"नहीं भगवन्, प्रजा में तो इस सन्दर्भ में तरह-तरह की चर्चा है।" जीवक बोला।

"कैसी चर्चा जीवक!"

"यही कि महाराज बिम्बिसार के अचानक गायब होने में किसी राजपुरुष का हाथ है।"

"किसी राजपुरुष से तुम्हारा क्या तात्पर्य है!"

"प्रजा आशंका व्यक्त कर रही है कि अजातशत्रु ने सम्राट् बनने के लिए महाराज का अपहरण कर लिया है। राजवैद्य होने के नाते मेरा कुछ कहना अनुचित है।"

"यह अफवाह भी तो हो सकती है!"

"भगवन्, इस अफवाह को पंख लग चुके हैं, क्योंकि देवदत्त का राजमहल में आना-जाना बढ़ा है। महाराज अजातशत्रु मन्त्रणा कक्ष में देर-देर तक देवदत्त से बातचीत करते हैं।"

"इसका प्रयोजन क्या है? जीवक!"

"प्रयोजन चाहे जो हो, परन्तु एक बात तो स्पष्ट है, महाराज अजातशत्रु के हृदय में आपके लिए तनिक भी श्रद्धा नहीं है, और यह अश्रद्धा का बीज बोनेवाला कोई दूसरा नहीं बल्कि देवदत्त ही है।"

"मूर्ख का ज्ञान भी अनर्थ के लिए होता है जीवक अगर हो सके तो मनुष्य को पापी और अधम पुरुष की संगत नहीं करनी चाहिए। जीवन मार्ग पर चलते हुए मनुष्य को, अपने से श्रेष्ठ साथी न मिले तो भी दृढ़ता के साथ अकेले चलना चाहिए, परन्तु मूर्ख की संगत कदापि न करें।"

"महाराज अजातशत्रु की महत्त्वाकांक्षा का परिणाम क्या होगा देव।" जीवक ने पूछा।

"संसार में कुछ भी अकारण नहीं होता, अन्यथा कर्म की प्रवृत्ति नहीं होती, सबको सब-कुछ प्राप्त होता। और रही बात अजातशत्रु की महत्त्वाकांक्षा की तो महत्त्वाकांक्षी को अपने कर्मों की प्रतिध्वनि की आहट सुनायी नहीं देती।"

"मैं समझा नहीं भगवन्!" जीवक ने कहा!

"वैर से वैर कभी शान्त नहीं होता, वह अवैर से शान्त होता है, सब-कुछ देखते चलो।" कहकर बुद्धदेव चुप हो गये। जीवक ने प्रणाम किया और बाहर निकल गया।

जानते हो आनन्द। राजगृह में प्रवास के दौरान हाथीवाली घटना ने भी जनमानस को मुझसे जोड़ने का कार्य किया। मेरे पास दुःख निवृत्ति के लिए आनेवाली भीड़ की कमी नहीं थी। कुछ तो प्रव्रज्या लेने के लिए प्रतिदिन आते थे। या यह कह लूँ कि जनमानस के अलावा विभिन्न मत-मतान्तर के परिव्राजकों में भी उथल-पुथल मची हुई थी। उन दिनों अस्सजि भी भिक्षाटन करते और उपदेश करते राजगृह आया हुआ था। और मुझसे मुलाकात हो भी नहीं पायी थी, कि मार्ग में उसकी भेंट सारिपुत्त और मौद्गल्यायन से हो गयी।

"फिर क्या हुआ भगवन्!" आनन्द ने पूछा।

"वास्तव में सारिपुत्त और मौद्गल्यायन नाम के युवा, संजय नामक परिव्राजक के शिष्य थे। वे वर्षों से सांसारिकता से विमुख श्रमण का जीवन जी रहे थे। संजय उस समय का श्रेष्ठ परिव्राजक था। उसके पास शिष्यों की भारी संख्या थी। ये परिव्राजक भी जटिल काश्यप बन्धुओं की तरह, भिक्षाटन एवं साधना में समय व्यतीत करते। सारिपुत्त और मौद्गल्यायन, संजय के सबसे सफल चिन्तक साधकों में थे। वे आपस में अक्सर ही साधना की निरुद्देश्यता पर चर्चा करते। वे इस तरह निरर्थक समय व्यतीत होने से चिन्तित थे।"

"मौद्ग! तुम्हें नहीं लगता कि वर्षों पूर्व जिस जिज्ञासा को लेकर हम परिव्राजक बने, वह जिज्ञासा ज्यों-की-त्यों है।" सारिपुत्त ने कहा।

मौद्ग भिक्षाटन का झोला कन्धे से उतारकर रखते हुए बोला—"सत्य कहते हो मित्र सारि, हमें लगता है हम एक बन्धन से निकलकर दूसरे में पहुँच गये हैं। क्योंकि हमारी जिज्ञासाओं को समुचित समाधान कहाँ मिला, हम तो अब भी वैसे हैं, जैसे वर्षों पूर्व थे।"

"हाँ मौद्ग! हम भ्रमित हैं, और हमारे भ्रम का समाधान गुरु श्रेष्ठ के पास नहीं है। हमारे ज्ञान में जो अभिवृद्धि हुई है, वह हमारे अनुभव हैं।"

"फिर क्या उपाय है मित्र सारि!"

"सुना है आजकल राजगृह में कोई गौतम नामक श्रमण आये हुए हैं, जिन्होंने वर्षों तपस्या कर सत्य बोध प्राप्त किया है।"

"हाँ सुना तो मैंने भी है, परन्तु...!"

"परन्तु क्या मित्र मौद्ग!"

"क्या उनके पास हमारी जिज्ञासाओं का समाधान होगा, क्या हम अपने चित्त की दुविधा का शमन कर पायेंगे।" मौद्गल्यायन ने कहा।

"क्या तुमने जटिल काश्यप बन्धुओं के बारे में नहीं सुना है!"

"सुना है मित्र, और यह भी सुना है कि राजगृह के नगर मार्ग पर एक उन्मत्त हाथी, गौतम के सामने पड़ते ही शरणागत हो गया।" इसी तरह मौद्ग और सारि आपस में विचार-विमर्श कर ही रहे थे, कि अचानक उनकी दृष्टि भिक्षाटन कर रहे अस्सजि पर पड़ी।

"वह देखो मौद्ग!"

"क्या!"

"उस भिक्षुक को, वेश-भूषा से वह यहाँ का परिव्राजक नहीं लगता!"

"मुझे ऐसा जान पड़ता है कि कहीं यह गौतम नामक उसी श्रमण का शिष्य तो नहीं है।"

"लगता तो मुझे भी है, अरे! देखो वह हमारी तरफ ही आ रहा है।"

"चलो!" दोनों उठकर अस्सजि के समीप आये और प्रणाम कर पूछा—"हे श्रमण देव! आप किसके शिष्य हैं, कहाँ से आ रहे हैं वेश-भूषा से आप यहाँ के परिव्राजकों-से नहीं लगते।"

"हे श्रमण बन्धु, मैं अस्सजि तथागत बुद्ध का शिष्य हूँ उनसे उपदेश पाकर संसार की दुःख निवृत्ति के लिए सांसारिक लोगों को उपदेश करता फिरता हूँ। मैं अभी-अभी यहाँ आया हूँ। और काशी के ऋषिपत्तन से उपदेश करते भ्रमण कर रहा हूँ।"

"हे मित्र! आप अपने बारे में बताइये।" अस्सजि ने पूछा।

"मैं सारिपुत्त और ये मौद्गल्यायन, यहाँ के श्रेष्ठ परिव्राजक संजय के शिष्य हैं, हम भी आपकी तरह भिक्षाटन करते हैं। साधना करते हैं, परन्तु..."

"परन्तु क्या मित्र!" अस्सजि ने पूछा।

"हम वर्षों से एक ही स्थिति में रह रहे हैं, हमारी जिज्ञासाएँ समाप्त होती नहीं दिखतीं, परन्तु मित्र, आपके मुखमण्डल का तेज बताता है कि आपकी जिज्ञासाएँ समाप्त हो गयी हैं।" मौद्ग ने कहा।

"आप सही कह रहे हैं मित्र, मेरे मन में उत्पन्न होनेवाली समस्त इच्छाएँ एवं जिज्ञासाएँ समाप्त हो चुकी हैं। क्योंकि त्रिशरण में जाने के बाद, कुछ शेष बचता ही नहीं।"

"हमें त्रिशरण के बारे में कुछ बतायें!" दोनों ने पूछा।

"बुद्धं शरणं गच्छामि, धम्मं शरणं गच्छामि, संघं शरणं गच्छामि।" अस्सजि बोला।

"क्या हमें और कुछ बतायेंगे मित्र!"

"आप दोनों की इच्छाएँ प्रबल हैं, आपके लिए शुभ यही होगा कि आप लोग स्वयं तथागत बुद्ध की शरण में जायें और अपनी जिज्ञासा शान्त कर, संसार के कल्याण में संलग्न हो जायें। सुना है भगवन् आजकल राजगृह में ही रुके हुए हैं।"

"हाँ मित्र, हम लोगों ने भी सुना है, आपका परामर्श उचित है, हमें निश्चित ही तथागत बुद्ध से मिलना चाहिए।" सारिपुत्त ने कहा।

"अच्छा अब मैं चलूँ, भगवन् के दर्शन के बाद मैं भी वापस हो लूँगा, क्योंकि हमें भगवन् का निर्देश है कि अधिक-से-अधिक प्राणियों के कल्याण के लिए उन्हें धर्म के पथ पर अग्रसर करूँ।"

दोनों ने अस्सजि का अभिवादन किया और अपने-अपने गन्तव्य की ओर बढ़े।

"आनन्द! इस तरह अस्सजि से प्रभावित हो, दोनों एक दिन मेरे पास आये। और अपनी जिज्ञासा व्यक्त की। मैंने उन्हें समझाते हुए कहा।"

"सारिपुत्त! मनुष्य को स्वयं पर विश्वास कर अपना कार्य करना चाहिए। हाँ मानवीय कमजोरी बननेवाली दो इच्छाओं से बचना आवश्यक है।"

"कैसी कमजोरी भगवन्!" मौद्‌गल्यायन ने पूछा।

"सुनो मौद्‌ग! प्रथम काम्य वस्तुओं में भोग की इच्छा से विरत होना और दूसरा शरीर को कष्ट पहुँचाकर प्राप्य की इच्छा रखना। इनके बीच से उन्मिलन का मार्ग खुलता है, जो ज्ञान उत्पन्न करनेवाला तथा चित्त को शान्ति प्रदान करता है।"

"भगवन्! संसार में मनुष्य से मनुष्य छला जा रहा है। वह एक-दूसरे को ठगने में श्रेष्ठता समझता है, यह विसंगति क्यों।" सारिपुत्त ने पूछा।

"देखो सारिपुत्त! इस संसार की समस्त घास, वृक्ष, मछली, जंगली जानवर, चिड़िया आदि की विभिन्न प्रजातियाँ हैं। लेकिन मनुष्य की एक ही प्रजाति है। मनुष्यों के बीच जो विषमताएँ हैं, वे जैविक नहीं हैं, बल्कि वृत्तियों के आधार पर विभाजन है। इसीलिए मनुष्य एक-दूसरे को ठगने में श्रेष्ठता समझता है।"

"परन्तु जानते हो सारिपुत्त!" मैंने कुछ रुककर कहा।

"क्या भगवन्!" सारिपुत्त ने पूछा।

"मनुष्य इन्हीं वृत्तियों के आधार पर स्वयं को श्रेष्ठ व बलवान् समझता है। परन्तु मृत्यु द्वारा पकड़े जाने पर उसी मनुष्य की रक्षा पिता, पुत्र और स्वजन भी नहीं कर पाते। इसलिए प्रव्रज्या ग्रहण कर अष्टांगिक मार्ग का अनुसरण करो।"

"हमें स्वीकार है, भगवन्! हम आपकी शरण में हैं।" और दोनों ने प्रणाम किया।

राजगृह में रहते कुछ समय पश्चात् मेरे मन में कपिलवस्तु जाने की इच्छा हुई। फिर मैं राजगृह में कुछ भिक्षुओं को छोड़कर कपिलवस्तु के लिए चल पड़ा। मार्ग में कई गाँव-नगर पड़े, जहाँ रातें बितायीं, भिक्षु बनाये। ग्रामीणों को उपदेश दिया और चलते रहे। हाँ, सारिपुत्त और मौद्‌गल्यायन भी मेरे साथ कपिलवस्तु जाने की अनुमति ले चुके थे।

कपिलवस्तु की सीमा में प्रवेश करते ही, नागरिकों का समूह उत्साहपूर्वक मुझसे मिलने आने लगा, वह अपने राजकुमार के प्रति आसक्ति रखते थे। लोगों ने सुना कि उनका राजकुमार तपस्या पूरी करके श्रमण वेशधारी होकर, काषायवस्त्र पहनकर, हाथ

में भिक्षापात्र ले भिक्षाटन करता है, तो वे स्वयं अपने द्वार पर भिक्षा लेकर उत्सुकता से खड़े रहते थे। मेरा उद्देश्य ही घर-घर भिक्षा, जन-जन दीक्षा था। लोगों को बड़ा आश्चर्य होता था कि किस प्रकार एक राजकुमार समस्त वैभव, ऐश्वर्य त्यागकर, यह कष्टकारी श्रमण जीवन जी रहा है। यहाँ तक कि कोमल हृदय की महिलाएँ तो महिलाएँ, कठोर पुरुष भी आर्द्र नेत्रों से मेरी ओर देखते, भिक्षाटन कराते। जब यह बात राजमहल तक पहुँची कि राजकुमार सिद्धार्थ नगर में प्रवेश कर भिक्षाटन कर रहे हैं। माँ गौतमी करुणार्द्र हो विलाप करने लगीं। पिता का वात्सल्य प्रेम आँखों से बह चला। क्या यह वही मेरा हृदयपिण्ड राजकुमार सिद्धार्थ है, जिसको मैंने संसार की समस्त सुख-सुविधाएँ उपलब्ध करायीं, आज नगर के द्वार-द्वार नंगे पाँव भिक्षाटन कर जीवनयापन कर रहा है। गोपा ने भी सुना, उसके प्राणनाथ नगर में आ चुके हैं, तो वह दर्शन की कामना से पुलकित हो रो पड़ी। सचमुच यह उसके लिए किंकर्त्तव्यविमूढ़ कर देनेवाली बात थी। उसके हृदय के ज्वार-भाटा को मैं ही समझ रहा था। वह उसी तरह बैठी रही मूर्तिवत्, जड़वत्। शायद उसके मानस-पटल पर वह दृश्य स्मृतियों की घनीभूत पीड़ा-सा उभर पड़ा, कि किस प्रकार मैं वर्षों पूर्व चुपके से सांसारिक मोह-पाश तोड़कर भाग निकला था, जो दाम्पत्य जीवन का आधारस्तम्भ है। अपनी माँ को इस तरह आँसू बहाता देख, पुत्र राहुल भी विह्वल हो उठा, और अपने कोमल पोरों से ढुलक रहे आँसू की बूँदों को पोछते हुए पूछा—"क्यों रो रही हैं माँ!"

गोपा उत्तर भी क्या देती, उसके लिए तो भावनाओं पर नियन्त्रण कर पाना ही कठिन था। राहुल के एक-एक प्रश्न उसके शान्त हृदयरूपी नदी में पत्थर फेंकने जैसा था। वह बस इतना ही कह पायी—"पुत्र! तुम्हारे पिता श्री नगर में आये हैं, इसीलिए खुशी के आँसू छलक उठे हैं।"

"क्या वह हमारे पास भी आयेंगे माँ?" राहुल ने पूछा।

गोपा ने एक ठण्डी निःश्वास छोड़ी, अपने आँसू पोंछे और छत की ओर देखते हुए बोली, "पता नहीं पुत्र, बहते हुए जल का विश्वास करना जिस प्रकार कठिन है कि वह किस मार्ग से बहेगा उसी प्रकार श्रमण का।"

राहुल उत्साह में रोमांचित हो बिना माँ की बात सुने ही, दादाश्री के कक्ष की ओर दौड़ पड़ा, यह कहते हुए कि मेरे पिताश्री आ गये, मेरे पिताश्री आ गये, मेरे पिताश्री आ गये।

पुत्र को देखने की अदम्य इच्छा को महाराजश्री रोक नहीं पाये क्योंकि माता गौतमी ने विह्वल हो निवेदन किया।

"महाराज! आपके अन्दर भले ही एक राजा का हृदय स्पन्दन कर रहा हो, पुरुष होने के अभिमान से आच्छादित होने के कारण वात्सल्य सूख गया हो, परन्तु मेरे अन्दर ममता का सागर हिलोरें ले रहा है। जब से सुना है मेरा सिद्धार्थ नगर लौट आया है,

आँखों के अश्रु रुकने का नाम नहीं ले रहे हैं। मन तड़पता है, कितनी जल्दी देख लूँ उसे, हृदय से लगाकर ममत्व के ज्वार-भाटा को शान्त कर लूँ।"

"शान्त हो जाइये महारानी, शान्त हो जाइये, अगर आप माँ हैं तो मैं भी पिता हूँ, मेरे अन्दर भी एक संग्राम चल रहा है।"

"कैसे शान्त हो जाऊँ महाराज, कैसे! महल त्यागते समय अगर वह मुझसे मिला होता, और मैं उसे हृदय से लगाकर आशीर्वाद दे दी होती तो शायद आज इतनी व्यग्र न होती। आप नहीं समझ सकते महाराज, कि एक माँ के लिए पुत्र वियोग कितना दारुण दुःख है यह जानकर कि वह वर्षों बाद वापस लौट आया है।" वह फूट-फूटकर रो पड़ी।

यह देखकर पिताश्री भी अत्यन्त व्यग्र हो उठे। वह तत्क्षण ही मुझे लाने के लिए नगर की तरफ चल पड़े। उस समय उनके नेत्र अश्रुपूरित हो बार-बार छलक उठते थे। महाराजश्री को इस तरह पुत्र से मिलने की उत्सुकता में व्याकुल हो नगर की तरफ जाते देखकर उनका अनुसरण राज्य के मन्त्री व कर्मचारी भी करने लगे।

उस समय मैं नगर के एक द्वार से भिक्षा ले रहा था। कुछ नगरवासी मेरे समीप ही खड़े होकर, मेरा इन्तजार कर रहे थे, वे कुछ उपदेश सुनना चाहते थे। मेरे साथ कुछ श्रमण भी थे, मगर वह भी भिक्षाटन कर रहे थे। उसी समय महाराजश्री आये मुझे प्रथम बार काषायवेश में देखकर उनका हृदय धक से हो गया, वे ठिठक गये। वे मुझे पुत्र कहकर गले भी नहीं लगा सकते थे। आँखें छलछला आयीं, शरीर कम्पित हो उठा। मुख से बोल नहीं फूट रहे थे, केवल चक्षु ही हृदय के उद्‌गार कह रहे थे। कुछ देर विह्वल होकर मुझे देखते रहे, फिर बोले—"अब आपसे सांसारिक नाता ही नहीं रहा, मैं आपको क्या सम्बोधन दूँ।" और दोनों हाथ जोड़ दिये।

"सांसारिक नाता भले ही न हो, परन्तु जगत् व्यवहार तो रहेगा ही।" मैंने उन्हें ढाढ़स बँधाते हुए उनके हाथों पर हाथ रखा। वह फफककर रो पड़े।

"पुत्र! यह आप क्या कर रहे हैं। आपको द्वार-द्वार भिक्षा माँगने की क्या आवश्यकता है। कपिलवस्तु के राजमहल से आपके भिक्षुओं को प्रतिदिन भिक्षा मिल जाया करेगा।"

"महाराज, भिक्षा माँगना श्रमण का कर्त्तव्य है, साथ ही, उसमें संसार का कल्याण भी निहित है। यदि मैं और मेरे श्रमण भिक्षाटन नहीं करेंगे, तो कर्त्तव्यच्युत हो जायेंगे, और संसार की दुःख निवृत्ति का मेरा उद्‌देश्य राजमहल की प्राचीरों में कैद होकर रह जायगा।"

"यदि ऐसी बात है तो मैं आपको रोकूँगा नहीं, परन्तु एक निवेदन अवश्य करूँगा।"

"अवश्य महाराज!"

"जब आप नगर तक आ ही गये हैं, तो एक बार राजमहल तक अवश्य पधारें, आपकी माता प्रजापति गौतमी, आपके वियोग में अश्रु बहा रही हैं। विह्वल हैं। पुत्रवधू गोपा आपके दर्शन की आशा लिये जीवित हैं, आपका पुत्र राहुल बालसुलभ हठ करता है। मेरे पिताश्री कब आयेंगे, चलकर उन्हें सान्त्वना तो दे दें।"

"अवश्य महाराज, उनको भी दुःख निवृत्ति का अधिकार है। मैं राजमहल अवश्य आऊँगा, आप आश्वस्त रहें। मैं अभी कपिलवस्तु में ही हूँ।"

महाराज राजमहल लौट गये, एक टीस, एक उम्मीद लेकर। उनके जाने के बाद मैं भी लौट गया, नगर के बाहर एक वाटिका ही मेरा विश्राम-स्थल था। मैं नगर में भिक्षाटन करता लौट आता, मुझसे मिलनेवाले दुःख निवृत्ति का मार्ग पूछनेवालों की कमी नहीं थी। मुझे भिक्षा देने को लेकर भी उत्साहित रहते, कई दिन बीत जाने पर एक दिन अचानक मेरे कदम राजमहल की ओर चल पड़े, मेरे तथा सारिपुत्त मौद्गल्यायन-जैसे कई भिक्षु साथ में थे बिना किसी अग्रिम सूचना के, मैं सर्वप्रथम महाराजश्री के कक्ष की ओर गया। राजकर्मचारी मुझे अपने बीच पाकर धन्य मान रहे थे। वे झुक-झुककर प्रणाम कर रहे थे। अपने-अपने वातायनों से स्त्रियाँ मुझे देखने के लिए व्यग्र थीं। अचानक ही राजमहल में चहल-पहल बढ़ गयी। मुझे देखते ही महाराजश्री अपने आसन से उठ गये, प्रणाम किया और बैठाते हुए कहा, "कैसी दुविधा में मुझे डाला है आपने, यह सिंहासन, यह राजकीय वैभव, यह सुख-सम्पदा सब-कुछ आपके लिए था, यहाँ बैठकर आप चक्रवर्ती सम्राट् बन सकते थे, परन्तु आपने एक झटके में सब त्याग दिया, यहाँ तक माता-पिता, पत्नी-पुत्र, सगे-सम्बन्धी तक को भी आप त्यागकर चलते बने। यह कैसी विडम्बना है पुत्र, कि जिस वय में मुझे श्रमण जीवन जीना चाहिए उस वय में मैं सांसारिक ऐश्वर्य भोग रहा हूँ, और तुम्हें जिस वय में सांसारिक सुखोपभोग करना चाहिए उस वय में द्वार-द्वार भटकते, भिक्षाटन करते, श्रमण वेश में घूम रहे हो।" कहते-कहते उनकी आँखें आर्द्र हो उठीं, "महाराजश्री, आप व्यथित न हों, जो नश्वर है, उसका मोह क्यों, और फिर यह मोह ही तो दुःखों की जननी है। महाराज, मैंने संसार का त्याग, संसार में लिप्त होकर सुखोपभोग के लिए नहीं किया। दुःख निवृत्त ही मेरा उद्देश्य है।" मैंने समझाने का प्रयास किया। महाराज ने आँसुओं को कोरों से साफ किया, लम्बी दीर्घ उसाँस छोड़ी, कुछ क्षण बाद पुनः कहा, "पिता होने के नाते मैं यह नहीं जानता कि आपका गृह-त्याग का निर्णय सही था या गलत, परन्तु इतना तो है, यहाँ पर रहकर भी सेवा कार्य ही करना था, फर्क इतना है यह सीमा केवल कपिलवस्तु तक सीमित होती और यह वैश्विक भावना है।"

"फिर गलत क्या है तात!" मैंने पूछा।

"शायद इस समय गलत-सही का विभेद कर पाने में बुद्धि असमर्थ है। क्योंकि पुत्र-मोह से मस्तिष्क आच्छादित हो उठा है।" कहकर वह पुनः रो पड़े।

"यह जन्म ही दुःखपूर्ण है, बुढ़ापा दुःखपूर्ण है। मृत्यु शोक, रुदन, अप्रिय से संयोग, प्रिय से वियोग, इच्छित वस्तु की अप्राप्ति, सब-कुछ दुःखपूर्ण है। मनुष्य के जीवन में रूप, वेदना, संज्ञा, संस्कार एवं विज्ञान के पाँचों उपादान स्कन्ध दुःखपूर्ण हैं। मनुष्य को सदा ही सुख प्राप्त करने के प्रयास में दुःख प्राप्त होता है। यहाँ तक कि मृत्यु भी दुःखों का अन्त नहीं है।" मैंने कहा।

"फिर जीवन क्या है?" महाराजश्री ने पूछा!

"जीवन वह भित्ति फल है, जो अन्दर से अत्यन्त कोमल व मधुर है, परन्तु बाह्य जगत् के दुःख और आकांक्षा से आच्छादित होने के कारण, हम न उसे देख पाते हैं, न महसूस कर पाते हैं।" मैंने कहा।

"फिर जो हम जीते हैं, वह?" महाराज ने पूछा।

"वास्तव में मनुष्य दुःख निवृत्ति के भ्रामक संघर्ष को ही जीवन मान बैठा है, इसलिए उसे जीवन का वास्तविक गुण दिखायी नहीं देता।"

"फिर उपाय क्या है? भगवन्।"

"उपाय है तात, जिस प्रकार जलते हुए घर से अधिक-से-अधिक जो कुछ निकाल लिया जाय, वही आपकी सम्पत्ति है, उसी प्रकार कालाग्नि द्वारा जल रहे संसार में द्रव्यादि का अधिकतम दान देकर मानव-कल्याण किया जा सकता है। और यही जीवन दुःख निवृत्त जीवन कहलाता है।"

उसी समय पुत्र सिद्धार्थ कहते हुए माता गौतमी ने प्रवेश किया आँसुओं से सिक्त अम्लान मुख लिये वह, लगभग दौड़ते हुए मेरे समीप आयी और आते ही गले लगा लिया, और लिपटकर देर तक रोती रही, वह बार-बार मेरा माथा चूम रही थीं। माता के साथ राजकुल की अन्य महिलाएँ व दासियाँ भी, सब-के-सब रोने लगीं। उस कारुणिक दृश्य में सभी लोग डूब गये, स्वयं महाराज और राजकर्मचारी भी विह्वल हो रो पड़े।

"तू कहाँ चला गया था रे...! मेरे बेटे, क्या तू मुझे संसार से उलाहना सुनवाना चाहता था। तूने इतना भी नहीं सोचा कि यह क्रूर संसार मुझे जीने कैसे देगा। मेरा लाड़-प्यार सब भुलाकर चल दिया। मैं तुझे अब कहीं नहीं जाने दूँगी।" वह मेरे सिर पर हाथ फेरती रही।

"माँ! अब आपका पुत्र, सिर्फ आपका नहीं है अपितु संसार का पुत्र हो गया है।" मैं मुस्कराया।

"मैं कुछ नहीं जानती, तुम मेरे सिद्धार्थ हो, मेरे पुत्र मेरी बहन के इकलौते पुत्र, जिसे मैंने हृदयपिण्ड समझकर पाला है।" गौतमी ने हठ किया।

"माँ! क्या यह काषायवस्त्र नहीं देखतीं, क्या मेरे हाथों का यह भिक्षापात्र नहीं बताता कि मैंने सांसारिक जीवन त्यागकर, श्रमण जीवन अंगीकार किया है।"

"क्यों पुत्र, क्यों, आखिर क्यों हमसे रूठ गया, क्या हमारे पालन-पोषण में कोई कमी रह गयी थी, क्या मैं तुमसे पुत्रवत् व्यवहार नहीं करती थी, फिर हमें छोड़कर क्यों चले गये पुत्र।" वह पुनः रो पड़ी।

मैंने उन्हें समझाते हुए कहा, "माँ! इस संसार में जाने कितने मनुष्यों की माँ नहीं हैं। उन्हें भी माँ जैसा प्रेम करनेवाला चाहिए, जैसे तुम मेरे कष्ट पर आँसू बहाती थीं, और उसकी निवृत्ति के उपाय करती थीं, उसी प्रकार मैंने भी पारिवारिक सम्बन्धों का

त्यागकर, सांसारिक सम्बन्धों को स्वीकार कर लिया है, ताकि उन्हें माँ सदृश प्रेम मिल सके।"

"कैसी दशा बना रखी है पुत्र, चलो बहुत हो गया, अब हमारे पास लौट आये हो तो यह वेश त्यागकर, राजकीय वेश धारण करो, अपनी गोपा और पुत्र राहुल के लिए अब से जीवन जीयो।" गौतमी वात्सल्य से पूरित होने के कारण अपनी ही बात कहे जा रही थी।

"नहीं माता! अब यह सम्भव नहीं है, मेरा यहाँ आना तो महज संयोग है। अगर हो सके तो अपने इस संन्यासी पुत्र को भिक्षाटन कराओ।"

"जरूर कराऊँगी पुत्र! परन्तु तू बड़ा निष्ठुर है अपनी माँ से ऐसी निर्मम बात करता है। क्या तुम्हें मेरे आँसुओं की भी परवाह नहीं है।"

"आँसू तो मानवीय कमजोरी को व्यक्त करनेवाला साधन है, क्या तुमने अपने पुत्र को इतना कमजोर बनाया है।"

"नहीं पुत्र!" वह बिफर पड़ी।

"फिर अपने इस श्रमण पुत्र को उसके धर्म से क्यों च्युत करना चाहती हो। माता! अब मैं मन से सांसारिक सम्बन्धों से मुक्त हो चुका हूँ, मेरे लिये माता-पिता, पत्नी-पुत्र या फिर संसार का प्रिय-से-प्रिय व्यक्ति मुझे नहीं बाँध सकता, क्योंकि मैंने सत्य से साक्षात्कार किया है। सत्य तो यह है माता! जो मन से मुक्त हो गया, वह संसार के आवागमन से मुक्त हो गया। मनुष्य के लिए राग से बढ़कर आग नहीं, द्वेष के समान ग्रह नहीं, मोह के समान जाल नहीं और तृष्णा के समान नदी नहीं। इसलिए अज्ञानतापूर्वक केवल खा-पीकर जीने की अपेक्षा मरना श्रेयस्कर है। अब मेरे लिये संसार की दुःख निवृत्ति ही परम लक्ष्य है।"

"वोह मेरे पुत्र, मेरे भोले-भाले सिद्धार्थ को किसने ऐसी बातें पढ़ायीं, कहाँ से सीखकर आया है ऐसी बातें करना तू।" वह फिर बिलखकर रो पड़ीं।

"किसी ने तुम्हारे पुत्र को भ्रमित नहीं किया माता, मुझे सम्बल दो माँ, मैं जगत् को दुःख मुक्त कर सकूँ।" मैंने कहा।

"यदि ऐसी बात है, तो मुझे भी अपने साथ संन्यासी बना लो, हम सब लोग तुम्हारे धर्म में दीक्षित होकर रहेंगे।"

"नहीं माँ! महाराजश्री के ऊपर राज्य की जिम्मेदारी है, मैं उन्हें संन्यास ग्रहण के लिए नहीं कहूँगा, हाँ, प्रव्रज्या लेकर गृहस्थ की भाँति राज-काज देख सकते हैं।"

"और मैं!"

"अभी आप पिताश्री का सहयोग करें, मेरे धर्म में स्त्री-जाति के प्रवेश का कोई विधान तय नहीं है।"

"ठीक है पुत्र, स्त्री-जाति के लिए भी तुम्हें विधान रचना होगा, तब तक मैं यहीं हूँ, परन्तु एक निवेदन है पुत्र, अस्वीकार मत करना।" गौतमी ने कहा।

"कहो माता, क्या निवेदन है?"

"मेरी पुत्रवधू गोपा को मत ठुकराना, तुम्हारे गृह-त्याग से ही वियोग झेल रही है, समस्त राजकीय सुखों का त्यागकर वह भी तुम्हारी तरह श्रमण का जीवन जीती रही है।"

"ठीक है माता, मैं गोपा को आशीर्वाद देने जरूर जाऊँगा।" इतना कहकर मेरे कदम गोपा के कक्ष की ओर बढ़ चले।

बुद्धदेव, आनन्द व अन्य भिक्षुओं के साथ सोये हुए थे। बुद्धदेव ज्यादातर ध्यान शय्या पर ही सोते थे। रात्रि का अन्तिम प्रहर था, आकाश में तारागण प्रकाश फैला रहे थे, परन्तु वातावरण घुप्प अँधेरे में डूबा हुआ था। मन्द-मन्द हवाओं से गात को सुख मिल रहा था। इसलिए सारे भिक्षु गहरी निद्रा में सोये हुए थे। आनन्द स्वप्न में डूबा भयाक्रान्त हो रहा था, उसने देखा कि एक विशाल अश्वत्थ वृक्ष, जिसकी लम्बी-लम्बी डालियाँ आकाश को अंक में लिये हुए हैं। घनी पत्तियों से आच्छादित वह वृक्ष, अचानक तेज हवा के झोंकों से हिलने लगा, पत्तियों के आपस में टकराने से बड़ी भयावह आवाजें आ रही हैं। वृक्ष की लम्बी डालियाँ ऊपर-नीचे लटकने लगीं। अरे... यह तो तेज आँधी है, और यह वृक्ष ऐसे क्यों हिल रहा है, जैसे अभी टूटकर खण्ड-खण्ड हो जायेगा। मैं यहाँ क्या कर रहा हूँ, मैं भागता क्यों नहीं, इस वृक्ष की डालियाँ भी तो टूटकर मेरे ऊपर गिर सकती हैं, फिर इस वृक्ष से इतना आकर्षण क्यों है। क्यों नहीं भागकर मैं प्राण-रक्षा करता। अरे ये भिक्षु कब चले गये। मुझे भी क्यों नहीं साथ लिये, और भगवन् कहाँ हैं, भगवन् मुझे छोड़कर कहाँ चले गये, ऐसा तो नहीं होता था कि वह बिना बताये चले जायें। यह हवा रुक क्यों नहीं जाती। मैं भाग क्यों नहीं रहा हूँ, मेरे पाँव क्यों नहीं उठ रहे हैं, मैं जड़ क्यों हूँ, अरे, अरे यह अश्वत्थ का वृक्ष तो हिलने लगा। उसकी डालियाँ कभी आसमान छूतीं, तो कभी जमीन छूतीं, भयावहता बढ़ती जा रही है। वृक्ष के हिलने से जड़ें कमजोर हो रही हैं, वह चिल्लाया, "अरे आँधियाँ रुक क्यों नहीं जातीं, यह अश्वत्थ गिर जायेगा, पक्षियों के घोंसले नष्ट हो जायेंगे, जीव हत्या हो जायेगी, कितने ही पक्षी बेघर हो जायेंगे, क्या तुम्हें इन मासूम पक्षियों का मोह नहीं।"

आँधियाँ और तेज हो गयीं, वृक्ष उखड़ रहा है। "मैं कुछ कर क्यों नहीं पा रहा हूँ, भगवन् मेरी आवाज क्यों नहीं सुन पा रहे हैं, कोई श्रमण भी तो नहीं दिखता, यह वृक्ष गिर जायेगा।" वह जोर से चिल्लाया, "अरे कोई रोको इन आँधियों को, यह गिर जायेगा, अरे... अरे... आखिर गिर ही गया! पक्षियों के घोंसले जगह-जगह बिखरे हैं, उनके अण्डे फूटकर फैले हुए हैं, मृत पक्षियों की संख्या में भी कोई कमी नहीं है। आह यह दृश्य

मैं रोक क्यों नहीं पाया।" वह फूट-फूटकर रो पड़ा। तभी किसी ने कन्धे पर हाथ रखा और उसकी नींद खुल गयी। भगवन् उसके कन्धे पर हाथ रखे जगा रहे थे, मारे भय से आनन्द के मुख पर पाण्डुरता आ गयी थी। स्वेद से शरीर भीग उठा था। उसकी श्वास भी तेज थी।

'क्या हुआ आनन्द?" बुद्धदेव ने पूछा।

"भगवन्, वह वृक्ष...!" आनन्द ने कहा।

"घबड़ाओ मत, कुछ नहीं हुआ!"

"भगवन् वृक्ष गिर गया, पक्षियों के घोंसले नष्ट हो गये। वे वहाँ मृत पड़े हैं, उनके अण्डे फूट गये...।"

"कुछ नहीं हुआ आनन्द यह सब मार की माया है, तुम स्वप्न देख रहे हो।"

आनन्द की तन्द्रा भंग हो गयी। वह कुछ सामान्य हुआ। स्वेद पोंछा और भगवन् को निहारने लगा, कुछ अन्य भिक्षु भी आ गये थे। एक भिक्षु ने आनन्द को जल पिलाया। सामान्य होते ही आनन्द ने पूछा, "यह स्वप्न कैसा था भगवन्।"

मेरे प्रभाव से मार निस्तेज होकर भटक रहा है, उसने साधना के दौरान ही पराजित होने के बाद कहा था, "मैं इन्तजार करूँगा, छोड़ूँगा नहीं सिद्धार्थ।"

"इस स्वप्न का कुछ सन्देश है देव!"

"हाँ आनन्द, यह स्वप्न मेरे निर्वाण का सन्देश दे रहा था!"

"वे मृत पक्षी और उनके अण्डे का क्या रहस्य है भगवन्!"

"वे सब सांसारिक जीव हैं आनन्द, मेरे निर्वाण के बाद की स्थिति है!"

"फिर क्या होगा भगवन्, मेरा हृदय कम्पन कर रहा है, अगर यह सब मार की माया है, तो निश्चय ही अत्यन्त भयावह सन्देश है।"

"चिन्ता मत करो आनन्द, जिस धर्म और विनय का मैंने उपदेश दिया है, वही मेरे बाद तुम लोगों का रास्ता होगा।"

"परन्तु भगवन्!"

"बताओ आनन्द, क्या पूछना चाहते हो?"

"हे देव, अभी तक तो सभी दिशाओं से चलकर आये भिक्षु आपके दर्शन करते हैं, परन्तु परिनिर्वाण के पश्चात् वे कहाँ जायेंगे, कहाँ उपासना करेंगे, किसके दर्शन से उनमें धर्म की उत्पत्ति होगी।"

बुद्ध ने कहा, "तुम्हारी चिन्ता सर्वथा उचित है आनन्द, परन्तु मैं तुम्हारी समस्या का समाधान करता हूँ।"

आनन्द ध्यानपूर्वक तथागत की बातें सुन रहा था।

"सुनो आनन्द, मेरे श्रद्धालुओं, भिक्षुकों, भिक्षुणियों के लिए चार प्रमुख उपासना और धर्मस्थल होंगे, जहाँ वह दर्शन कर पुण्य लाभ कर सकेंगे।"

"वह कौन-से भगवन्!"

मेरा जन्मस्थल, सम्बोधिस्थल, धर्मचक्र प्रवर्तन तथा परिनिर्वाण स्थल। ये चारों स्थल दर्शनीय तथा वैराग्यपूर्ण होंगे।

"तो क्या अन्य धर्म के देवताओं सदृश, तथागत भी पुष्प, फल, चन्दन व वाद्य यन्त्रों से पूजित होंगे।"

"नहीं आनन्द, तथागत पुष्प, फल, चन्दन या फिर वाद्य यन्त्रों से प्रसन्न नहीं होंगे, बल्कि जब वे अपने शास्ता के बताये कर्म पथ पर आरूढ़ होकर उपासक तथा उपासिका, भिक्षुक या भिक्षुणियाँ उपदेशों के अनुसार अपना आचरण करेंगे तो उन्हीं से मैं संस्कृत, मानित तथा पूजित होऊँगा।"

"आओ चलें!" बुद्धदेव ने कहा और वे चल पड़े। उनके पीछे आनन्द और अन्य भिक्षु साथ थे। वह आनन्द से संघ के सन्दर्भ में बातें करते चले जा रहे थे कि उन्हें एक भीड़ आती हुई दिखायी दी।

"वह भीड़ कैसी आ रही है आनन्द!" बुद्धदेव ने कहा।

"अभी वह भीड़ दूर है, इसलिए कुछ कह पाना सम्भव नहीं है।" आनन्द ने कहा।

"ठीक है आओ इस वृक्ष की छाया में बैठ लें, कुछ श्रम-परिहार हो जायेगा। और पता भी चल जायेगा कि ये कौन लोग हैं।"

"हाँ देव, यही उचित है! आप विश्राम करें।"

बुद्धदेव वृक्ष की छाया में बैठ गये। आनन्द पाँव दबाने लगे। भीड़ क्रमशः नजदीक आ रही थी।

"भगवन्, यह भीड़ हमारी तरफ ही आ रही है। वेश-भूषा से लिच्छवी गणराज्य के श्रद्धालु ही हैं।"

"मुझे भी ऐसा ही लग रहा है आनन्द, ठीक है आने दो!"

भीड़ समीप आ गयी, वे भगवन् बुद्धदेव को देखते ही पाँवों पर लोट पड़े। बुद्ध ने सबको आशीर्वाद दिया।

"भगवन्, यह मैं क्या सुन रहा हूँ?" बूढ़े श्रेष्ठी ने कहा।

"क्या हुआ देवांग!" बुद्धदेव ने मुस्कराते हुए पूछा।

"सुना है आप निर्वाण लेने जा रहे हैं!"

"सत्य सुना है देवांग, इस संसार में रहते हुए मेरी आयु पूरी हुई, अब मुझे जाना पड़ेगा।"

"नहीं भगवन् नहीं, आप हमारे शास्ता हैं, आपके बगैर हमारा जीवन पुनः भ्रमित हो जायेगा, हम वज्जियों का उत्कर्ष आपके निर्देशन में ही सम्भव हो सका भगवन्! हम आपके बिना रह नहीं सकते।" देवांग कहते-कहते रो पड़ा और वहाँ खड़े सभी वज्जी।

"अधीर न हो देवांग, मेरा उद्देश्य पूरा हुआ, और मेरा शरीर भी तो बूढ़ा हुआ देखो।" बुद्धदेव मुस्कराये।

"भगवन्, आपका विछोह हम सहन नहीं कर सकेंगे, आपके बिना हम जीवन व्यर्थ समझते हैं, हम आपके साथ चलेंगे, अगर आप निर्वाण प्राप्त करेंगे तो हम भी शरीर का त्याग करेंगे।" देवांग बोला।

"नहीं देवांग, तुम लोगों को मेरे उपदेशों द्वारा वज्जियों का जीवन अत्यन्त सुदृढ़ और उत्कर्षपूर्ण बनाना है, इसलिए हठ त्यागकर वापस चले जाओ, मेरा आशीर्वाद सदा तुम लोगों के साथ है।" इतना कहकर बुद्धदेव झटके से उठ खड़े हुए, और हाथ उठाकर आशीर्वाद देते हुए चल पड़े।

"भगवन्...!" सभी रो पड़े।

"मेरे सात उपदेश कभी मत भूलना, ये तुम्हारे उत्कर्ष के सोपान हैं।" बुद्धदेव ने चलते-चलते कहा।

देवांग सहित अन्य वज्जी बुद्धदेव से विछोह सह नहीं पा रहे थे, वे उनके पीछे-पीछे पुनः चल पड़े।

''भगवन्! वे लोग पुनः आ रहे हैं।'' आनन्द ने कहा।

"लगता है मेरे स्नेह में वे लोग खिंचे आ रहे हैं। आने दो।"

बुद्धदेव चलते रहे और चलते-चलते वे एक ऐसे मार्ग के मुहाने पर पहुँचे, जहाँ से आगे के लिए मार्ग बन्द था। और सामने गहरी झील नजर आयी। झील का पानी एकदम स्वच्छ था, परन्तु गहराई के कारण पार होना कठिन था। आनन्द ने दृष्टि दौड़ायी तो एक जगह उसे छोटी नौका दिखायी दी, नाविक का अता-पता नहीं था।

"भगवन्! यह झील गहरी मालूम पड़ती है। साथ ही इसका पानी उफान पर है, इसे पार करना दुष्कर जान पड़ता है।" आनन्द ने कहा।

"नहीं आनन्द, हमें झील पार करनी है। तुम कोई व्यवस्था करो।" बुद्धदेव बोले।

"भगवन्, एक छोटी नौका है, जिस पर चार-पाँच लोग ही पार हो सकेंगे।"

"तो कठिन क्या है, हमारी संख्या भी तो उतनी ही है।"

"और ये वज्जि!"

"उन्हें लौटना होगा आनन्द!"

"परन्तु भगवन्, वे आपके प्रेम के वशीभूत हैं आपका सान्निध्य छोड़ना नहीं चाहते।"

"देखते हैं!" कहकर बुद्धदेव मुस्कराये। थोड़ी ही देर में वे श्रद्धालु पास पहुँच गये। उन्हें देखकर बुद्धदेव ने कहा, "नहीं माने यहाँ तक चले आये।"

"आपको छोड़कर हम जी नहीं सकते भगवन्, हमें भी साथ ले लीजिये।" देवांग ने निवेदन किया।

पास खड़े देवांग से कम वय के श्रेष्ठी वसु ने कहा, "भगवन् आपके बिना हमारी दशा वैसी ही है जैसे जल बिन मछली, आपके अभाव में भला हम कैसे जी पायेंगे, कौन

होगा हमारा सहारा, किसको देखकर हम प्रेरणा प्राप्त करेंगे। सभी वज्जियों से एक ही स्वर आने लगा।''

"हम किसके सहारे जियेंगे, हमें बेसहारा न कीजिये भगवन्, हमें भी साथ ले लीजिये।" सभी चिल्लाने लगे।

"शान्त हो जाइये, प्रिय भक्तो, जरा मेरी बातों पर विचार तो कीजिये, आप लोग गृहस्थ हैं, परिवार के भरण-पोषण की जिम्मेदारी आप पर है, जो आश्रित हैं उनको छोड़ देना कष्टकारी होगा, मुझे ऐसा अनुभव है, अतः आप लोग ऐसा न करें।" बुद्धदेव ने समझाया।

"परन्तु भगवन्, हम वापस लौटना ही नहीं चाहते, हम तो बस आपके साथ जाना चाहते हैं। वस्सु ने हठ किया।''

"लगता है तुम लोगों ने मुझे और मेरे उपदेशों को विस्मृत कर दिया है।" भगवन् बोले।

"नहीं देव!" देवांग बोला।

"फिर मेरे इतना समझाने के बाद, तुम लोग क्यों नहीं समझ पा रहे हो।" बुद्धदेव ने कहा।

"भगवन्! हम असहाय हो जायेंगे, हम पर कृपा करें, साथ चलने की अनुमति प्रदान करें।" देवांग बोला।

"वहाँ देखो!" बुद्धदेव ने उँगली से इशारा किया।

"क्या भगवन्!" देवांग ने पूछा।

"वह छोटी नौका देख रहे हो!"

"हाँ देव!"

"उस पर कितने लोग सवार हो सकते हैं!"

"चार-पाँच!"

"तुम लोगों की संख्या कितनी है!"

"पच्चीस-तीस!"

"फिर बताओ, मेरे साथ कैसे जा सकोगे!"

"हम कोई युक्ति ढूँढ़ लेंगे देव!"

"नहीं, तुम्हें अपना हृदय कठोर करना पड़ेगा, अब मैं तुम्हें निर्देशित करता हूँ कि तुम लोग वापस लौट जाओ। हाँ, मेरी स्मृति तुम्हें बनी रहे, इसलिए अपना भिक्षापात्र तुम्हें प्रदान करता हूँ।''

"भगवन् ऽ ऽ!" कहकर सभी रो पड़े।

बुद्धदेव ने अपना भिक्षापात्र देवांग के हाथों में सौंपते हुए कहा—"मगध सम्राट् अजातशत्रु की दृष्टि तुम पर है, तुम लोग जब तक मेरे द्वारा बताये नियमों का पालन करोगे, कभी पराजित नहीं होगे।''

"भगवन्!" सबने सिर झुकाकर बुद्धदेव को अन्तिम प्रणाम किया।

"आओ चलें आनन्द!" बुद्धदेव आनन्द सहित अन्य भिक्षुओं को लेकर आगे बढ़े, उस समय वज्जी फफक-फफककर रो रहे थे।

बुद्धदेव नाव पर बैठे, झील के पानी को देख रहे थे। पानी अत्यन्त स्वच्छ था, गहराई के कारण नीले रंग का दिखता था। दो भिक्षु नाव को चला रहे थे। परन्तु शान्त थे। सबके मस्तिष्क में वज्जियों का प्रेम था।

"भगवन्!" आनन्द बोला।

"हाँ आनन्द, कहो क्या कहना चाहते हो।" बुद्धदेव ने पूछा।

"भगवन्, राहुलमाता से मिलनेवाला प्रसंग सुनना चाहता हूँ।"

"क्यों आनन्द, इस समय अचानक गोपा का स्मरण कैसे हो आया।"

"भगवन्, वज्जियों का प्रेम देखा, तो राहुलमाता का ध्यान आ गया, जब आप प्रथम बार बुद्ध रूप में उनके सामने गये थे, तो उनके भाव क्या थे, ऐसी जिज्ञासा मन में बार-बार आ रही है।" आनन्द ने कहा।

"आनन्द, वास्तव में तुम बड़े जिज्ञासु हो, लगता है निर्वाण के पूर्व मेरे जीवन का सूक्ष्म-क्षण भी तुम सहेज लेना चाहते हो।"

"हाँ देव, कुछ ऐसा ही है।"

बुद्धदेव हँस पड़े, अन्य भिक्षु मुस्करा उठे।

"तो ठीक है, लो सुनो! पिताश्री के कक्ष में शाक्य राजवंश की समस्त स्त्रियाँ व परिचारिकाएँ मुझे देखने व आशीर्वाद लेने पहुँची थीं, परन्तु गोपा नहीं आयी थी।"

"क्यों भगवन्!"

"धैर्य रखो बताता हूँ! हमारे देश में दाम्पत्य जीवन पति-पत्नी के समर्पण पर चलता है। अगर एक को कष्ट होता है तो दूसरा भी कष्ट में हो जाता है। एक मुस्कराता है तो दूसरा भी मुस्करा उठता है, यह प्रेम है, बन्धन है भावनाओं का। और मैं एक झटके में उस प्रेम के बन्धन को तोड़कर चल पड़ा, अपने लक्ष्य की ओर, एक बार भी नहीं सोचा कि जिस गोपा ने मुझे समर्पण के बन्धनों में ऐसा बाँधा था कि छोटी-छोटी बात पर भी मैं गोपा की बौद्धिकता के शरण में चला जाता था, बिना उससे विमर्श किये, मुझे लगता था कि कहीं मेरा निर्णय गलत तो नहीं है। उसी गोपा को मैं त्यागकर ऐसे चल दिया, जैसे देह से आत्मा। यह भी नहीं सोचा कि सात दिन के राहुल को गोपा सहित मैं किसके सहारे छोड़कर जा रहा हूँ। सच कहूँ तो आनन्द, मुझे दुःखों से आच्छादित उन चार आर्य सत्यों ने इतना व्यथित कर दिया कि मुझे केवल दुःख निवृत्ति का पथ ही दिख रहा था कि कैसे मैं वहाँ तक पहुँचूँ। पत्नी होने के नाते उसे मान करने का अधिकार था आनन्द। इसलिए मुझे ही जाना पड़ा उसके कक्ष तक, जब मैं पहुँचा तो वह कुल देवता की पूजा कर रही थी।"

वर्षों बाद भी उसे मेरे पदचापों की स्मृति बनी हुई थी, तभी तो मेरे कदमों की आहट मात्र में वह विह्वल हो उठी, उसके हृदय का स्पन्दन बढ़ गया, कई स्मृति चित्र, मस्तिष्क में आये और चले गये, गोपा उसी तरह बैठी नेत्रों की अश्रुपूरित चंचलता को रोकने का असम्भव प्रयास कर रही थी।

"गोपा!" मैंने कक्ष में पहुँचकर पुकारा।

उसकी तन्द्रा भंग हुई, "मेरे भगवन्!" वह मेरे पैरों पर सिर रखकर रो पड़ी।

"उठो गोपा, मोह त्यागो!" मेरी वाणी में दाम्पत्य स्नेह नहीं, बल्कि एक श्रमण की कोमलता थी। उसने सिर उठाकर मुझे देखा, वह आश्चर्य से ठिठक पड़ी—"आर्य पुत्र।"

''आश्चर्यचकित मत हो गोपा!''

''अब मेरा यही जीवन है, तुमने मुझे सांसारिकता को समझने व सहेजने के लिए, भ्रमणशील बनाया। मैंने उस भ्रमण में बहुत-कुछ पाया, दुःखों से आच्छादित जीवन देखा, सर्वाधिक व्यथित इस बात से था कि प्राणिमात्र की इतनी दुर्गति क्यों। इसलिए मैं निकल पड़ा, संसार की दुःख निवृत्ति का साधन ढूँढ़ने।'' मैंने कहा।

''मुझे इस बात पर गर्व है स्वामी, कि आपके हृदय में प्राणियों के प्रति दया है, करुणा है, आपने उनके दुःख निवृत्ति के लिए प्रयत्न किया। परन्तु स्वामी, केवल एक बार कहकर देखते अपनी गोपा से, आपके मार्ग की बाधा बनने के बजाय, जीवन में बिखरे हर शूल व छोटे पत्थर-कणों को भी बीनकर हटा देती, जो आपके मार्ग की बाधा बनते। आपकी गोपा इतनी भी कमजोर नहीं थी, जो आपके मार्ग में आ खड़ी होती।'' उसकी आँखों के अश्रु अनवरत बह रहे थे। जैसे पीड़ा का हिमालय, परिस्थितिजन्य ताप पाकर पिघल रहा हो। और मैं मूकदर्शक बना, देखता-सुनता रहा।

''स्वामी, आपके पुत्र राहुल को संसार के समस्त रिश्तों से अवगत करा दिया है, परन्तु वह सिर्फ एक रिश्ते के छायाचित्र से ही भिज्ञ हुआ है। 'पिता' शब्द हर मासूम बच्चे के लिए भावनात्मक सुरक्षा का नाम होता है, जिसके पीछे उसका बालपन स्वतन्त्रता से पुष्पित-पल्लवित होता है। उसके बालमन से प्रस्फुटित होनेवाले जिज्ञासा-भरे प्रश्नों का उत्तर, आपकी स्मृतियों के सहारे देती। वह पूछता पिताश्री कब आयेंगे माँ, कब मैं उनकी गोद में बैठकर खेलूँगा। लौटने पर पिताश्री मेरे लिये कौन-सा आयुध लायेंगे माँ। देखना माँ मैं भी बड़ा होकर एक दिन पिताश्री-जैसा श्रमण ही बनूँगा। उसके ऐसे प्रश्नों का उत्तर देते-देते कभी-कभी रोना आ जाता परन्तु फिर मन को समझाती कि मुझे सिर्फ माँ बनकर नहीं, पिता बनकर भी पालना है।"

"उसके हृदय में पितृत्व का बीजवपन करने के लिए, आपकी स्मृतियों की कहानियाँ बनाकर उसे सुनाती, अपने वियोग की लोरी बनाकर गायी। आपका पुत्र आपकी ही तरह जिज्ञासु व तार्किक है।"

गोपा बोले जा रही थी, मैं श्रोता बना उसके मन के उद्गार सुन रहा था।

"आर्य पुत्र! जब मुझे पता चला कि आपने हम सबका त्याग संसार के कल्याण के लिए किया है तो बड़ा धैर्य हुआ। शुरू-शुरू में इस बात की चिन्ता थी, कहीं मुझसे कोई भूल तो नहीं हो गयी, जिससे आर्य पुत्र को ऐसे कठोर कदम उठाने पड़े। परन्तु छन्दक द्वारा दिया गया आपका सन्देश पाकर मन शान्त हुआ। एक रिक्तता के साथ।"

"स्वामी! शायद आप इस बात से भिज्ञ न हों कि आपकी निर्विघ्न तपस्या के लिए सदा इष्टदेव से प्रार्थना की। आज नगर-आगमन की सूचना पाकर अत्यन्त भावुक हो उठी, साहस नहीं कर पायी कि आपके सम्मुख जा सकूँ। केवल इसलिए कि गृह-त्याग के समय जहाँ आपने छोड़ा था, वहीं मिलने भी आये, मैं आपकी त्याज्य होने के अनजाने भय से ग्रसित थी, मुझे क्षमा करें स्वामी, मैं आपकी अपराधिनी हूँ।" और गोपा फफककर रो पड़ी।

"रोओ मत गोपा, इसमें तुम्हारा कोई दोष नहीं है, तुम स्वयं को दोषी मानकर दुःखी मत हो। इस संसार में मनुष्य के सांसारिक रिश्तों की डोर एक-दूसरे के हाथों में है। एक रिश्ते के दरकने मात्र से सभी रिश्तों में हलचल-सी मच जाती है। जब कि हमारे रिश्तों का सामीप्य, नींव के ईंट जैसा है। हाँ, एक बात और, मेरा गृह-त्याग का निर्णय जिस पवित्र उद्‌देश्य से हुआ था, उस पथ पर मैं अग्रसर हो चला हूँ। मेरे लिये अब पारिवारिक रिश्तों का कोई महत्त्व नहीं है। इसलिए गोपा तुम दुःखी होने के बजाय सांसारिक दायित्व का निर्वहन करो।" मैंने कहा।

"एक विनती है स्वामी!"

"कहो गोपा!"

"स्वामी! सुना है आप अपने धर्म में मनुष्यों को दीक्षितकर उनका दुःख त्राण करते हैं। मुझे भी अपने धर्म में प्रव्रजित करें देव, मेरे दुःख की निवृत्ति करें।" वह हाथ जोड़कर बोली।

"परन्तु मेरे धर्म में स्त्री का प्रव्रजित होना निषिद्ध है।"

"क्यों देव! क्या स्त्री होना अपराध है, या फिर आपका धर्म भी स्त्री-जाति को पददलित धूलि समझकर अर्हत् का अधिकारी नहीं मानता।"

"गोपा का तर्क सही था। अभी तक मैंने इस सन्दर्भ में विचार नहीं किया था। पुरुष हो या स्त्री, दुःख निवृत्ति का अधिकार तो सबको है। मैंने स्वयं के लिए यह नियम बना रखा था कि जब तक कोई समस्या सामने नहीं आयेगी, संघ में कोई नियम परिवर्तन नहीं होगा। परन्तु संघ में स्त्री-प्रवेश को लेकर कोई शीघ्रता का निर्णय भी नहीं करना चाहता था।"

"क्या सोचने लगे स्वामी!" गोपा ने पूछा।

"अभी किसी निर्णय पर नहीं हूँ! संघ में स्त्री-प्रवेश के मुद्‌दे पर शीघ्र विचार करूँगा।"

"जरूर विचार करें देव, इस संसार में पुरुषों की तरह दुःखी स्त्रियों की भी कमी नहीं है। वह अपने प्रियजनों द्वारा त्याज्य, उपेक्षित व निर्वासित जीवन जी रही हैं। दुःखी, रुग्ण व परित्यक्ता के लिए कोई स्थान नहीं है, इस संसार में। कोई उन्हें सम्मान की

दृष्टि से नहीं देखता। ऐसी स्त्रियाँ खल व कामी व्यक्तियों के बलात् व्यभिचार की शिकार हो जाती हैं। वे स्त्रियाँ उपेक्षा के कारण दर-दर ठोकर खाने को विवश हैं, भिक्षाटन ही जीवन का आधार है।"

अभी हम दोनों की वार्त्ता हो रही थी कि कहीं से दौड़ता हुआ राहुल आकर एक तरफ खड़ा हो गया और मुझे आश्चर्य से घूर-घूरकर देखने लगा। राहुल को देखकर गोपा की मनःस्थिति बदली, वह राहुल की ओर वात्सल्यसिक्त दृष्टि डालकर बोली—"यह रहा आपका पुत्र राहुल।"

मैंने राहुल की ओर देखा, वर्षों बाद, अचानक मेरे हृदय में वात्सल्य सागर हिलोरें लेने लगा। वह सुन्दर मेरी अनुकृति अबोधता के कारण, चुपचाप मुझे देख रहा था। वह किंकर्त्तव्यविमूढ़ था। मैंने अपनी बाँह फैला दी—"आओ पुत्र।"

वह डिगा नहीं, चुपचाप मुझे देखता रहा।

गोपा ने वात्सल्य से सिर पर हाथ फेरकर कहा, "पुत्र ये तुम्हारे पिताश्री हैं!"

"परन्तु माँ!" उसकी मीठी ध्वनि मेरे कर्णपटल में घुल गयी। प्रथम बार पुत्र को बोलते सुना।

"क्या पुत्र?" गोपा ने पूछा।

"आपने तो कहा था, मेरे पिताश्री राजकुमार हैं, परन्तु यह तो एक श्रमण लगते हैं।"

हम दोनों हँस पड़े। फिर गोपा ने राहुल को समझाते हुए कहा, "हाँ पुत्र, यही वे तुम्हारे राजकुमार पिताश्री हैं, जो वर्षों बाद लौटे हैं, अब ये राजकुमार नहीं बल्कि श्रमण श्रेष्ठ हैं।"

मैंने उसे तर्क से बाहर निकाला—"आओ पुत्र!"

वह दौड़कर गले लग गया। मैंने उसका माथा चूमकर आशीर्वाद दिया और कहा, "माँ का कहना मानना, सबकी सेवा करना पुत्र!"

उसने सिर हिलाकर सहमति जतायी, "अच्छा पिताश्री!" फिर मैं दृढ़ता से उसे अलग कर चलने को उद्यत हुआ।

"अच्छा गोपा, मैं तुम्हारे विचारों पर मन्थन करूँगा।" कहकर मैं कक्ष से बाहर निकला, इससे पूर्व गोपा ने पूजपाद किया, और उसका अनुसरण राहुल ने भी किया।

●

भद्‌दा ने केश धोये थे। उसे सुखाने के लिए वातायन तक आयी। वातायन खोले तो मन्द-मन्द समीर उसे स्पर्श कर आगे बढ़ा। भद्‌दा को समीर का मन्द स्पर्श अत्यन्त प्यारा लगा। वह आँखें बन्द कर एक प्रणय सम्बन्धी गीत गुनगुनाने लगी। गाते-गाते वह घुँघराली लटों को सुलझाती परन्तु वे पुनः उसके कपोलों को चूमने लगते! उसकी अलकें उसके सौन्दर्य की वृद्धि करती थीं। भद्‌दा केश-सज्जा के प्रति सजग थी, वह प्रायः अपने अलकों को सँवारती, सुलझाती और विभिन्न प्रकार की वेणियाँ भी बनाती गाती रहती थी। यहाँ तक कि वह अपने बालों में पुष्प-गुच्छ भी लगाती। उसे सजना, सँवरना, केश-सज्जा तथा विभिन्न कीमती आभूषण धारण करना अत्यन्त प्रिय था। उसके पिता दक्ष, जो समझाते कि लड़कियों को विवाह के पूर्व यह सब शोभा नहीं देता है। वह हँसते हुए कहती, “पिताश्री, सिर्फ विवाह से रूप-सज्जा को जोड़ना अनुचित है। यह एक कला है और कला का ज्ञान स्त्री-जाति को होना चाहिए।”

“लेकिन धर्मशास्त्रों में इसे उचित नहीं माना गया है!” दक्ष ने कहा।

“धर्मशास्त्रों में श्रमण नारियों को रूप-सज्जा से वंचित किया गया है न कि सांसारिक जीवन में रहनेवाली हर किसी स्त्री को।” भद्‌दा ने तर्क दिया।

दक्ष ने हँसते हुए कहा, “तू तर्क में अपनी माँ की तरह है। मैं तो उससे भी कभी जीत नहीं पाया।”

फिर स्वयं ही छत की ओर देखते हुए बोले, “देख लो, हमारी बेटी बड़ी होकर तार्किक हो गयी है, इससे कह दो बाप की बात माना करे।”

भद्‌दा दक्ष के कान में जोर से कहती है–“माँ कहती हैं, आप बूढ़े हो गये हैं, बेटी की बात माना करें।”

दक्ष कान में उँगली डालकर कहते हैं, “अच्छा बाबा, मानूँगा पर कान तो मत खा।”

फिर स्वयं ही बड़बड़ाते कहते हैं, “यह लड़की तो एकदम जिद्‌दी है, कोई अच्छा लड़का मिले तो इसका विवाह कर दूँ।” कहते हुए वह दूसरे कक्ष में चले गये। पर

भद्दा बिना उत्तर दिये कैसे रह सकती है, सो वहीं से कहती है, "पिताश्री मैं अपने लिये लड़का स्वयं ढूँढ़ लूँगी।"

ऐसी बात भद्दा अपने पिता से चुहल में कहती, और वह कहते–"अच्छा-अच्छा ढूँढ़ लेना।"

"भद्दा के पिता दक्ष नगर कोतवाल थे। अत्यन्त प्रभावशाली व्यक्तित्व था उनका, राजा के प्रिय पात्रों में से एक थे। जिस मार्ग से गुजरते लोग विनम्रता से झुककर सम्मान करते। सुख-सम्पदा से घर भरा हुआ था। इसलिए भद्दा को कभी किसी चीज की कमी नहीं महसूस हुई, सिवाय माँ के।"

भद्दा की माँ, अचानक बीमार होकर पाँच वर्ष की अवस्था में बेटी को छोड़कर दुनिया से चली गयी। पिता ने दूसरा विवाह नहीं किया। वह भद्दा को अत्यधिक स्नेह करते थे। उन्हें ऐसा विश्वास था कि दूसरी माँ भद्दा का उचित पालन-पोषण न कर सकेगी। उन्होंने भद्दा के पालन-पोषण के लिए अनेक परिचारिका व परिचालक नियुक्त किये। बचपन से आभूषण से सज्जित होने के कारण उसे आभूषणों से अत्यधिक स्नेह हो गया। वह प्रायः बाल सुखाकर सुन्दर वेणियाँ बनाने के लिए वातायन पर ही आती। विभिन्न प्रकार के आभूषण भी धारण करती। बहुमूल्य-से-बहुमूल्य आभूषण धारण करने में उसे तनिक संकोच नहीं था। बहुमूल्य परिधान भी उसके सौन्दर्य में अभिवृद्धि कर देते जैसे कोई अप्सरा हो। आज भद्दा जब बाल सुखाकर वेणियाँ गूँथ रही थी, तो उसकी दृष्टि वातायन से बाहर चली गयी। उसने देखा एक हृष्ट-पुष्ट युवक को लोहे की बेड़ियों में जकड़कर वधभूमि ले जाया जा रहा है। उसने ध्यान से देखा, "अरे वह तो शत्रुक है।"

"कौन-सा अपराध शत्रुक को मृत्युदण्ड तक ले आया, जरूर कोई बड़ी बात होगी, नहीं... नहीं राजा तो छोटे अपराध की भी बड़ी सजा दे सकता है। मुझे पता करना चाहिए।" उसने एक परिचारक को बुलाकर कहा, "चन्ना, जाकर पता करो कि सामने जो युवक वध हेतु जंजीरों में जकड़ा हुआ है, वह कौन है और क्या अपराध किया है।"

"ठीक है कुमारी!" कहते हुए वह चुपचाप बाहर चला गया।

इधर भद्दा की चंचलता बढ़ती ही जा रही थी, अगर यह शत्रुक न हुआ तो। तो फिर मुझे क्या, ले जायें सैनिक, मगर यह शत्रुक-जैसा ही है। वह मानसिक उलझन में आ गयी, और चहलकदमी करने लगी। अगर यह शत्रुक होगा, तो मुझे बचाना होगा इसे। मगर कैसे... यह उसकी समझ में नहीं आ रहा था। चन्ना को गये काफी देर हो गयी। वह आया नहीं, क्या सूचना लायेगा। ऐसे बहुत-सारे प्रश्न भद्दा के मस्तिष्क में आते और जाते। कुछ के उत्तर मिलते कुछ निरुत्तर रह जाते। चन्ना को आते देखा तो वह स्वयं ही चलकर उसके समीप आयी।

"चन्ना शीघ्र बताओ, वह कौन था, किस अपराध के लिए उसे वधभूमि ले जाया जा रहा है।" भद्दा ने पूछा।

"स्वामिन्, वह श्रेष्ठी पुत्र शत्रुक है, वर्षों पूर्व व्यापार चौपट हो जाने पर, मारा-मारा फिरता रहा। अन्ततः चोरी करने लगा। वह राजमहल में चोरी के अपराध में मृत्युदण्ड पाया है। इसलिए सैनिक उसे वधभूमि लेकर जा रहे हैं।"

"अच्छा तुम जाओ!" कहकर वह फिर वातायन तक आयी। बाहर देखा, वहाँ न सैनिक थे, न ही शत्रुक। भद्दा की चिन्ता बढ़ गयी, वह सोचने लगी, लगता है सैनिक उसे वधभूमि ले गये। वह दौड़कर अपने पिता के पास गयी।

"पिताश्री... पिताश्री...!"

"क्या बात है बेटी, तुम इतनी घबड़ायी हुई क्यों हो!"

"एक व्यक्ति के प्राण संकट में हैं पिताश्री!"

"प्राण संकट में हैं!" वह चौंके।

"हाँ पिताश्री, समय बहुत कम है। महाराज ने उसे मृत्युदण्ड दिया है।" वह घबड़ायी हुई अँगुलियों के पोरों को चटकाती हुई कह रही थी।

"तो मैं क्या कर सकता हूँ, महाराज के आदेश में हस्तक्षेप, यह मुझसे सम्भव नहीं है।" दक्ष ने मुँह फेर लिया।

"पिताश्री, उचित-अनुचित का विभेद हम बाद में कर लेंगे, अभी तत्क्षण उसकी रक्षा नहीं हो सकी तो वह मारा जायेगा।"

"कौन मारा जायेगा?"

"वही शत्रुक, परन्तु पिताश्री इस समय वाद-विवाद का समय नहीं है, पहले उसकी प्राण-रक्षा हो जाये फिर सारी बातें बताती हूँ।"

"बेटी यह राजद्रोह की स्थिति है!" दक्ष ने कहा।

"अगर किसी की प्राण-रक्षा हो सके, तो राजद्रोह कुछ नहीं है।" भद्दा ने तर्क दिया।

"महाराज को पता चलने पर हम सबको दण्ड का भागी बनना पड़ेगा बेटी, तुम यह विचार छोड़ दो, अभियुक्त को उसके किये का दण्ड प्राप्त होना चाहिए, वैधानिक प्रावधान है।" दक्ष ने समझाना चाहा।

"पिताश्री, न्याय-प्रक्रिया में यह भी सुनिश्चित होना चाहिए कि अभियुक्त को चोरी-जैसे अपराध के लिए मृत्युदण्ड देना न्यायसंगत नहीं है। और फिर हम उसकी पहचान छिपा देंगे, जो मृत्यु से कम दण्ड नहीं है।"

"मगर बेटी...!" दक्ष ने कुछ कहना चाहा।

"पिताश्री तर्क-वितर्क में हम उस युवक के प्राण नहीं बचा पायेंगे।" भद्दा ने शीघ्रता दिखायी।

दक्ष ने उठते हुए कहा, "अच्छा हम प्रयास करते हैं!"

"चन्ना को साथ ले जाइये, पिताश्री!"

"ठीक है!" कहकर वह चन्ना के साथ चले गये।

भद्दा कक्ष में टहलने लगी, उसके सामने शत्रुक का उदास, मृत्यु के भय से आच्छादित मुखमण्डल दिखायी दे रहा था। मलीन वस्त्रों में लिपटा, चेहरे पर उग आयी दाढ़ी और मूँछें जिसे देखकर लगता था, उसने जीवन की उम्मीद छोड़ दिया है। और छोड़ता भी कैसे नहीं, आखिर अभियोग था उस पर, दण्ड भी निर्धारित हो चुका था। अभियुक्त सैन्य अभिरक्षा में तिल-तिलकर ही तो जीता है। भद्दा को याद आया, वाटिका का वह क्षण जब प्रथम बार शत्रुक को देखा था। वह जल्दी में था और किसी से दृष्टि बचाकर भागने में भद्दा से टकरा गया। और उसकी पोटली जमीन पर गिर गयी।

"क्या नेत्र बन्द कर दौड़ने की कला सीखी है!" भद्दा ने उपहासात्मक मुद्रा में पूछा।

"नहीं देवि! असावधानीवश टकरा गया था। क्षमा कीजियेगा।" वह पोटली उठाते हुए बोला।

"अगर स्त्री-पुरुष में भेद जानते तो शायद टकराने की असावधानी नहीं करते।" भद्दा ने हँसकर कहा।

शत्रुक भयाक्रान्त था, अपनी दृष्टि चारों ओर दौड़ायी। सुरक्षित महसूस करते हुए बोला, "इस भूल के लिए क्षमा माँग चुका हूँ देवि!" पोटली को वक्ष से चिपकाते हुए बोला।

"कौन हो तुम और पोटली को हृदय से ऐसे चिपका रहे हो जैसे चोर हो।" यह बात भी भद्दा ने हँसकर ही कही।

"जी हाँ, मैं एक चोर हूँ, मेरा नाम शत्रुक है।" वह स्वीकार करते हुए बोला।

"लगता है तुम शीघ्र रुष्ट होनेवालों में से हो।" अभी भद्दा पूरी बात कह भी नहीं पायी थी कि उसकी सखियों ने आ घेरा।

शत्रुक ने शीघ्रता से जाते-जाते कहा, "आपके केश अत्यधिक सुन्दर हैं।"

यह सुनकर सखियों सहित भद्दा भी हँस पड़ी।

"यह छबीला युवक कौन था भद्दा!" सहेली ने पूछा।

"चोर था!" भद्दा ने दो-टूक जवाब दिया।

"कैसा चोर, चित्त चोर या कोई और!" दूसरी सखी ने हँसते हुए कहा।

"चुप कर, तू तो हर किसी में वर ढूँढ़ने का प्रयास करती है।" भद्दा ने डाँटने का स्वाँग किया और हँसते हुए वहाँ से चल पड़ी। तभी वहाँ कुट्टनी परिचारिका आकर बोली, "बेटी"। भद्दा का ध्यान भंग हुआ।

"क्या बात है धाय माँ!" भद्दा ने पूछा।

"बेटी! मालिक, चन्ना और एक अन्य युवक को साथ लेकर तुम्हारे कक्ष में ही आ रहे हैं।" इतना सुनते ही भद्दा ने दृष्टि नीचे कर ली, मुखमण्डल लाल हो उठा। वह आँचल को अँगुली में लपेटने-छोड़ने लगी।

कुट्टनी ने मुस्कराते हुए कहा, "उनका स्वागत नहीं करेगी बेटी।"

"जरूर धाय माँ।" कहकर भद्दा दूसरे कक्ष में चली गयी। धाय ने तरुणाई को भाँपा और मुस्कराते हुए वहाँ से चली गयी।

"बेटी!" यह आवाज दक्ष की थी।

"आयी पिताश्री!" इसी आवाज के साथ भद्दा वहाँ आयी। उसने देखा शत्रुक आँख नीचे किये खड़ा है। दक्ष ने कहना शुरू किया, "हजार कार्षापण के बदले इसे मुक्त किया है, अब इसकी पहचान छुपाना तुम्हारा काम। ध्यान रहे किसी प्रकार से यह पता न चले कि यही दण्ड पाया अभियुक्त है।"

"जी पिताश्री!..." भद्दा ने कहा।

"चन्ना! तुम इसे ले जाओ और नाई को बुलाकर इसका केश सफा कराओ, स्नान आदि कराकर, इनको इनका कक्ष दिखा दो।" दक्ष ने कहा।

"आप चिन्ता न करें पिताश्री, आपके लौटने तक यह बिलकुल बदल चुके होंगे।" भद्दा ने कहा।

दक्ष किसी आवश्यक कार्य से नगर चले गये। चन्ना शत्रुक को लेकर दूसरी तरफ निचले परकोटे में गया। चन्ना ने मालिक की इच्छा के अनुसार उसका कायाकल्प करा दिया। स्नान के बाद केश-सज्जा और नूतन वस्त्रविन्यास में कोई कह ही नहीं सकता था कि वह वही मृत्युदण्ड का अभियुक्त शत्रुक है। चन्ना जब शत्रुक को लेकर भद्दा के पास आया तो वह रो पड़ा। उसे आभास हो चुका था कि वह उस देवी के सामने खड़ा है, जिसने उसे मृत्यु के मुख से खींचकर बाहर ला दिया।

"आज से तुम्हारा नाम सुत्तक है। हम सभी तुम्हें नये नाम से पुकारेंगे, तुम्हें कोई आपत्ति तो नहीं है।" इतना कहकर भद्दा उसके उत्तर की प्रतीक्षा करती रही, परन्तु शत्रुक कुछ बोल नहीं पाया। वह भरी आँख से नीचे देखता रहा।

"सुत्तक तुम यह मत समझना, मैंने तुम्हारी प्राण-रक्षा कर कोई उपकार किया है।" सुत्तक चुप रहा। भद्दा ने आगे कहा, "तुम्हारी जब तक इच्छा हो यहाँ रह सकते हो, अन्यथा तुम्हारी स्वतन्त्रता में कोई बाधा नहीं है।"

सुत्तक ने प्रथम बार मुँह खोला और विनीत भाव से बोला, "यह जीवन आपका है, जब तक आपकी इच्छा होगी मैं रहूँगा, जो कार्य मुझे सौपेंगी, मैं सत्यनिष्ठा से करूँगा।"

"अच्छा-अच्छा, अब कुछ खा लो। फिर बातें करेंगे।" भद्दा ने कहा।

सुत्तक को बहुत दिनों बाद भरपेट खाने को मिला। विविध प्रकार के व्यंजन खाकर वह तृप्त हुआ। फिर उसने जमकर नींद ली।

अगले दिन दक्ष ने बुलाकर पूछा, "क्या मेरे खेत पर काम करना पसन्द करोगे?"

"जी!" सुत्तक ने दो-टूक उत्तर दिया। दक्ष के साथ वहाँ भद्दा भी थी। सुत्तक के उत्तर से उसके मुखमण्डल पर एक अपरिचित मुस्कान तैर गयी।

"चन्ना, इन्हें खेत पर ले जाओ और सारा काम समझा दो।" दक्ष ने कहा।

चन्ना सुत्तक को खेत पर ले गया, वहाँ उसने सारा काम समझाया। सुत्तक अपना जीवन भूलकर दक्ष के खेतों में रम गया। इस तरह उसके कड़ी मेहनत को देखकर सभी प्रसन्न थे। कुछ ही महीनों में वह दक्ष और भद्दा की दृष्टि में एक अच्छा आदमी था, जो खेतों में हाड़-तोड़ मेहनत कर, उपज को दोगुना कर दिया।

प्रेम राख की ढेरी में छिपी हुई उस चिनगारी के समान है, जो कभी भी किसी भी क्षण विकराल रूप ले सकती है। सुत्तक अपने कक्ष में निर्द्धन्द्वतापूर्वक गा रहा था। मुक्त कण्ठ से, उसके गीत का आकर्षण भद्दा को उसके कक्ष तक ले आयी। अचानक उसकी दृष्टि पड़ते ही उसने गाना बन्द कर दिया।

भद्दा ने उत्साह बढ़ाया, "गाओ, क्यों चुप हो गये।" उसकी दृष्टि भद्दा के बहुमूल्य आभूषणों पर फिसल रही थी।

वह कुछ न बोला। भद्दा ने कहा, "तुम्हारे स्वर में तो गजब की मिठास है। सोचती हूँ तुम्हारे गले से अपना गला बदल लूँ।"

"अगर ऐसा हो सकता तो मैं अपना गला काटकर आपको भेंटकर देता देवि!" सुत्तक बोला।

"गला भेंट भले न करो, परन्तु अपने गीत तो सुना सकते हो।" भद्दा हँसते हुए बोली। हँसते समय उसके चेहरे की लालिमा बढ़ गयी। सुत्तक उसकी उन्मुक्त हँसी को ठगा-सा निहारता रह गया।

"जरूर देवि! आपके आदेश पर मैं जरूर गाऊँगा।"

तुम्हें देवी लगती हूँ।... भद्दा कृत्रिम गुस्से से बोली।

"आपने मेरी प्राण-रक्षा की है!"

"तो इसे उपकार समझकर तुम खुद को ऋणी मानते हो!" भद्दा ने पूछा।

"हाँ देवि!" सुत्तक बोला।

"तो ठीक है मैं उस चोर शत्रुक से वाटिका में मिली थी, जिसको मैंने अपना हृदय दान दिया था। उसका प्रतिदान चाहती हूँ।" भद्दा भावुक हो उठी।

"परन्तु मैं शत्रुक नहीं हूँ, सुत्तक हूँ!"

"यह नाम भी तो मैंने ही तुम्हें दिया है। अपना प्रतिदान देकर। हमारे प्रेम को अभिसिंचित करो।"

"यह सम्भव नहीं है देवि! मैं आपका खरीदा हुआ दास हूँ।"

"दास हो...!" वह हँस पड़ी। और उठ खड़ी हुई। और कक्ष से निकलते हुए कहा—"जाओ सुत्तक मैं तुम्हें दासता से मुक्त करती हूँ, तुम स्वतन्त्र हो।" इतना कहकर वह चली गयी। सुत्तक वहीं बैठा रहा, उसकी आँखें डबडबा उठीं।

●

"जब मैं राजमहल से निकला तो मुझे मुख्यद्वार तक छोड़ने पिताश्री, माताश्री, गोपा, राहुल के अलावा अन्य सगे-सम्बन्धी तथा कर्मचारीगण आये थे। मुझे इतना शीघ्र जाते देख, सभी की आँखें भर आयी थीं। मैं अपने भिक्षुओं के साथ जब मुख्यद्वार से निकलकर आगे बढ़ा तो राहुल अपनी माँ गोपा का हाथ छुड़ा मेरे पीछे हो लिया। गोपा ने वहीं से राहुल को आवाज दी, परन्तु वह वापस नहीं लौटा। मेरे भी कर्णपटल में राहुल का नाम स्पर्श किया, लेकिन मैंने पीछे मुड़कर देखना उचित नहीं समझा। सच कहूँ तो पिताश्री सहित सभी गृह सदस्यों ने यही समझा कि बालक राहुल पिता के वात्सल्य प्रेम का बुभुक्षु है, कुछ दूर संग साथ-साथ हो लौट आयेगा।"

"भगवन्!" सारिपुत्त बोले।

"कहो सारि, कुछ उत्कण्ठा है!" मैंने पूछा।

"नहीं भगवन्, राहुल आपके पीछे आ रहे हैं।"

''राहुल...!'' मैं चौंका।

"हाँ भगवन्, वह देखिये!"

"अरे हाँ, यह तो राहुल ही है!... मैं रुक गया।" राहुल भिक्षुओं के पीछे चुपचाप चला आ रहा था। कुछ नगरवासी भी भिक्षुओं के पीछे चले आ रहे थे। मैंने आगे जाना उचित नहीं समझा, और वहीं रुक गया। थोड़ी देर बाद सभी भिक्षु पास आ गये, राहुल भी और नगरवासी भी। वह मेरे मुख की ओर बड़ी अपेक्षा से देख रहा था।

"क्या बात है पुत्र?" मैंने पूछा।

"मुझे आपकी सम्पत्ति में भाग चाहिए!" राहुल दृढ़ता से बोला।

मैं और मेरे भिक्षु राहुल के इस प्रश्न पर आश्चर्यचकित हो गये!

"यह कैसा प्रश्न है पुत्र?" मैंने पूछा।

"यह प्रश्न नहीं अधिकार है पिताश्री!"

"परन्तु पुत्र, ऐसी बातों की तुम्हारी वय नहीं है!" मैंने समझाना चाहा।

"मेरी वय भले ही न हो पिताश्री, परन्तु क्या एक पुत्र को अपने पिता से कुछ निवेदन करने का अधिकार नहीं है।" राहुल अपनी भोली वाणी में, मगर वयस्कों जैसे गूढ़ प्रश्न पूछ रहा था।

"तुम बहुत प्यारे हो पुत्र, क्या किसी ने तुमको ऐसी बातें सिखाकर भेजा है।" मैंने पूछा।

"नहीं पिताश्री, मैं माँ से हर रात्रि कहानी सुनता हूँ। उन्हीं कहानियों में पता चला कि पितृधन पर पुत्र का अधिकार होता है।" राहुल उसी तरह बोला।

"मगर पुत्र, मैं तो अपनी समस्त सम्पत्ति छोड़कर वापस आया हूँ। सब राजकीय वैभव तुम्हारा ही तो है। जाओ, महाराजश्री से कहना वह तुम्हें मेरी सम्पत्ति में भाग दे देंगे।" मैं उसके गालों पर स्नेह की चपत लगाकर बोला।

"मुझे भ्रमित करने का प्रयास मत कीजिये पिताश्री, विरासत में प्राप्त धन, कभी पितृधन नहीं होता, मुझे आपकी सम्पत्ति में भाग चाहिए।" वह स्पष्ट बोला।

उस नन्हें बच्चे की तार्किक क्षमता के आगे मैं हतप्रभ था। गोपा ने बताया था कि आपका पुत्र तर्क में आपकी तरह ही है, परन्तु मैं इस प्रतिभा से अपरिचित था। अद्भुत है यह बालक। मेरे साथ के भिक्षुओं को भी राहुल की बातों में रस आ रहा था और मुझे भी। मैंने सोचा, चलो कुछ देर और वात्सल्य वर्षा में भीगा जाय। मैंने कहा, "पुत्र राहुल! अब मैं श्रमण हूँ पुत्र, मेरे पास कोई धन नहीं है। यदि होता तो निश्चय ही तुम्हें प्रदत्त कर देता।"

वह मुँह में अँगुली डालकर, नाखून कुतरते हुए बोला, "तो क्या सचमुच आपके पास कोई धन नहीं है।"

"नहीं है पुत्र!"

"तो क्या सत्य में अभी तक कोई धन संग्रह नहीं किया है।"

"मैं मिथ्या भाषण नहीं करता पुत्र!"

"पिताश्री आपने जो तपधन उपार्जन किया है! वही मेरे लिये पितृधन है।" वह उसी भोलेपन से बोला।

मैं अवाक् हो गया। अभी तक मुझे राहुल की तर्क क्षमता का ज्ञान नहीं था। मैंने उसके सिर पर हाथ फेरते हुए कहा, "ठीक है पुत्र मैं तुम्हें पितृधन जरूर प्रदान करूँगा। आओ।"

मैंने सारिपुत रो कटा, "सारि। वाटिका पहुँचकर राहुल को उप-सम्पदा प्रदान करूँगा। परन्तु तुम्हें यह दायित्व देता हूँ कि राहुल का बालपन नष्ट न हो, उचित वय प्राप्त होने पर प्रव्रजित दायित्व सौंपूँगा।"

"जैसी आज्ञा हो भगवन्!" सारिपुत्त बोला।

हम लोग नगर भ्रमण करते हुए वापस विश्राम-स्थल वाटिका में चले आये। वहाँ मैंने राहुल को उप-सम्पदा प्रदान कर कहा, "पुत्र, तुम बार-बार जिस पितृधन की आशा करते रहे वह मैंने तुम्हें प्रदान किया। अब से श्रमण जीवन ही वास्तविक जीवन है।

मैं तुम्हें आशीर्वाद प्रदान करता हूँ कि तुम श्रमण जीवन जीते हुए संसार का कल्याण करो और अर्हत् प्राप्त करो।"

राहुल शीश नवाकर प्रणाम किया और भिक्षुओं के बीच चला गया। मैंने मौद्गल्यायन को बुलाकर कहा, "मौद्ग!"

"जी भगवन्!"

"तुम अभी राजमहल चले जाओ और महाराज को सूचना दे दो कि वे लोग राहुल के लिए अब परेशान मत हों। वह उप-सम्पदा प्राप्त कर हमारे साथ रहता है।"

"जैसी आज्ञा भगवन्!" कहकर मौद्ग राजमहल चला गया और महाराजश्री को सारी बात बतायी। राहुल के प्रव्रजित होने की बात सुनकर वह सिंहासन से लड़खड़ा गये। माता गौतमी विलाप करने लगीं। सूचना जब गोपा के पास पहुँची तो वह भी मूर्च्छित हो गयी। और राहुल-राहुल बड़बड़ाने लगी। राजमहल की खुशियों को जैसे ग्रहण लग गया। अभी सुबह मुझे अपने बीच सब पाकर हर्षित हो रहे थे कि अचानक वज्रपात-सा मौद्ग द्वारा दिया गया यह सन्देश कि युवराज राहुल ने हठ कर पितृधन ले लिया है, अब वह सबसे कम वय के संघ श्रमण हैं।

सभी रोने-बिलखने लगे और राहुल के पास आने की हठ करने लगे। सबकी राय में राहुल को वापस बुलाना उचित था। महाराजश्री बार-बार बिलख उठते थे। उन्होंने कहा–"मैं अभी गौतम के पास जाता हूँ और राहुल को मुक्त कराकर वापस लाता हूँ।"

वह शीघ्रता से रथ पर बैठे, मौद्ग को साथ लिया और मेरे पास आये। उस समय अत्यधिक रोने के कारण आँखें लाल हो चुकी थीं। बस यहाँ नृपाभिमान में रो नहीं रहे थे।

"यह आपने क्या किया पुत्र, जीवन का एकमात्र सहारा राहुल ही तो था, जिसके नेत्र के सामने रहने मात्र से जीवन की डोर बँधी थी। कृपा करके उसे संन्यास के बन्धन से मुक्त कर दीजिये।" महाराजश्री बोले।

"संन्यास कहाँ बन्धन है महाराज, जो मैं मुक्त कर दूँ। बन्धन तो संसार है, जहाँ से मुक्त होकर राहुल यहाँ आया था।" मैंने कहा।

"मैं यह सब ज्ञान-भरी बातें नहीं सुनना चाहता, मुझे तो बस राहुल से मिला दीजिये।" वह व्यग्र हो उठे।

मैंने सारिपुत्त को निर्देशित किया कि वह राहुल को ले आये। महाराज की आँखों में उम्मीद की किरण दिखायी दी। सारिपुत्त भिक्षुओं के बीच से राहुल को ले आया। उस समय राहुल भिक्षु वेश में था। मुण्डित केश, चीवर पहने अत्यन्त निश्चिन्तता के साथ नजदीक आया। राहुल को भिक्षु वेश में देखते ही महाराज मूर्च्छित हो गये। राहुल भी दौड़कर महाराजश्री के पास आ गया। सारिपुत्त ने मुँह पर जल के छींटे मारे। तब वह सचेत हुए और बिलखकर बोले, "हाय, देव! यह मेरा कैसा भाग्य है? मैं अपने पौत्र को भी भिक्षु वेश में देख रहा हूँ। आखिर मैं जीवित क्यों हूँ, अपने प्रियजनों को भिक्षु बनते देख हृदय फटा जा रहा है।"

"धैर्य रखिये महाराज! यह सौभाग्य शाक्यवंश में केवल आपको मिला है।" मैंने कहा।

"परन्तु पुत्र, यह संसार चलेगा कैसे। जब आप युवराज थे, तो भविष्य में राजसिंहासन के संचालन का दायित्व आपके कन्धे पर था। मगर आपने संन्यास ग्रहण किया। मैंने हृदय पर पत्थर रख लिया, राहुल को देखकर जीवन की आस बढ़ी, वह ज्यों-ज्यों बड़ा होता गया, मैं आश्वस्त होता गया कि यही भावी युवराज होकर राजसिंहासन पर बैठेगा। परन्तु आज मेरा हृदय फट पड़ा, जब राहुल को मैंने भिक्षु वेश में देखा, मेरा कितना बड़ा दुर्भाग्य है कि अपने ही सामने अपने पुत्र और पौत्र को श्रमण वेश में देख रहा हूँ।"

"महाराज, आप मोहजनित पीड़ा झेल रहे हैं, जरा राहुल को देखिये, कैसे मोहजनित बन्धनों को तोड़ मुस्करा रहा है।"

महाराज ने राहुल की ओर दृष्टि फेरी। वह शान्त मुस्करा रहा था। महाराज कुछ संयमित हुए। राहुल बोला, "दादाश्री, मैं यहाँ भिक्षुओं के बीच स्वस्थ हूँ, प्रसन्न हूँ। आप मेरी चिन्ता न करें। आपका पौत्र संसार के कल्याण के लिए पिता द्वारा आलोकित पथ पर अग्रसित हुआ। प्रणाम दादाश्री, यह मेरा अन्तिम प्रणाम स्वीकार करें।"

इतना कहने के साथ ही राहुल मोह त्यागकर भिक्षुओं के बीच चला गया।

महाराजश्री फूट-फूटकर रो पड़े। उन्होंने मुझसे कहा—"अब मैं क्या कहूँ, आज मेरी दशा उस विपन्न जुआरी की हो गयी है, जो अपना सब-कुछ हारकर जा रहा है।"

मैं सान्त्वनास्वरूप कुछ कहता कि उन्होंने स्वयं ही मुझसे कहा, "पर जाते-जाते आपसे एक वचन लेना चाहता हूँ।"

"कहिये तात!" मैंने कहा।

उन्होंने अपने दोनों हाथ मेरे सामने जोड़ दिये—"बरा यही कि फिर किसी माता-पिता की गोद इस तरह न उजड़े, अगर आप किसी अवयस्क को प्रव्रज्या देना चाहें तो, सर्वप्रथम उसके माता-पिता से अनुमति जरूर लें।"

"ऐसा ही होगा तात, मैं संघ में अवयस्कों के प्रवेश को वर्जित करने का कठोर नियम बनाता हूँ, साथ ही बिना अनुमति के किसी अवयस्क को प्रव्रज्या नहीं प्रदान करने का वचन देता हूँ।" मैंने इतना कहने के साथ ही उनके डिगते विश्वास को मजबूत करने के लिए उनका हाथ अपने हाथ में लिया, उनकी आँखें पुनः छलछला आयीं। वह रथ पर बैठकर राजमहल चले गये।

उनके राजमहल पहुँचने के बाद की स्थिति का पता मुझे नहीं था। पर इतना तो अनुमान है ही कि राजपरिवार की परिस्थितियाँ सामान्य नहीं रही होंगी। जो भी हो परन्तु राहुल के प्रव्रजित होने की सूचना पर पूरे कपिलवस्तु में हलचल मच गयी। प्रतिदिन मेरे पास प्रव्रज्या लेनेवालों की भीड़ लगती। यहाँ तक कि कपिलवस्तु की स्त्रियाँ मुझे

कोसने तक लगीं, कि मैंने उनके पुत्रों और पतियों को प्रव्रज्या दे दिया। ऐसी स्त्रियों द्वारा मुझे भिक्षाटन के दौरान उलाहना सुनने को मिलता। परन्तु मेरे उपदेश से उन्हें शान्ति मिलती। सच कहूँ तो यह स्थिति केवल कपिलवस्तु की नहीं थी बल्कि मैं जिस जगह जाता, लोगों का आकर्षण मेरे धर्म को लेकर बना रहता। बात तो यहाँ तक थी कि जिस जगह पर मैं नहीं पहुँच पाता था, वहाँ लोग प्रतीक्षा करते कि कब गौतम के दर्शन हों, और भ्रमजनित जीवन से मुक्ति मिले।

●

"जानते हो आनन्द, समाज में यह स्थिति क्यों थी!" मैंने पूछा।

"नहीं भगवन्!" आनन्द बोला।

"वास्तव में समाज को धर्मगत विसंगतियाँ परेशान कर रखी थीं, प्रचलित धर्म अपनी श्रेष्ठता के दावे को लेकर संघर्ष कर रहे थे। परन्तु उन धर्मों में प्रचलित एक अदृश्य सत्ता की कल्पना ने समाज को भयाक्रान्त कर रखा था। और एक प्रमुख विसंगति यह थी जो मानव को मानव से दूर ले जा रही थी, एक अन्तहीन पथ पर, वहाँ बौद्धिकता को शरणागत होना सिखाया जाता था, परन्तु किसके आगे यह शरणागत को भी पता नहीं।"

"यह कैसी विडम्बना है देव? जहाँ मनुष्य को मनुष्य से कमतर आँका जाये।" आनन्द ने पूछा।

"समाज का यह अत्यन्त वीभत्स व घृणित रूप था आनन्द, जहाँ वर्षों से इस बात पर संघर्ष हो रहा था कौन जन्मना श्रेष्ठ है। इसको लेकर मेरे पास भी कुछ प्रश्न आये थे।" मैंने कहा।

"आपने क्या उत्तर दिया भगवन्!" आनन्द ने कहा।

"आनन्द! प्रचलित समाज में दो वर्गों में श्रेष्ठता को लेकर संघर्ष था। क्षत्रिय और ब्राह्मण। दोनों एक-दूसरे से स्वयं को श्रेष्ठ मानते थे।"

''शेष जातियाँ भगवन्!'' आनन्द ने पुनः पूछा।

"शेष दो जातियाँ इनसे भी ज्यादा भ्रमित थीं, दोनों इन श्रेष्ठ जातियों के अनुयायी बनकर जीवन जी रहे थे। स्पष्टतः यह था कि दोनों श्रेष्ठ जातियाँ, दोनों पर समान रूप से शासन करती थीं।"

"आप क्या मानते थे भगवन्!"

"आनन्द! सत्य तो यह है कि कोई मनुष्य न तो जन्म से चाण्डाल होता है, और न ही ब्राह्मण। स्वयं घोषित उच्च वर्ग में जन्म पाने मात्र से कोई व्यक्ति मृत्यु से नहीं

बच सकता है। ब्राह्मण, क्षत्रिय, वैश्य, शूद्र कोई अमर नहीं है। इनमें से किसी को मृत्यु ने आलिंगन पाश में न जकड़ा हो, ऐसा कोई नहीं है।"

"आनन्द! यदि किसी ने यह व्यवस्था दी है कि वेदादि के अध्ययन के कारण ब्राह्मण श्रेष्ठ हैं, राजत्व गुण से क्षत्रिय, वाणिज्य से वैश्य एवं सेवा कार्य से शूद्र तो इसे अमिट सत्य क्यों मान लें।"

"आनन्द! हमारा जीवन व्यावहारिक होना चाहिए, मैं इस बात की निन्दा नहीं करता कि ब्राह्मण या क्षत्रिय होना कोई अपराध है। मनुष्यता ही मनुष्य का प्राकृतिक गुण है। संसार को एक सूत्र में बाँधने के लिए करुणा और मैत्री का सहारा लेना होगा।"

"तुम्हें याद है आनन्द!"

"क्या भगवन्!"

"मेरे कपिलवस्तु भ्रमण के दौरान तुम लोग आये थे।"

"हाँ भगवन्, अच्छी प्रकार से याद है। पूरे कपिलवस्तु में आपके ज्ञान प्राप्त कर लौटने की चर्चा थी, हम सभी शाक्य कुमारों में इस बात को लेकर प्रायः चर्चा होने लगी कि आखिर हम प्रचलित धर्म को त्यागकर क्यों आपका धर्म स्वीकारें।"

"फिर!" मैंने पूछा।

"सबके अपने-अपने तर्क थे। भद्दिदय, अनिरुद्ध, भृगु, किमिल, देवदत्त तथा मेरे। इसमें भद्दिदय, अनिरुद्ध, भृगु तथा किमिल केवल इसलिए नया धर्म स्वीकार करना चाहते थे, कि यह शाक्यवंश के गौरव की बात है। एक ऐसा धर्म जो बादल की तरह पूरी दुनिया पर आच्छादित होनेवाला था। मूलतः यह सभी आपकी सेवा का सान्निध्य पाना चाहते थे।"

"तुम और देवदत्त!" मैंने फिर पूछा।

"देवदत्त की प्रवृत्ति से तो आप पूर्व परिचित थे भगवन्, वह हर कीमत पर श्रेष्ठ पद के आकांक्षी थे, वे चाहते थे संसार उनके कदमों में झुका रहे। इसके लिए स्वयं उनके पुरुषार्थ में कुछ नहीं था। वे हम लोगों को समझाते थे, कि यह रास्ता गौतम बुद्ध के यहाँ से प्रस्फुटित होता है, चूँकि देवदत्त वय में हम लोगों से बड़े थे, इसलिए हम उनकी बात सुनने के लिए बाध्य थे, भले ही हृदय में विद्रोह फूट पड़ता हो।"

"और तुम आनन्द!" यह पूछने के साथ ही मैं मुस्करा उठा।

"भगवन्, मैं वय में सबसे छोटा था, मुझे संसार को लेकर अपार जिज्ञासाएँ थीं। मगर मुझे मिलनेवाला हर उत्तर भ्रामक था। मुझे लगता था कि मेरी ज्रिज्ञासाओं का अन्त आपके सान्निध्य में ही पूरा होगा, इसलिए मैं भी भिक्षु बनने को सहमत हुआ।"

"और उपालि!"

"हाँ भगवन्, उपालि जैसों को विचार रखने के कहाँ अधिकार थे। वह तो सेवक था। उसने अपनी बौद्धिकता पर सेवक होने का खोल चढ़ा रखा था। सम्भवतः इसलिए उसने बिना कुछ विचारे, शीघ्र सहमति प्रदान कर दिया, जैसे हर वाक्य उसके लिए

आदेश हो। फिर भी इसमें देवदत्त की एक चाल थी, कि वह उपालि को अपने साथ सेवा के लिए रखना चाहते थे। राजसुख में पले होने के नाते सेवक की आदत जो पड़ गयी थी उन्हें।" आनन्द के इस बात पर मुझे हँसी आ गयी। फिर शान्त होने पर मैंने आनन्द को बताया।

"जानते हो आनन्द, तुममें से पहले उपालि को प्रव्रज्या क्यों दी मैंने।"

"नहीं भगवन्!"

"जातीय अहं के दमन के लिए। अगर मैं तुममें से किसी को प्रव्रज्या दी होती तो तुम लोगों का क्षत्रियत्व अहं अर्हत होने में बाधा पहुँचाता। मुक्ति का अधिकार सबको है।"

कुछ देर के लिए आनन्द के सामने प्रव्रज्या ग्रहण करने का वर्षों पुराना दृश्य सामने आ खड़ा हुआ, जहाँ बुद्धदेव ने शाक्य कुमारों के पीछे खड़े उपालि को आगे बुलाया।

"उपालि!"

"जी भगवन्!" वह हाथ जोड़कर आगे आया।

"तुम डरे-सहमे पीछे क्यों खड़े हो, तुम समझते हो संन्यास धर्म में भी जातिविन्यास खोखला आडम्बर है। नहीं उपालि, यहाँ जीवन गतिमान् है, प्रवाह है, अविरल गंगा की तरह, तुम देख सकते हो, यहाँ पर कोई जाति समीकरण नहीं है। मेरे लिये सभी शिष्य एक समान हैं। इसलिए तुम्हारे खोये हुए आत्मविश्वास के लिए सर्वप्रथम तुम्हें प्रव्रज्या प्रदान करता हूँ।"

"भगवन्!" उपालि की आँखों से अश्रुधारा फूट पड़ी।

"प्रव्रज्या प्राप्त करनेवाले अभ्यर्थियो अब से उपालि आपका ज्येष्ठ है। मुझे प्रणाम करने के बाद आप लोग गुरु भाव से उपालि को प्रणाम करेंगे।"

यह सुनकर देवदत्त की मुट्ठियाँ कस गयीं, परन्तु आनन्द ने बढ़कर बुद्धदेव को प्रणाम किया और उपालि की चरण वन्दना कर शाक्य कुमारों की आँख पर पड़ा अहं का परदा हटा दिया।

"आनन्द!" आनन्द की तन्द्रा जैसे भंग हुई।

"जी भगवन्!"

''हमारे गोत्र, वर्ण, जातियाँ साँप की केंचुली के समान हैं, जिसमें वास्तविक स्वरूप दबा रहता है। इसके शरीर पर रहते मनुष्य सर्प के समान अन्धा बना रहता है, परन्तु जब केंचुली छूट जाती है तो उसे सर्वव्यापी विराटता की अनुभूति होने लगती है। भविष्य में आर्थिक सम्पन्नता, जातिगत सम्पन्नता की श्रेष्ठता को समाप्त कर देगी। इसलिए मनुष्य को अपना कार्य अत्यन्त दक्षतापूर्वक करना चाहिए। अगर वृत्ति के आधार पर माना जाये तो, चतुर व्यक्ति ही अपने काम को अच्छी तरह से कर सकता है। और कुशलतापूर्वक अपने कर्म को सम्पादित करनेवाले मनुष्य का वर्तमान तथा भविष्य दोनों कल्याणकारी होगा। सिर्फ अच्छे कर्म से मनुष्य अपनी दशा सुधार सकता है।"

"आओ आनन्द, हम आगे चलें! क्योंकि चलना ही तो जीवन है।"

"हाँ भगवन्!" कहने के साथ ही वह बुद्धदेव का अनुगामी हो गया। चलते-चलते बुद्धदेव को एक गाँव से बाहर, आम्रवाटिका दृष्टिगत हुई, वे भिक्षुओं से बोले, आज हम लोग यहीं विश्राम करेंगे। सभी लोग विश्राम करने लगे। आनन्द भी देर तक बुद्धदेव का पाँव दबाता रहा। फिर स्वयं बुद्धदेव ने आनन्द से कहा, "आनन्द अब जाकर थोड़ा विश्राम कर लो।"

"अभी विश्राम की इच्छा नहीं है देव!"

"फिर भी आनन्द, श्रम-परिहार के लिए विश्राम आवश्यक है!"

"जो आज्ञा भगवन्!" कहकर आनन्द ने प्रणाम किया और अपनी शय्या पर आकर लेट गया। उसकी आँखों में नींद नहीं थी। वह देर तक करवट बदलता रहा। वह सोचने लगा कि हमारे शास्ता कितने उदार हैं, कितने कठोर हैं। जहाँ उपालि के प्रति उदार थे, वहीं नन्द के प्रति कठोर। कितनी निर्ममतापूर्वक नन्द को संसार के विषय-भोगों से दूर किया। यह तो उनकी करुणा ही है। परन्तु नन्द तो बहुत दिनों तक कुछ समझ ही नहीं पाया, उसे तो बस सुन्दरी का लावण्ययुक्त मुख ही दिखायी पड़ता था, जो विह्वल हो नन्द को पुकार रही है। नन्द इस बात को बार-बार कहता, मुझे सुन्दरी पुकार रही है आनन्द; देखो सुन्दरी की पायल की रुनझुन, उसके कटि प्रदेश में लगे आभूषण की ध्वनि, उसके कोमल पदाघातों से धरती की वनस्पतियाँ भी मुस्करा उठती हैं। उसकी वाणी की कूक, कोयल को भी स्तब्ध कर दे। उसकी हँसी से तो असमय पुष्प खिल उठे हैं आनन्द! देखो, तुम भगवन् से कहते क्यों नहीं। अरे... वह देखो सुन्दरी मेरे वियोग में कितनी रो रही है। उसकी सखियों की सान्त्वना भी काम नहीं आ रही है। उस वाटिका में कितनी उदासी है। वह हँसी, खिलखिलाहट, वह अठखेलियाँ कहाँ गायब हो गयीं। केवल वियोग, रुदन, सिसकियाँ, प्रतीक्षा, उसके कपोलों के आँसू, उसके अन्तस् को भिगो रहे हैं। आनन्द क्या तुम अपने मित्र के लिए भगवन् से थोड़े दिन की अनुमति नहीं दिला सकते। फिर रुक्षतापूर्वक कहता आनन्द, तुम भी भगवन् की तरह निष्ठुर हो, देखना एक दिन यहाँ से पलायन कर जाऊँगा। मुझे अभी संसार के भोग-विलास से मुक्ति नहीं चाहिए। अभी तो मैंने अपनी सुन्दरी के यौवन को दृष्टि भर देखा नहीं।

नन्द बता रहा था किस प्रकार वह उस दिन सुन्दरी से मिलने वाटिका पहुँचा था। मन में सुन्दरी को आलिंगनपाश में बद्ध करने की कामना को कितना दमित किया था। सोचा था उसकी सखियों-दासियों को एकान्त में भेजकर, देर तक प्रणय-सम्बन्धी बातें सुनता रहूँगा, हृदय से लगाकर कहूँगा, सुन्दरी! तुम प्रेम की प्रतिमूर्ति हो। विधाता ने प्रेम जैसे भावाभिव्यक्ति को जैसे आकार दिया है। परन्तु... वह रो पड़ा।

"परन्तु क्या नन्द, क्या हुआ था उस दिन!" आनन्द ने पूछा।

मैं पुष्पों व फलदार वृक्षों से आच्छादित उस पुष्प-वाटिका में सुन्दरी से मिलने गया था। सुन्दरी ने अपने दोनों हाथों पर मेंहदी लगा रखी थी। आँख पर पट्टी बाँधकर

मनोरंजक खेल, खेल रही थी। मैं ठिठक गया और छिपकर वह खेल देखने लगा। सुन्दरी की सखियाँ मेरे और उसके प्रणय-सम्बन्धी प्रश्न पूछतीं और ठिठोली करतीं। वह कभी सकुचा जाती, तो कभी क्रोध करती, कभी उन सबकी खिलखिलाहट-भरी हँसी वाटिका को गुंजायमान कर देती। संयोगवश वह अपनी सखियों को पकड़ने के लिए मेरे समीप आ गयी। उन सबने जब मुझे देखा तो वहाँ से हट गयीं। सुन्दरी से मिलन का अद्‌भुत आनन्द मिला, उसने अपने सखी को पकड़ने में मुझे आलिंगनबद्ध कर लिया, पर अचानक पुरुष स्पर्श से वह ठिठक गयी। क्रोधः से तमतमाकर कौन हो तुम कहने के साथ ही उसने अपनी आँख की पट्‌टी खोल दी। और मुझे सामने पाकर आश्चर्य से ठिठक गयी, "अरे आप!" फिर अचानक मनुहार करते हुए बोली, "जाइये, हम आपसे बात नहीं करेंगी, आपने छल से मुझे आलिंगनबद्ध किया। मेरे हाथों की मेंहदी खराब कर दी।"

"इसके लिए नाराज मत हो प्रिये, आपकी मेंहदी मैं स्वयं रचूँगा!" कहकर मैंने उसे समीप खींचने का प्रयास किया।

"जाइये, झूठे हैं आप, ऐसी बातें कर पुरुष ने सदा स्त्री पर आधिपत्य जमाया है।" सुन्दरी ने कनखियों से मुझे देखा।

"क्या आपको अपने प्रेम पर विश्वास नहीं है।" मैंने पूछा।

"प्रेम तो विश्वास पर ही टिकता है, परन्तु पुरुष अपने अहं का कहाँ त्याग करता है। उसे तो नारी की भावनाओं को कुचलने में आनन्द प्राप्त होता है।"

"अच्छा-अच्छा तो समस्त नारी जाति का प्रतिशोध मुझसे लेंगी आप।" मैं हँस पड़ा।

"विधाता ने जब नारी की संरचना की, तो उसके हृदय में कोमल भावनाएँ स्थापित कर कमजोर बनाया, शायद यही वजह है स्त्री अपना हृदय सहजता से हार जाती है।"

"झूठ, यहाँ आपने झूठ बोला है प्रिये!"

"कैसे, तो भला बताइये!" वह तुनककर समीप आ गयी। मुझे यह और अच्छा लगा, लेकिन बात का रस पाने का लोभ संवरण नहीं कर पा रहा था। इसलिए आगे कहा।

"अगर एकाध अपवाद छोड़ दें तो पुरुष ही अपना हृदय सर्वप्रथम हारता है, और उसे वही अभिव्यक्त करता है।"

"आपकी बात में आधा झूठ और आधा सच है!"

"क्या अभिप्राय!"

"अभिप्राय यह है कि प्रेम में सिर्फ पुरुष ही हृदय नहीं हारता, बल्कि स्त्री भी हृदय हारती है। हाँ, जहाँ तक प्रेम की अभिव्यक्ति की बात है, स्त्री उसे प्रदर्शित कर निर्लज्ज कहलाना पसन्द नहीं करती।"

"तो इसका अर्थ यह है कि आप कहने का स्वाँग कर रही थीं।" मैंने पूछा।

सुन्दरी ने लज्जावश सिर नीचा कर लिया और पैर के अँगूठे से जमीन कुरेदने लगी।

मैंने इस वस्तुस्थिति का लाभ उठाना चाहा और उसे खींचकर पुनः आलिंगनबद्ध कर लिया।

"लाभ के चक्कर में मेंहदी रचनेवाली बात से मत पलट जाइयेगा राजकुमार।" वह हँसकर बोली।

"कदापि नहीं क्षत्रिय हूँ!" मैं स्वाभिमान से बोला और ताली बजाकर मेंहदी मँगायी। फिर सुन्दरी की कोमल हथेली पर मेंहदी लगाने लगा। मेरे मेंहदी लगाने की कला को सुन्दरी अत्यन्त गौर से देख रही थी। बीच-बीच में वह मेरा मुख भी निहार लेती। सुन्दरी का हृदय जोर-जोर से धड़क रहा था, जिसका स्पन्दन मैंने महसूस किया।

अचानक एक प्रहरी ने आकर सूचना दी, "क्षमा करें राजकुमार।"

अकस्मात् यह शब्द सुनकर मुझे क्रोध आ गया। किसने अतिगोपनीय परिवेश में विघ्न डालने की चेष्टा की। पलटकर देखा तो मेरा निकटतम सेवक चालूक था।

"क्या बात है चालूक, तुम यहाँ!" मैंने आश्चर्य से पूछा।

"क्षमा करें राजकुमार, बुद्धदेव आज भिक्षाटन करते हुए आपके महल तक गये थे, आपको पूछा, और बिना भिक्षा लिये वापस लौट गये।" चालूक ने बताया।

"बिना भिक्षा लिये, मेरे बड़े भाई, जिन्होंने अपना सर्वस्व त्याग दिया, आज मेरे द्वार से खाली हाथ चले गये, ओह... मैं वहाँ उपस्थित क्यों नहीं था।...मुझे अत्यन्त ही खेद हुआ।"

सुन्दरी ने पूछा, "क्या हुआ राजकुमार?"

"प्रिये, मैं क्या बताऊँ, मेरे बड़े भ्राता आज मेरे द्वार से खाली हाथ चले गये, जिन्होंने संन्यासी के रूप में प्रथम बार याचना की।"

"हाँ सुना है, जिन्होंने अपने अबोध पुत्र को भी संन्यासी बना दिया है।" सुन्दरी ने कहा।

"हाँ प्रिये वही, गौतम बुद्ध!" मैंने कहा। फिर अचानक चालूक की ओर मुड़कर बोला, "अच्छा, अभी कहाँ होंगे भ्राताश्री।"

"मेरे अनुमान से वे अभी नगरद्वार के आसपास होंगे।" चालूक ने कहा।

"अच्छा प्रिये, मैं अभी भ्राताश्री को भिक्षादान कर आया।" नन्द ने उठते हुए कहा।

"क्या भिक्षा बाद में नहीं दी जा सकती, राजकुमार!" सुन्दरी उदास होकर बोली।

"नहीं प्रिये, यह शाक्यवंश की निन्दा होगी, और मानवता का यह प्रथम पाठ है द्वार से कोई भिक्षु खाली हाथ न जाये। तुम प्रतीक्षा करना, मैं अभी आता हूँ।" कहकर राजकुमार नन्द चालूक के साथ शीघ्रता से वाटिका से बाहर निकल गये। जाते समय सुन्दरी ने कहा, "मेरी मेंहदी सूखने से पूर्व आ जाइयेगा राजकुमार।"

बुद्धदेव नगरद्वार पर ही खड़े थे। कुछ भिक्षु उनके साथ थे। कुछ नगरवासी घेरे हुए थे। वे नगरवासियों को पंचशील के सिद्धान्त पर कुछ बोल रहे थे। जब मुझ पर दृष्टि

पड़ी वह सीधे समीप आ गये। मैं बुद्ध के चरणों में शीश झुकाने के बाद बोला, ''भ्राताश्री, आप बिना भिक्षा ग्रहण किये क्यों चले आये।''

''जिसके हाथ से भिक्षा ग्रहण करना था, वह तो था ही नहीं।'' कहकर वे मुस्करा उठे।

''परन्तु भ्राताश्री, आप थोड़ा प्रतीक्षा कर लिये होते, मैं तो आ ही जाता।''

वे नन्द के स्कन्ध पर हाथ रखकर बोले, ''नन्द! सुना है तुम आजकल अत्यधिक व्यस्त हो गये हो।''

''नहीं भ्राताश्री, मैं... मैं तो बस ऐसे ही जरा वाटिका घूमने निकल पड़ा था।''

''अच्छा आ ही गये हो, तो अपने भ्राता का भार कुछ हलका करो।'' कहकर उन्होंने अपना भिक्षापात्र नन्द के हाथों में रख दिया।

वह अचकचाकर बोला, ''मगर भ्राताश्री मैं जरा शीघ्रता में प्रस्थान करना चाहता हूँ।''

''जरूर नन्द, परन्तु कुछ देर तो मेरे साथ चलो।'' बुद्धदेव के इतना कहते ही नन्द उदास हो गया। वह मन में सोचने लगा, ''वाटिका में सुन्दरी मेरी प्रतीक्षा कर रही होगी।'' बुद्ध ने नन्द से कहा, "जानते हो नन्द! स्त्री, पुरुष के लिए ऐसा रहस्य है, जिससे भेद पाना दुष्कर है।''

"मैं समझा नहीं भ्राताश्री!" नन्द ने चंचलता दिखायी।

"तीन चीजें ज्यादा देर तक नहीं छुप सकतीं, सूर्य, चन्द्रमा और सत्य।" बुद्धदेव ने कहा।

"मगर आप कहना क्या चाहते हैं!" नन्द झुँझला उठा।

"पर-स्त्रीगमन करनेवाला मनुष्य चार गति को प्राप्त करता है। आयुष्य हानि, स्वेच्छापूर्वक निद्रा का अभाव, सामाजिक निन्दा और अन्तिम नरक का पात्र होता है। मनुष्य को ऐसी परिस्थितियों से बचना चाहिए, माया में लिपटा हुआ यह राग, मनुष्य के नाना दुर्गति का जिम्मेदार है।"

"मैं समझ गया भगवन्, मुझे अपने धर्म में प्रव्रजित कर मुझे इस पापकुण्ड से बाहर निकालिये। मैं समझ गया, जिस प्रेम के पीछे मैं दौड़ रहा था, वह नरक का सोपान मात्र है।"

"ठीक है नन्द, मैं तुमको धर्म में प्रव्रजित करूँगा!"

आनन्द अचकचाकर जाग उठा। हाँ, ऐसा ही भावुक निर्णय था, नन्द का। और फिर साधना के दौरान कितना रोता था नन्द सुन्दरी के लिए। परन्तु भगवन् ने कठोरता से निषेध कर नन्द को पुनः पापकुण्ड में प्रवेश करने नहीं दिया। निद्रा खुलने पर उसने देखा सारे भिक्षु सोये हुए थे। बस बुद्धदेव ध्यान शय्या पर लेटे हुए थे।

•

भद्दा के मुक्त कराने के बाद भी सुत्तक, वहाँ से जा नहीं सका, वह प्रतिदिन की भाँति खेतों पर जाता रहा, काम करता और लौट आता। वह भद्दा की छवि दुबारा देख नहीं पाया। वह चाहता था, सिर्फ एक बार भद्दा उसके सम्मुख आ जाय और वह क्षमा माँग ले। परन्तु यह सम्भव नहीं था भद्दा ने जैसे स्वयं को कैद कर लिया था। अब उसकी चंचलता, भाग-दौड़, हँसने की ध्वनि कुछ भी सुत्तक को देखने को न मिलती। वह व्याकुल हो उठा। आखिर कैसे मिले वह भद्दा से। वह रात-रात भर जागता, उसके बारे में सोचता। वह खेतों में भी पहले जैसा काम नहीं कर पाता था। उसने भद्दा का हृदय तोड़कर, पाप किया है। इस अपराधबोध में उसे अपनी सुधि नहीं रही। एक रात वह वियोग के गीत गा उठा। उस गीत में इतनी करुणा थी कि भद्दा स्वयं को रोक नहीं पायी और आकर सुत्तक से लिपट गयी।

"क्यों मेरे प्राण लेने पर तुले हो!"

"प्राण, नहीं-नहीं भद्दा, मुझे क्षमा कर दो, मैं तुम्हारे प्रेम को समझ नहीं पाया, मैं भयाक्रान्त था, जिसमें तुम्हारा प्रेम नहीं दिखा।" उसने हाथ जोड़ लिया।

"प्रेम में प्रदर्शन कहाँ होता है, वह तो हृदय में विचरण का सूक्ष्म विचार है। मैं समझती हूँ, तुम अपने हृदय से परेशान रहे और मैं अपने।" भद्दा ने कहा।

"सच कहती हो भद्दा, मैं काफी दिनों से ठीक से सो नहीं पाया, तुम्हारे प्रेम के अन्तर्नाद ने मुझे विक्षिप्त कर दिया, मेरे लिये सोना-जागना, खाना-पीना सब दुष्कर हो गया था, इतना कुछ होने पर मैंने जाना प्रेम से बढ़कर कुछ नहीं है।" सुत्तक बोला।

"आज से हम दोनों प्रेम-सागर में गोते लगायेंगे, तुम खेतों पर काम करोगे, मैं तुम्हारी बाट जोहूँगी, तुम कमाकर लाओगे, मैं सम्राज्ञी बनूँगी, हम भूल जायेंगे, बाहर की दुनिया कैसी है।"

"हाँ भद्दा! हम भूल जायेंगे बाहरी संसार को। हम प्रेम में ही जियेंगे, प्रेम में ही मरेंगे।"

"फिर शीघ्र ही पिताश्री से कहकर हम परिणय-सूत्र में बँधेंगे।" भद्दा बीच में ही बात काटकर बोल उठी।

इस तरह भद्दा और सुत्तक की प्रेम-कहानी को पंख लग गये। दोनों अलग संसार में भटकते रहे। भद्दा प्रतिदिन शृंगार करती, नये-नये आभूषण धारण करती, और सुत्तक को रिझाती। दक्ष भी दोनों के प्रेम को समझकर विवाह के लिए तैयार थे।

एक रात सुत्तक अपने कक्ष में सोया था। दीपक की वर्तिका मन्द पड़ रही थी। पर इतना प्रकाश अवश्य था कि वह अँधेरे में देख सके। नींद न आने के कारण सुत्तक छत की ओर टकटकी लगाये भद्दा के बारे में सोच रहा था कि अचानक उसे एक आवाज सुनायी पड़ी। उसने इधर-उधर देखा कोई नहीं था। पुनः वही आवाज उभरी।

"किसे ढूँढ़ रहे हो सुत्तक!"

"तुम्हें, कौन हो तुम, सामने क्यों नहीं आते!"

"सामने!" कहकर वह हँस पड़ा।

"हाँ-हाँ सामने, यह छद्म व्यवहार क्यों, मुझे भयाक्रान्त मत करो, सामने आओ।"

''मैं सामने ही रहता हूँ सुत्तक, दर्पण की तरह, पर आश्चर्य है, तुम मुझे नहीं देख पा रहे हो।''

"ये पहेलियाँ क्यों बुझा रहे हो!"

"पहेली तो तुमने बना दिया है स्वयं को जरा झाँककर देखो अपने अन्तर्मन में, क्या तुम वही सुत्तक हो।"

"परन्तु तुम हो कौन?"

"मैं तुम्हारा मन हूँ, जरा देखो दर्पण में, तुम्हारा चोर मरणासन्न हालत में है। उसने महीनों से एक भी चोरी नहीं की है।"

"तो मैं क्या करूँ, मैं शत्रुक नहीं सुत्तक हूँ।"

"मुखौटा लगाने से आदमी नहीं बदल जाता, तुम यहाँ छद्म जीवन जी रहे हो, जिस दिन राजा को पता चलेगा, तुम्हारा सिर धड़ से अलग कर देगा।"

"लेकिन...!" सुत्तक कुछ कहना चाहा।

"लेकिन-वेकिन कुछ नहीं शत्रुक, सच्चाई को स्वीकार करो, तुम भद्दा के प्रेम में पड़ोगे, तो एक दिन मुफ्त में मारे जाओगे, हाँ अगर तुम चाहो तो अपना जीवन बचा सकते हो।"

"वह कैसे?"

"भद्दा के पास बहुमूल्य आभूषण हैं, अगर चाहो तो उन आभूषणों को प्राप्त करके किसी दूसरे राज्य में स्वतन्त्र जीवन जी सकते हो।"

"मगर भद्दा...!"

"भद्दा को समाप्त करना तुम्हारा काम है!"

"नहीं... मैं ऐसा नहीं कर सकता, मैं उससे प्रेम करता हूँ। प्रेम का प्रतिकार मुझसे नहीं होगा।"

"भद्दा तुम्हारे लिये मृत्यु है, यह तुम पर छोड़ता हूँ, चाहे मृत्यु को आलिंगन करो, चाहे जीवन को।" "चाहे मृत्यु को, चाहे जीवन को, चाहे मृत्यु को, चाहे जीवन को,।"

यही शब्द बार-बार उसके कानों से टकराने लगे। वह घबड़ाकर उठ बैठा, उसकी नींद खुल गयी। वह पसीने से लथपथ हो चुका था। वह जिधर देखता आभूषणों से लदी भद्दा दिखायी दी, जो बाँहें फैलाये बुला रही है। एक कुटिल मुस्कान के साथ। सुत्तक ने भय से पुनः आँखें बन्द कर लीं।

"अगले दिन भद्दा और सुत्तक एक-दूसरे की बाँहों में थे। सुत्तक ने भद्दा के मुखमण्डल पर लटकी हुई अलकों को हटाते हुए बोला, "भद्दा! मैं चाहता हूँ, हम नया जीवन शुरू करने से पूर्व ही सुदूर पर्वत पर स्थापित मन्दिर की देवी का दर्शन कर आशीर्वाद ले लें।"

"किस मन्दिर की देवी का?"

"उस मन्दिर की देवी का!" उसने उँगली से दूर पहाड़ पर संकेत किया।

"वह तो बहुत दूर है।" भद्दा ने कहा।

"सुना है देवी के दर्शन से मनुष्य अपना जीवन निर्विघ्न जीता है, हमें भी उन लोगों का अनुसरण करना चाहिए।" सुत्तक ने कहा।

"परन्तु मैंने तो कभी नहीं सुना कि कोई मन्दिर है वहाँ पर।" भद्दा ने तर्क किया।

"सत्य कहती हो भद्दा, उस पहाड़ी की चढ़ाई अत्यन्त दुष्कर है, इसलिए ज्यादा लोग नहीं जाते। कई वर्ष पूर्व मैंने उस देवी के बारे में सुना था।" सुत्तक बोला।

"तुम्हारा साथ हो तो दुष्कर पर्वत की चढ़ाई कुछ नहीं है।"

"परन्तु देवी के यहाँ जाने की एक शर्त है, भद्दा।"

"कैसी शर्त!" भद्दा चौंकी।

"लोगों का कहना है कि वहाँ स्त्री को दुल्हन के रूप में जाना होता है। पूर्ण शृंगार करके, विभिन्न आभूषणों से सुसज्जित, तब कहीं देवी का आशीर्वाद फलीभूत होता है।"

"इससे तो लोक मर्यादा खण्डित होगी!" भद्दा ने कहा।

"यही तो मैं भी सोच रहा हूँ भद्दा, कि क्या उपाय करूँ!" सुत्तक चिन्तित होते हुए बोला, "एक उपाय है कि प्रभात होने से काफी पूर्व हम घर से निकल जायें, न कोई देखेगा, न जानेगा।"

"यह ठीक रहेगा, परन्तु ध्यान रखना किसी को पता नहीं चलने पाये, क्या पता कोई बाधा आ जाये मार्ग में।"

प्रभात होने से काफी पूर्व दोनों अँधेरे मुँह घर से निकल पड़े। भद्दा दुल्हन के परिधान में थी, उसके शरीर पर बहुमूल्य आभूषण देखकर सुत्तक को आत्मसन्तोष हुआ।

शीघ्र दोनों मुख्य मार्ग पार कर, पथरीली राह पर चल पड़े। उसे पार करने के बाद, दोनों ने पहाड़ी पर चढ़ाई शुरू की। सुत्तक, भद्दा का हाथ पकड़े हुए था। वे बड़े सावधानी से पाँव जमाकर पहाड़ पर चढ़ रहे थे। जिस समय वे पहाड़ पर चढ़ाई शुरू किये उस समय तक, सूर्य के उदित होने के सभी लक्षण आकाश में दिखायी दे रहे थे। आधी चढ़ाई तक जाते-जाते सूर्य के तपते धूप में स्वेद चुहचुहा उठा। अचानक भद्दा का पैर एक शिलाखण्ड के सरकने से फिसला, पर सुत्तक ने फुर्ती से सम्हाल लिया। भद्दा ने नीचे देखा तो चीख निकल गयी, वह कितनी ऊँचाई पर आ चुकी थी, अगर सुत्तक ने न पकड़ा होता तो शायद प्राण ही नहीं बचते। उसका हृदय जोर-जोर से धड़क रहा था। सुत्तक ने आश्वस्त किया—"जब अपना हाथ, मेरे हाथों में दे दिया है, तो चिन्ता किस बात की।" भद्दा मुस्करा उठी।

दोपहर होते-होते वे पहाड़ की ऊँची चोटी पर पहुँच गये। चोटी के बीच में एक कन्दरा थी, जो दूसरी दिशा में खुलती थी। वहाँ कोई मन्दिर न देख भद्दा चौंकी।

"यहाँ तो कोई मन्दिर नहीं है! न ही कोई देवी।"

सुत्तक अट्टहास कर उठा।

"क्या बात है हँसते क्यों हो?" भद्दा ने पूछा।

"अपने भाग्य पर, परन्तु छोड़ो, तुम कह रही थी न यहाँ देवी कहाँ हैं।"

"हाँ!"

सुत्तक कन्दरा के दूसरे मुहाने को दिखाते हुए बोला, "यहाँ वह देवी रहती हैं। मृत्यु की देवी। जिसका दर्शन मैं तुम्हें कराऊँगा।"

"क्या मतलब है तुम्हारा?" भद्दा ने पूछा।

"मतलब!" वह फिर हँसा। इस हँसी में भद्दा को भयावहता नजर आयी। सुत्तक की आँखें चेल्हवा मछली-सी चंचल हो गयी थीं।

"इस चोर को तुमने दस्यु बना दिया। भद्दा, मैंने तुम्हारा हृदय लूटा है।"

भद्दा ने सन्तोष की साँस ली। उसके हृदय के स्पन्दन में स्थिरता आयी।

"ओह... मैं तो डर ही गयी थी!"

"क्यों भद्दे, डर कैसा, क्या तुम इनकार करती हो कि मैंने तुम्हारा हृदय लूटा है!"

"नहीं!"

"फिर!"

"तुम मुझे यहां क्यों लाये हो, और तुम कैसी विचित्र भयावह बातें कर रहे हो।" भद्दा ने पूछा।

सुत्तक पुनः हँस पड़ा और बोला, "सच कहूँ भद्दा, तो मुझे तुमसे ज्यादा तुम्हारे आभूषणों से प्रेम है। तुम्हें यहाँ लाने का उद्देश्य ही था, तुम्हारे आभूषणों को पाना। अब मैं तुम्हें मृत्यु की देवी का दर्शन कराकर, ये आभूषण स्वतः ले लूँगा।" और वह हँस पड़ा।

भद्दा सुत्तक के छल को जानकर अत्यन्त दुःखी हुई वह भर आयी आँखों को पोंछते हुए बोली, "सुत्तक, जब मैंने तुम्हें अपना जीवन ही समर्पित कर दिया था, तो तुच्छ आभूषण क्या चीज था। एक बार कहकर देखते अपनी भद्दा से आभूषण क्या प्राण तक उत्सर्ग कर देती तुम्हारे चरणों में।"

"तो फर्क कहाँ है, वही तो मैं कर रहा हूँ।" सुत्तक निष्ठुरता से बोला।

''फर्क है सुत्तक, मेरे उत्सर्ग में प्रेम है, तुम्हारी सोच में छल।''

"प्रेम...!" वह फिर हँसा फिर चुप होकर बोला, "तो क्या तुम मुझसे अब भी प्रेम करती हो।"

"हाँ, और जीवन के अन्तिम श्वास तक तुमसे प्रेम करती रहूँगी!" भद्दा रो पड़ी।

"आश्चर्य है!" वह बोला।

"आश्चर्य मत करो, प्रेम के समर्पण को तुम समझ नहीं पाये। और चन्द आभूषणों के लिए मेरी हत्या का षड्यन्त्र कर बैठे। मुझे इस बात का दुःख नहीं है कि तुम मेरी हत्या करोगे। दुःख इस बात का है मेरा समर्पण अधूरा रहा।"

सुत्तक कुछ कह नहीं पाया, भद्दा भी कुछ देर शान्त रही फिर बोली, "हमारी-तुम्हारी यह अन्तिम भेंट है, मृत्यु से पूर्व अपने प्रेमी से एक याचना करती हूँ, ठुकराना मत।"

"कहो!"

"मृत्यु से पूर्व मैं तुम्हारा आलिंगन करना चाहती हूँ!"

"बस इतनी-सी बात, लो कर लो अपनी इच्छा पूरी।" कहकर सुत्तक ने अपनी बाँहें फैला दीं। तभी हवा का तेज झोंका कन्दरा के दूसरी ओर से आया, जहाँ सुत्तक खड़ा था। डबडबायी आँखों से भद्दा हलकी मुस्कान लिये आगे बढ़ी, जैसे मृत्यु को गले लगाने जा रही हो। अचानक भद्दा ने पूरी ताकत से सुत्तक को कन्दरा से बाहर ढकेल दिया। सुत्तक गिरते हुए चिल्ला रहा था भद्दा तुमने मेरे साथ छल किया है। वह वहीं बैठ गयी फफककर रो पड़ी, सारे आभूषण निकालकर उसी कन्दरा से बाहर फेंक दिया, जहाँ से सुत्तक गिरा था।

•

कपिलवस्तु में कुछ दिन रहने के बाद मैं भिक्षुओं सहित राजगृह की ओर चला। उन दिनों छोटे-बड़े सभी कृषक कृषि समारोह मनाया करते थे। यह परम्परा अत्यधिक प्राचीन थी। स्वयं मेरे पिताश्री परम्परागत कृषि उत्सव मनाते थे। यह किसानों के लिए अत्यधिक हर्ष का पर्व होता था, जिसमें प्रमुख व्यक्ति स्वयं हल चलाकर कृषि कार्य का प्रारम्भ करता था। इस अवसर पर गरीबों, याचकों तथा श्रमणों को यथेष्ट दान भी देते थे। मुझे मार्ग में ही पता चला कि कृषि प्रमुख ब्राह्मण भारद्वाज के यहाँ आज कृषि समारोह है। मैंने बचपन में कई बार अपने ही यहाँ कृषि समारोह में भाग लिया था। उस आनन्द की स्मृति होते ही मैं उधर चल पड़ा। भिक्षु मेरा अनुगमन करते रहे। जब मैं भिक्षुओं सहित वहाँ पहुँचा, कृषि समारोह मध्य पर था। नूतन वस्त्रों में सुसज्जित कृषक, सिर पर पगड़ी बाँधे, खेतों में पिले थे। उन दिनों कृषक अपनी क्षमता के अनुसार बैल रखते थे, उनकी संख्या सौ से लेकर पाँच-सात सौ जोड़े की होती थी। हर किसान प्रमुख अपने खेतों में अन्य किसानों के साथ हल चलाते थे। जब भारद्वाज हल चलाकर आये, याचकों में उत्साह आ गया, उनकी आँखों की चमक देखते बनती थी। भारद्वाज भी कार्षापण और अन्नदान कर उत्साहित थे। जब वे मेरे समक्ष आये, तो मुझे सिर से पाँव तक देखा और बोले, "देखने में हृष्ट-पुष्ट हो, मेरी तरह तुम भी खेतों में काम क्यों नहीं करते। कम-से-कम भिक्षा तो नहीं माँगनी पड़ती। कृषि कार्य करके अपने पुरुषार्थ का परिचय दो।"

मैंने कहा, "ठीक कहते हैं आप, परन्तु यह आपने कैसे जान लिया कि मैं कृषक नहीं हूँ। मैं भी आपकी ही तरह कृषि कार्य करता हूँ। हृदयरूपी कृषि क्षेत्र पर मैं श्रद्धा के बीजवपन करता हूँ। उस पर तपश्चर्या की वृष्टि होती है। अपनी प्रज्ञा सम हल के पापरूपी मुठिका को पकड़ता हूँ। चित्त उन रस्सियों के समान है, जिन्हें मैं बड़े ही जतन से पकड़कर उत्साहरूपी बैल को संचालित करता हूँ। स्मृतिरूपी हल के फल को वाणी से संयमित कर, सत्य व अहिंसा के कृषियन्त्र से मनोदशारूपी खेत की गोड़ाई करता हूँ। मेरे लिये सन्तोष ही कृषि कार्य से अवकाश है।"

"इसलिए कृषक प्रधान! इस सत्य को जान लें कि बिना मानसिक खेती किये, भौतिक खेती सम्भव नहीं है। और इस खेती में हित सम्बन्ध अहिंसात्मक होने चाहिए।"

"मैं समझ गया भगवन्, मुझे क्षमा करें, मैंने आपको साधारण याचक समझने की भूल की भगवन्।" कहकर भारद्वाज मेरे चरणों में गिर पड़ा। मैंने उसे उठाते हुए कहा, "भन्ते! कार्य आप चाहे जो करें, परन्तु अहं प्रवृत्ति नहीं होनी चाहिए, क्योंकि वह उस कार्य का प्रतिफल पाने से विमुख कर देती है।"

"सत्य कहा भगवन् आपने, मैं कृषक प्रधान होने के कारण अहंकार से ग्रसित था, मेरे पास याचक आते हैं, मैं उनको दान देकर, प्रसन्न होता हूँ, परन्तु उसमें अहंकार मिश्रित होता है, आज आपने मेरी आँखें खोल दीं, मैं भविष्य में किसी याचक को ऐसी दृष्टि से नहीं देखूँगा।"

उसने फिर श्रद्धापूर्वक मुझे भिक्षा दिया। मैंने उसे आशीर्वाद दिया और मैं आगे बढ़ा।

जानते हो आनन्द! मनुष्य अपने अभीष्ट के लिए नीच कर्म पर भी उतर जाता है। यह उसकी प्रवृत्ति में है, जो सनातन काल से ऐसे ही जीवन जी रहा है। वर्तमान परिस्थितियों में यजन का बोलबाला हो गया था, साधारण लोग भी यह मान बैठे थे कि बिना पशुबलि के जीवन में सुख-सम्पदा का पदार्पण सम्भव नहीं है। बुद्धदेव ने देखा, एक व्यक्ति पशुबलि की पूर्ण तैयारी में है। वहाँ चार-पाँच की संख्या में लोग घेरे हुए हैं। एक भेड़ को यूप पर लगा दिया गया था। उसके माथे पर टीका तथा गले में पुष्पमाला थी। भेड़ को अपनी मृत्यु का आभास हो गया था, वह अपनी क्षमता भर, छटपटाते हुए, चिल्ला रहा था। वह व्यक्ति माथे पर तिलक लगाये पूर्ण उत्साह में था। उसके हाथ की असि चमक रही थी। उसने ज्यों ही भेड़ के गर्दन को लक्ष्य करके प्रहार करना चाहा, एक आवाज आयी, "ठहरो।"

वह व्यक्ति रुक गया, और आवाज की ओर देखा, जिधर से आयी थी। तो वह समझ गया कि इन्हीं श्रमणों में से किसी ने उसे रुकने के लिए आवाज दिया है।

मेरे समीप आते ही बोला, "कहिये महात्मन्।"

"यह हत्या तुम क्यों कर रहे हो!"

"यह हत्या नहीं है, महात्मन्, यह तो यज्ञीय विधि का एक अनुष्ठान मात्र है।"

"परन्तु यह अनुष्ठान तुम क्यों करना चाहते हो!"

"पुण्य अर्जन के लिए!"

"सिर्फ पुण्य!"

"नहीं, इससे पुण्य-लाभ के साथ सुख-सम्पदा प्राप्त होती है!"

"लेकिन जीवहत्या से पाप-संग्रह भी तो होता है!"

"यजन कार्य में पाप कहाँ, हम लोग तो वर्षों से ऐसे अनुष्ठान करते आ रहे हैं। वैदिक ज्ञाता इसे ईश्वर को प्रसन्न करने का कृत्य मानते हैं।"

"नहीं भाई, कुकृत्य से कभी ईश्वर प्रसन्न नहीं होते, यह एक रुढ़ि है, जिसमें मनुष्य अपना हित ढूँढ़ता है। ऐसे कार्य से ईश्वर प्रसन्न हो-न-हों, परन्तु तुम्हारे पाप कर्म, तुम्हारे पुण्य कर्मों के प्रभाव को कम कर देंगे।"

"यह आप कैसे कह सकते हैं महात्मन्!"

"अच्छा क्या तुम बता सकते हो किसी ऐसे व्यक्ति के बारे में जो पशुबलि से अपने घर में सुख-समृद्धि जुटा सका हो।"

वह कुछ देर के लिए सोच में पड़ गया, कोई उत्तर न पाकर बोला, "फिर परम्पराएँ।"

"परम्पराएँ गलत भी हो सकती हैं, जरा विचार करो कि जब छोटी-सी चोट तुम्हें कष्ट पहुँचाती है तो हत्या में होनेवाले कष्ट को किस मानक में आँक सकोगे।"

उसने असि एक तरफ फेंककर हाथ जोड़ लिया और विनीत भाव से बोला, "आप कौन हैं महात्मन्, आपने तो मेरी आँखें खोल दीं, अन्यथा परम्पराओं को ढोने में जाने कितना पाप-संग्रह करता।"

"लोग मुझे गौतम बुद्ध कहते हैं!"

वह चरणों में गिर पड़ा, "भगवन्! आप ही हैं, मैं तो आपको पहचान ही नहीं सका। आपके सत्कर्मों और उपदेशों की तो हवाएँ भी बहती हैं।"

मुझे लगा कि व्यक्ति कहीं भ्रमित तो नहीं कर रहा है, परन्तु उसने अगले ही क्षण 'नन्द और राहुल' के साथ घटी घटना को बताते हुए कहा कि कपिलवस्तु से आनेवाले यात्रीगण भी आपकी बहुत प्रशंसा करते हैं, आज मैंने अपनी आँखों से देख लिया, मैं आज से ऐसे पाप कर्मों से विरत होता हूँ, और भविष्य में किसी प्रकार की जीवहिंसा नहीं करूँगा, उन्हें स्वतन्त्रतापूर्वक पूर्ण जीवन जीने के लिए मुक्त रखूँगा।

"अच्छी बात है भन्ते! सिद्धान्तों को व्यवहार में लाना कल्याणकारी होता है। आप का कल्याण हो।"

कहकर मैं राजगृह की तरफ बढ़ा। राजगृह का परिदृश्य काफी-कुछ बदला हुआ दृष्टिगत होता था। मैंने शिष्यों सहित वेणुवन में आकर विश्राम किया। श्रद्धालु मुझसे मिलने आने लगे। नन्द उदास होकर सुन्दरी की याद में भिक्षुओं से अलग एक जगह बैठा रहा, चुपचाप मगर राहुल प्रसन्न था। वह भिक्षुओं से तरह-तरह की जिज्ञासा व्यक्त करता और उत्तर पाता। सारि और मौद्‌ग भी प्रसन्न थे। काश्यप बन्धुओं ने वेणुवन का समस्त दायित्व सम्हाल लिया था। भिक्षु संघ में उत्तरोत्तर वृद्धि होती रही। मेरा भिक्षुओं को निर्देश था कि वह अलग-अलग दिशाओं में भिक्षाटन करें।

एक दिन मैं नगर में भिक्षाटन करने निकला हुआ था। एक जगह मैंने देखा एक व्यक्ति गरीबों, याचकों को भोजन दान कर रहा था। मैं भी वहाँ चला गया। उसके मुख

पर प्रसन्नता थी। जब मैं वहाँ पहुँचा, उस व्यक्ति ने प्रसन्नतापूर्वक भिक्षा दिया। मैं उसे कल्याण हो, कहकर चलने को उद्यत हुआ तभी किसी की आवाज ने मुझे रुकने को विवश कर दिया।

"भगवन् ऽऽऽ!"

पलटकर देखा तो एक व्यक्ति तेज गति से मेरी तरफ चला आ रहा है।

"अरे भद्रक, तुम हो!" मैं उसे पहचान चुका था।

"हाँ भगवन्, मैं ही हूँ, मेरा दुर्भाग्य होता अगर आपके दर्शन नहीं कर पाता।"

"नहीं भद्रक ऐसा मत कहो, तुम लोग तो मेरे हृदय में बसते हो।"

"भगवन्, मेरे मित्र सुदत्त आये हुए हैं, वह श्रावस्ती के श्रेष्ठी हैं, गरीबों और याचकों को भोजन देना, उनका बचपन से गुण है। याचकों द्वारा दिया गया, अनाथपिण्डक नाम ही अब उनका असली नाम है। मैं बुलाता हूँ।"

"सुदत्त!" उसने हाथ के इशारे से बुलाया।

"सुदत्त! ये वही श्रमण हैं, जिनकी चर्चा मैं कल कर रहा था।"

इतना सुनते ही, सुदत्त मेरे कदमों में गिर पड़ा, "मुझे क्षमा करें भगवन्, मैं पहचान नहीं पाया।"

"उठो अनाथपिण्डक, मुझे भी तुम्हारा यह नाम प्यारा लगा, मैं भी तुम्हें इसी नाम से पुकारूँगा।"

वह हाथ जोड़कर खड़ा हो गया, "तुमने कोई गलती नहीं की अनाथपिण्डक। संसार के भूखे, याचकों को पिण्डपात कराना, अत्यन्त पुण्य का काम है। तुम्हारा यह मानवता के कल्याण का प्रयास जीवनपर्यन्त चलता रहे, ऐसा मैं तुम्हें आशीर्वाद देता हूँ।" मैंने कहा।

"भगवन्, इन्हें कुछ उपदेश प्राप्त हो जाये तो, इनका कल्याण हो जाये।" भद्रक बोला।

"हाँ भगवन्, मुझ पर कृपा करें!" अनाथपिण्डक बोला।

"ठीक है अनाथपिण्डक सुनो! गाँव में कोई निन्दा करे या स्तुति। तुम सबके लिए समान भाव रखो। क्रोध को मन में दबाकर रखो, शान्त तथा निरभिमानी बनो।"

"जिस इच्छा तथा लोभ में पड़कर सामान्य-जन नाना प्रकार के कष्ट उठाता है, तुम उसका त्याग करके, ऊपर उठो।"

"सावधान चित्तवाला बनो, परन्तु ज्यादा चिन्तन भी मत करो!"

"भगवन् एक निवेदन है!" अनाथपिण्डक ने हाथ जोड़कर कहा।

"कहो भन्ते!"

"भगवन्! मैं चाहता हूँ आप श्रावस्ती में पदार्पण करके उसे भी अपने उपदेशसिक्त वर्षा से अभिसिंचित करें। हमारे महाराज प्रसेनजित् तथा श्रावस्ती की प्रजा का भी मार्ग-दर्शन होना चाहिए।"

"अवश्य अनाथपिण्डक, तुम्हारी भावना का आदर करते हुए मैं निश्चय ही श्रावस्ती आऊँगा।"

"मैं धन्य हुआ भगवन्!" कहकर वह मेरे चरणों में गिर पड़ा। मैंने आशीर्वाद दिया और आगे बढ़ा गया।

मैं राजगृह नगर में ही था, तो लगा मेरे लौटने के बाद से राजगृह के साधारण स्त्री व पुरुष कुछ भयभीत हैं और आशंकित भी। स्त्रियाँ मुझे देखते ही भय से आँखें चुराकर अपने काम में लग जातीं, कुछ पुरुष भी सामूहिक रूप से बात करते पर मेरे आवागमन में रुचि नहीं लेते। ऐसी प्रतिक्रिया से जान-बूझकर अनभिज्ञ बना मैं भिक्षाटन कर लौट आया। जब कई दिन ऐसी ही स्थिति देखा तो विचार किया कि आखिर बात क्या है, क्यों राजगृह के लोग मुझसे कतराकर रहते हैं। स्त्रियाँ अपने पति व बच्चों को लेकर घर में चली जाती हैं। पुरुष मुझे दूर से देखते ही दूसरी दिशा में मुड़ जाते हैं। मुझे आशंका थी कि कहीं देवदत्त मेरे विरुद्ध कुछ दुष्प्रचार, मेरी अनुपस्थिति में तो नहीं कर दिया। परन्तु ऐसा नहीं था, मुझे तथा मेरे किसी शिष्य को भिक्षाटन के लिए उपेक्षा नहीं झेलनी पड़ी। इतना होने पर भी मुझमें स्नेह व आस्था रखनेवाले कम नहीं थे। कई दिन बाद पता चला कि राजगृह के जनमानस में कपिलवस्तुवाले राहुल और नन्द के प्रव्रजित होने का बुरा असर पड़ा है तो मुझे आश्चर्य के साथ हँसी भी आयी। खैर... इसके लिए मुझे कोई प्रयास नहीं करना पड़ा, क्योंकि मेरे शिष्यों ने ही राजगृह के लोगों की भ्रान्ति निकाल दी, जिसमें राहुल और नन्द भी थे। शुरू-शुरू में नन्द को संघ के नियम व अनुशासन अच्छे नहीं लगे। उसे सुन्दरी की स्मृतियों को भुलाना कठिन था। परन्तु दुर्लभ नहीं। वह भिक्षुओं के बीच में उपहास का पात्र भी बन गया। मैंने भिक्षुओं तथा नन्द को समझाया, उसे सांसारिक सत्य से अवगत कराया, तो उसके मन से मोहजनित बातें निकल गयीं। साधना में उसका चित्त स्थिर हो गया।

उस दिन मैं जब भिक्षुओं को उपदेश दे रहा था, जीवक आया। वह कुछ हड़बड़ाया हुआ और परेशान था।

"प्रणाम भगवन्!"

"कल्याण हो भन्ते! कहो कुमार जीवक कैसे हो?"

"ठीक हूँ भगवन्, आपके आगमन की सूचना मुझे मिल चुकी थी, परन्तु राजकीय कार्य से मैं बाहर गया हुआ था। आते ही एक दुःखद सूचना ने मन को अत्यन्त आहत कर दिया।"

"कैसी दुःखद सूचना जीवक?"

"भगवन्! महाराज बिम्बिसार की हत्या हो गयी है।"

"महाराज की हत्या!"

"हाँ भगवन्, वह अजातशत्रु की कैद में थे, जहाँ किसी ने उनकी हत्या कर दी!"

"ओह, यह तो वाकई दुःखद है। और अजातशत्रु?"

"भगवन्, वह विचित्र परिस्थिति में हैं!"

"वह क्या जीवक?"

"भगवन्, महाराज अजातशत्रु को पिछले कुछ महीने से अपने पिता के प्रति अपूर्व स्नेह उत्पन्न हो गया था। कैद में उनकी सुविधाएँ बढ़ा दी गयी थीं। मानसिक परिपक्वता से उन्हें पिता के साथ दुर्व्यवहार का आभास हो चुका था। अगले दिन ही उन्हें कैद से मुक्त करना चाहते थे कि अचानक ऐसी घटना घट गयी।"

"तो इसका मतलब, वह महाराज की हत्या में शामिल नहीं हैं।"

"यही तो आश्चर्य है भगवन्!"

"फिर कौन हो सकता है। महाराज का हत्यारा?"

"जो भी हो भगवन्, परन्तु महाराज अजातशत्रु तो स्वयं अपने पिता होने के आनन्द को व्यक्त करने के लिए, महाराजश्री के पास जा रहे थे।"

"पिता होने के आनन्द से क्या तात्पर्य है तुम्हारा?"

"भगवन् जिस समय महाराज बिम्बिसार की हत्या हुई, उसी समय महाराज अजातशत्रु को पुत्र-रत्न की प्राप्ति भी हुई। उस आनन्द को पिता के साथ मनाना चाहते थे। परन्तु अब तो यह सम्भव भी नहीं।"

"कुमार जीवक! बोया पेड़ बबूल का, तो आम कहाँ से खाय। समय परिवर्तनशील होता है जीवक, वह लौटकर प्रतिध्वनि देगा।" इतना कहकर मैं ध्यान शय्या पर विचार करने लगा।

●

धीरे-धीरे आनन्द जिज्ञासा, समर्पण, सेवा से बुद्धदेव के अत्यन्त निकट हो गया। वह परछाईं की तरह, उनकी सेवा में संलग्न होकर अत्यन्त प्रिय पात्र हो गया। बुद्धदेव कुछ दिन राजगृह के वेणुवन में रहे, परन्तु महाराज बिम्बिसार की हत्या ने उन्हें दुःख पहुँचाया, इसलिए वह शीघ्र ही कुछ शिष्यों को साथ लेकर श्रावस्ती की ओर चल पड़े।

जब अनाथपिण्डक को सूचना मिली कि बुद्धदेव श्रावस्ती के लिए प्रस्थान कर चुके हैं तो वह उनके लिए उत्तम प्रबन्ध में जुट गया। उसने नगर के अन्य प्रतिष्ठित श्रेष्ठियों से विचार-विमर्श किया। किसी ने सुझाया कि श्रेष्ठी कुमार जेत का वन बुद्धदेव के लिए अत्यन्त सुविधाजनक होगा। परन्तु जेत इसके लिए तैयार होंगे, यह कहना कठिन है।

इस पर श्रेष्ठी अनाथपिण्डक ने कहा, "मैं उनसे निवेदन करूँगा!"

अगले दिन जाकर उन्होंने श्रेष्ठी कुमार जेत से बातचीत की। कुशलोपरान्त अनाथपिण्डक ने अपना उद्देश्य सामने रखा, इस पर कुमार जेत ने अस्वीकार करते हुए कहा, "मैं ऐसे कार्यों में विश्वास नहीं करता।"

अनाथपिण्डक ने हाथ जोड़कर कहा, "भाई, बुद्धदेव के चरण पड़ने मात्र से आपकी वाटिका पवित्र हो जायेगी।"

जेत ने हँसकर कहा, "मेरी वाटिका ऐसे मूर्खतापूर्ण आयोजन से पवित्र नहीं होती। वह तो केवल कार्षापण से ही पवित्र होती है।"

"परन्तु यह धार्मिक आयोजन है बन्धु, आपको हमारी सहायता करनी चाहिए।" अनाथपिण्डक ने कहा।

"श्रेष्ठी अनाथपिण्डक, आपको धर्म में अपनी सम्पत्ति लुटाने का अधिकार है, पर मुझे इसमें रुचि नहीं। मैं तो हर कार्य का मूल्य लेता हूँ।"

"तो ठीक श्रेष्ठी जेत, आप अपनी वाटिका का मूल्य ही हमें बता दें।"

"सोच लीजिये, ऐसा न हो कि आपके वश का न रह जाये।"

"जेत को विश्वास था, जितना मूल्य मैं माँगूँगा, निश्चय ही श्रेष्ठी अनाथपिण्डक नहीं दे सकेंगे, और मैं श्रावस्ती का श्रेष्ठ, श्रेष्ठी हो जाऊँगा।"

"संकोच मत कीजिये, कुमार जेत, आप वाटिका का मूल्य निर्धारित कीजिये।" अनाथपिण्डक ने सोच में पड़ा देखकर कहा।

"तो ठीक है श्रेष्ठी अनाथपिण्डक, आप पूरी वाटिका की भूमि को स्वर्ण कार्षापण से बिछवा दें। कार्षापण मेरा, वाटिका आपकी।" कहकर जेत मुस्कराया।

अनाथपिण्डक उसी गम्भीरता से उठकर चलने को तैयार हुए और कहा, "श्रेष्ठी कुमार जेत! प्रातः हम वाटिका में मिलेंगे।"

प्रातः कुमार जेत की वाटिका में दर्जन-भर शकटों पर लदे स्वर्ण कार्षापण से युक्त विशाल मृद्भाण्ड उतरने लगे। कुमार जेत की धृष्टता की चर्चा नगर भर में हो गयी, जिसमें लागों के अपने-अपने विचार थे, परन्तु सर्वाधिक विचार अनाथपिण्डक के पक्ष में थे। क्रय-विक्रय के इस ऐतिहासिक खेल को देखने के लिए नगरश्रेष्ठियों की भीड़ लग गयी। यहाँ तक कि श्रावस्ती के गण्यमान्य नागरिक भी उपस्थित थे। लोगों को भारी आश्चर्य था कि ऐसा कौन श्रमण है, जिसके लिए श्रेष्ठी अनाथपिण्डक ने अपनी प्रतिष्ठा दाँव पर लगा दी।

अनाथपिण्डक वहाँ पूर्व से पहुँचे हुए थे, परन्तु जेत का कहीं अता-पता नहीं था। अनाथपिण्डक के सेवकों की एक टुकड़ी वहाँ उपस्थित थी। सब लोगों के मन में कौतूहल था। क्या कुमार जेत अपनी बात पर टिके रहेंगे, या अनाथपिण्डक कार्षापण के बदले जेत का वन ले सकेंगे। ऐसी बातों को लेकर भीड़ में शोर-गुल होने लगा। तभी श्रेष्ठी कुमार जेत वहाँ आये। एक दृष्टिपात इन मृद्भाण्डों में भरे कार्षापण पर डाले, हृदय की कुटिल मुस्कान अधरों पर दौड़ गयी। परन्तु अनाथपिण्डक उसी तरह शान्त बने रहे।

कुमार जेत ने पूछा, "श्रेष्ठी अनाथपिण्डक क्या आप तैयार हैं।"

"हाँ श्रेष्ठी कुमार जेत। आप कार्षापण बिछाने की अनुमति प्रदान करें।"

"अवश्य श्रेष्ठी अनाथपिण्डक, कार्षापण बिछाने का कार्य प्रारम्भ किया जाये।" कुमार जेत ने कहा।

श्रावस्ती के श्रेष्ठियों व नगरवासियों की आँखें फटी-की-फटी रह गयीं जब मृद्भाण्डों से स्वर्ण कार्षापण पलटे जाने लगे। अनाथपिण्डक के सेवक उत्साहपूर्वक कार्षापण बिछाते आगे बढ़ने लगे। वाटिका की परिधि अधिक थी। इसलिए तीन प्रहर बीतते-बीतते कार्षापण खत्म होने लगे। कुमार जेत मुस्कराया तथा श्रेष्ठी अनाथपिण्डक से स्पर्द्धा रखनेवाले श्रेष्ठी मन-ही-मन प्रसन्न होने लगे कि यह अनाथपिण्डक की सबसे बड़ी हार होगी। परन्तु अनाथपिण्डक ने बिना कुछ कहे अपने विश्वासपात्र साथी सेवक चालुक्य को बुलाकर कान में कुछ कहा और चालुक्य चुपचाप चला गया। इस घटना को अधिकांश लोगों ने नहीं देखा।

जेत ने ललकारा, "श्रेष्ठी अनाथपिण्डक! लगता है वाटिका दान देने का आपका संकल्प अधूरा रह जायेगा।"

"मैं ऐसे संकल्प नहीं लेता कुमार जेत, जो धार्मिक कार्य में बाधा बनते हों। आप कार्षापण तो बिछने दीजिये।" अनाथपिण्डक ने आश्वस्त किया।

कार्षापण बिछ रहे थे, अनाथपिण्डक के सेवक स्वेद से लथपथ थे। परन्तु वे जी-जान से अपने कार्य में लगे हुए थे। यह बात अब केवल श्रेष्ठियों के बीच की नहीं रही। बल्कि सामान्य नागरिक भी इस घटना को सुनते तो वे भागकर जेत के वन चले आते। इस तरह अब तक काफी भीड़-भाड़ हो गयी थी। काफी कोलाहल था। सामान्यजन अनाथपिण्डक के प्रति सहानुभूति रखते थे। वे सेवकों को उत्साहित करने लगे। सेवक भी श्रम-परिहार भूलकर कार्षापण बिछाने में लगे हुए थे। तभी चालुक्य शकटों पर लादकर दर्जन-भर मृद्भाण्ड पुनः ले आया। शिथिल हो रहे सेवकों में पुनः उत्साह आ गया। वे और उत्साह से कार्षापण बिछाने लगे। सूर्यास्त नजदीक था। अभी काफी हिस्सा बिछाना रह गया था। दुबारा आ गये मृद्भाण्डों को देखकर कुमार जेत की कुटिल मुस्कान गायब हो गयी। वे जान चुके थे कि इन मृद्भाण्डों के कार्षापण वाटिका में बिछाने के बाद भी शेष बचेंगे। सेवकों ने कार्षापण बिछाने का कार्य पूरा किया, अनाथपिण्डक की जयकार होने लगी। कुमार जेत ने अपने सूख चुके होंठों पर जीभ फेरी, और धम्म से वहीं बैठ गया। वाटिका उनके हाथ से निकल चुकी थी। वे निराश थे, वाटिका पर बिछे स्वर्ण कार्षापण भी उन्हें आकर्षित नहीं कर पा रहे थे। तभी किसी ने कुमार जेत के कन्धे पर हाथ रखा। पलटकर देखा तो अनाथपिण्डक खड़े थे। वे मुस्कराते हुए बोले, "कुमार जेत! मैंने आपकी मन्शा के विपरीत स्वर्ण कार्षापण बिछाकर आपका फूलों-फलों से आच्छादित वन क्रय कर लिया है।"

कुमार जेत ने सिर झुका लिया। अनाथपिण्डक ने आगे कहा, "मैं इस बात को जानता था कुमार कि आप मुझसे श्रेष्ठ श्रेष्ठी बनने के लिए ऐसा कर रहे थे। यह जानते हुए भी मैंने यह कठोर निर्णय लिया।"

कुमार जेत की आँखें भर आयीं, वे हाथ जोड़कर अनाथपिण्डक से क्षमा माँगने लगे।

अनाथपिण्डक ने जेत को गले लगाते हुए कहा, "जेत! आपकी वाटिका भले ही मैंने क्रय कर लिया है, परन्तु यह आपके ही नाम से जानी जायेगी, लोग इसे जेतवन ही कहकर पुकारेंगे।"

कुमार जेत ने अनाथपिण्डक की ओर कृतज्ञ भाव से देखा और पैरों में गिर गया, अनाथपिण्डक ने गले लगा लिया। उपस्थित जनसमुदाय पुनः जयकार कर उठा।

श्रेष्ठी अनाथपिण्डक ने घोषणा की, "कल से इस वाटिका में भगवन् के विश्राम के लिए विहार का निर्माण कार्य शुरू होगा, जो श्रमदान का आकांक्षी हो वह यहाँ आ सकता है।"

बुद्धदेव यह प्रसंग सुना ही रहे थे कि उन्हें तेज खाँसी आ गयी। वे परेशान हो उठे। खाँसी के कारण श्वास भी तेज हो गयी। आनन्द शीघ्रता से कहीं जाकर जल ले आया। जल पीने के बाद बुद्धदेव वहीं लेट गये। आनन्द पंखा झलने लगा। अन्य भिक्षु भगवन् के स्वास्थ्य को लेकर चिन्तित हो उठे। आनन्द ने बुद्धदेव के शरीर को स्पर्श किया तो चौंक उठा। उन्हें तीव्र ज्वर था। आनन्द ने भिक्षुओं से कहा, "भन्ते! भगवन् को तीव्र ज्वर है, आप लोग यहीं विश्राम करें। जब तक भगवन् स्वस्थ नहीं होंगे, हम आगे की यात्रा स्थगित रखेंगे।"

आनन्द ने भगवन् की सेवा की। उन्हें जीवक द्वारा बताये गये, कुछ वनस्पतियों के अर्क का काढ़ा बनाकर पिलाया। तीसरे दिन बुद्धदेव को ज्वर से मुक्ति मिली। आनन्द ने राहत की साँस ली और भगवन् से बोला, "देव! अचानक आपके अस्वस्थ होने से हम सभी भयभीत हो गये थे।"

बुद्धदेव ने कहा, "आनन्द! तुम मेरे अत्यन्त प्रिय हो, तुम्हारी प्रीति मुझ पर ज्यादा रहती है, इसलिए शीघ्र भयभीत हो जाते हो। आनन्द, इस नश्वर शरीर की चिन्ता छोड़ दो, अब तो यह अवसान पर है, परन्तु अपने भक्तों को दर्शन दे उन्हें निर्देशित करके ही शरीर त्याग करूँगा, अभी समय है।"

"भगवन्! शरीर नाश से बढ़कर, संसार में कोई दूसरा कटु सत्य नहीं है। हम सब-कुछ जानते-समझते हुए भी इस सत्य को स्वीकारना नहीं चाहते।" आनन्द बोला।

"यही तो मानवीय कमजोरी है आनन्द, इसे अपने ऊपर प्रभावी मत होने दो।"

"भगवन्! ज्यों-ज्यों आपके निर्वाण का समय नजदीक आ रहा है, मेरे चित्त की अस्थिरता बढ़ती जा रही है।"

"आनन्द! चित्त को अस्थिर कर उद्देश्य-प्राप्ति नहीं की जा सकती, सावधान हो जाओ, और निर्वाण से पूर्व मेरे उद्देश्यों तक पहुँचने में, मुझे सहयोग दो।"

"जो आज्ञा भगवन्!" कहकर आनन्द ने बुद्धदेव के चरणों में प्रणाम किया।

बुद्धदेव को ज्वर मुक्त प्रसन्न देखकर आनन्द ने कहा!

"भगवन्! आज आपको प्रसन्नचित्त देखकर मन शान्त हुआ।"

बुद्धदेव ने आनन्द के कन्धे पर हाथ रखते हुए कहा, "आओ चलें।"

चलते-चलते आनन्द ने बुद्धदेव से पूछा, "भगवन्! सुना था, महारानी क्षेमा रूपगर्विता थीं।"

"रूपगर्विता!" वह हँस पड़े।

"क्या हुआ देव! यह हँसी, कहीं मेरा प्रश्न तो अनुचित नहीं है।"

"नहीं-नहीं आनन्द, तुम्हारा प्रश्न सर्वथा उचित है, परन्तु!"

"परन्तु क्या भगवन्?"

''सांसारिक भोग-लिप्सा में संलग्न व्यक्ति, भौतिक जीवन की नश्वरता को स्थायी जीवन मान बैठता है। महारानी क्षेमा को भी ऐसा ही भ्रम था।''

''फिर क्या हुआ भगवन्!'' आनन्द ने मार्ग में आ गये, एक पत्थर से बचकर चलते हुए पूछा।

''मैं राजगृह प्रथम बार आया हुआ था। महाराज बिम्बिसार मुझसे मिलने के बाद, अत्यधिक प्रभावित थे। वे भौतिक जीवन की वैविध्यता से स्वयं को अलग कर, केवल राजसी दायित्व का पालन कर रहे थे। शायद मेरे उपदेशों का प्रभाव था, जो उन्हें मानसिक व शारीरिक व्याधियों से दूर ले गयी। जीवक बताता था, इस बात की चर्चा वे प्रायः करते थे।''

''फिर देव!''

''एक दिन अकस्मात् वे महारानी क्षेमा से मेरे बारे में चर्चा कर बैठे और उन्हें मेरे उपदेश भी सुनाये। महारानी क्षेमा को भौतिक सुख अत्यन्त प्रिय था। वह अत्यन्त रूपवती थीं। उन्हें अपने सौन्दर्य की प्रशंसा सुनना अत्यधिक प्रिय था। मेरा सारा उपदेश आन्तरिक सौन्दर्य पर होता था, बाह्य सौन्दर्य को मैं सारहीन तथा नश्वर मानता था। इसी विरोधाभास के कारण वे महाराज बिम्बिसार से भी सहमत नहीं थीं। एक कुण्ठा मेरे सन्दर्भ में महारानी क्षेमा के हृदय में जन्म ले चुकी थी। यही कारण था कि जब मैं राजगृह में रहते हुए, महाराज के आमन्त्रण पर राजमहल पहुँचा तो क्षेमा दिखायी नहीं पड़ी। यहाँ तक कि वेणुवन के दान देते समय भी क्षेमा का अनुपस्थित रहना, उसकी कुण्ठा का ही परिणाम था। उसे लगता था मैं सौन्दर्य विरोधी हूँ।''

''सत्य तो यह है आनन्द, कि बाह्य सुन्दरता नश्वर है, आन्तरिक सुन्दरता, तुम्हें संसार में डूबने से बचा लेती है, परन्तु क्षेमा के लिए यह सह्य नहीं था, वह मानती थी कि जो व्यक्ति रूपनिन्दक है, उसका दर्शन सर्वथा त्याज्य है। यद्यपि इस सन्दर्भ में महाराज ने महारानी को समझाने का प्रयत्न किया कि तुम्हारी तथागत के बारे में अवधारणा गलत है। तुम एक बार तथागत के दर्शन कर लो, तुम्हारा मिथ्या भ्रम छूट जायेगा। परन्तु क्षेमा ने अस्वीकार कर दिया।''

''फिर क्या हुआ देव!'' आनन्द ने पूछा।

''महाराज को मेरे प्रति अगाध श्रद्धा थी। वह चाहते थे कि क्षेमा के मन में प्रतिष्ठित दर्प का दलन हो जाये, इसलिए उन्होंने संगीतकारों को बुलाकर निर्देशित किया कि वे वेणुवन की सुन्दरता का मोहक गान क्षेमा के समक्ष प्रस्तुत करें। महाराज का प्रयास सफल रहा। संगीतकारों ने जब वेणुवन के सौन्दर्य का वर्णन किया तो क्षेमा वेणुवन जाने को तैयार हो गयी।''

''क्षेमा वेणुवन आयी! रूपगर्विता क्षेमा जिसे अभिमान था कि जो भी उसे देखता है, देखता रह जाता है। उसकी तरुणाई उसे विवश करती थी अहंकार करने के लिए। वह रथ से उतरकर मदमस्त हथिनी की तरह मेरे समीप आयी। मैंने उसे देखा और अन्य

भिक्षु से बात करने लगा। क्षेमा को इसमें अत्यधिक अपमान लगा। उसे लगा कि शायद अब तक किसी ने इतनी उपेक्षा नहीं की थी। वह लौट गयी उलटे पाँव, मारे क्रोध के बिना कुछ खाये-पिये रोती रही और मुझे कोसती रही। वह मुझसे भी अपने सौन्दर्य की प्रशंसा चाहती थी। परन्तु यह कैसे सम्भव था। मैं किसी को जान-बूझकर विष पीने के लिए कैसे विवश कर सकता था।''

"फिर देव?'' आनन्द ने जिज्ञासा व्यक्त की।

"क्षेमा रोते-बिलखते, अभिमान करते सो गयी। वेणुवन से आने के उपरान्त किसी से मिलना उचित नहीं समझा, यहाँ तक कि महाराज भी उलटे पाँव लौट गये। क्षेमा को स्वप्न दर्शन हुआ। उसने देखा कि मैं वेणुवन में ध्यान मुद्रा में बैठा हुआ हूँ। एक अपूर्व सुन्दरी सेवा में संलग्न हो, चँवर डुला रही है। परन्तु शनैः-शनैः उसका रूप-परिवर्तन हो रहा है। उस सुन्दरी के सौन्दर्य की तुलना में क्षेमा का सौन्दर्य कुछ नहीं था। वह अपलक उस सुन्दरी के रूप को देख रही है। अचानक उसके चेहरे पर झुर्रियाँ दिखायी पड़ने लगीं। उसके दाँत टूट गये। बाल सन की तरह सफेद हो गये। वह लाठी ले चुकी है। उसकी कमर झुक गयी है। उसका चल पाना कठिन है। वह लड़खड़ाकर गिर गयी। उसके शरीर पर मक्खियाँ भिनभिना रही हैं। अरे...अरे... यह क्या उसके प्राण पखेरू उड़ गये।''

"क्षेमा की नींद खुल गयी। वह पसीने से लथपथ हो गयी थी। वह व्याकुल हो उठीं। वह शय्या से उतरकर चहलकदमी करने लगी। उसने वातायन से झाँककर देखा। प्रभात होने में एक प्रहर बाकी था। यह एक-एक क्षण एक-एक युग के समान था। वह आकर पुनः शय्या पर बैठ गयी। बुद्धदेव ने मेरी उपेक्षा क्यों की। क्यों मुँह फेर लिया। मेरे रूप की प्रशंसा करनेवालों की जिह्वा नहीं थकती। यह मैं क्या सोच रही हूँ, क्यों सोच रही हूँ। बुद्धदेव तो भौतिक जीवन को निस्सार समझते हैं। क्या स्त्री को अपने सौन्दर्य पर मुग्ध होना अपराध है। मैं कोई साधारण रानी थोड़े हूँ। मैं तो सम्राज्ञी हूँ। परन्तु यह स्वप्न क्या था। इतना भयावह। उसने अपने चेहरे को छुआ। सब-कुछ सही था। मुँह पर स्वेद कनिका उभरी हुई थी। उसने स्वेद पोंछा और दर्पण के समक्ष जाकर खड़ी हो गयी। उसने बारी-बारी से हाथ, मुँह, बाल पूरा शरीर ही ध्यान से देखा। कितना सौन्दर्य है मेरे पास। शायद मुझसे सुन्दर कोई है ही नहीं। क्षेमा ने देखा उसके चेहरे का सौन्दर्य नष्ट हो रहा है। बाल पक गये, कमर झुक गयी, दाँत टूट गये। वह चीखकर दर्पण के सामने से हट गयी। आँख बन्द कर लगी काँपने।'' दासियाँ दौड़कर आयीं, "क्या हुआ महारानी।''

मारे घबराहट के क्षेमा कुछ कह नहीं पायी, केवल संकेत से दर्पण की ओर दिखा दिया।

"क्या कोई स्वप्न था महारानी।'' दासी ने पूछा।

"हाँ किसा, बड़ा ही भयानक स्वप्न था, मैं तथागत बुद्ध के दर्शन करना चाहती हूँ।"

"अवश्य महारानी, परन्तु अभी प्रभात होने में कुछ समय शेष है।" दासी ने बताया।

"तो ठीक है किसा, तुम रथ तैयार करवाओ, मैं स्नान करके आती हूँ। हम प्रभात होने तक तथागत के समीप होना चाहती हैं।"

"जो आज्ञा महारानी!"

कहकर किसा वापस चली गयी। अन्य दासियाँ भी महारानी की सेवा में लग गयीं। मैं अभी चक्रमण कर रहा था, यह मेरे ध्यान से पूर्व का नियम था। तभी एक रथ आकर रुका, मैंने देखा महारानी क्षेमा आ रही हैं तो कुछ आश्चर्य हुआ। उन्होंने आते ही प्रणाम किया। मैं पास में ही एक शिला पर बैठ गया, जो मेरा ध्यान आसन हुआ करता था।

"कहो महारानी क्षेमा, आप तो कल भी आयी थीं, और चली गयीं।"

"हाँ भगवन्! कल आपके पास रूपगर्विता क्षेमा आयी थी, आज केवल क्षेमा है। मेरे मन में अपने स्वप्न को लेकर विविध प्रकार की दुश्चिन्ता है।"

"कैसी दुश्चिन्ता।"

"भगवन्, कल जब मैं यहाँ आयी थी, तो वेणुवन के आकर्षण में बँधी थी। मेरे मन में आपके प्रति कोई विशेष श्रद्धा नहीं थी। परन्तु इस बात का आक्रोश था कि आप शरीर की नश्वरता की बात करते हैं, आपके उपदेश हमें भौतिकता से दूर ले जाते हैं, ऐसा महाराज की बातों से लगता है।"

"और तुम्हारी दुश्चिन्ता?" मैंने पूछा।

"भगवन्, यहाँ से जाने के बाद मुझे आप पर क्रोध आया था, जिस रूप सम्राज्ञी क्षेमा के सौन्दर्य को लोग मन्त्रमुग्ध हो देखते रह जाते हैं, उसे देखते ही आपने मुँह फेर लिया। ऐसे संवेदनहीन, नीरस तपस्वी की बात क्या सुनना, मेरे पूर्व के आक्रोश को बल मिला, जैसे अग्नि को घी का सान्निध्य मिल गया हो। मैं क्रोध में जलती वापस चली गयी, बिना खाये-पिये मैं सो गयी।"

"फिर!"

"फिर मैंने रात्रि में एक भयावह स्वप्न देखा, आप ध्यान शय्या पर सोये हैं, एक अप्सरा आपकी सेवा में संलग्न है, जो मुझसे भी अधिक रूपवती है। फिर अचानक वह बूढ़ी होने लगी, और रुग्ण होकर मृत्यु को प्राप्त हुई। इस भयावहता में मैं घबड़ा गयी, और आपके पास आयी हूँ।" क्षेमा हाथ जोड़कर बोली।

"क्षेमा! तुम क्या समझती हो? यह तुम्हारा रूप चिरस्थायी रहेगा। अरे सम्राज्ञी, जब यह शरीर ही नाशवान् है, तो रूप कैसे स्थायी रह सकेगा। हाड़-मांस, रक्त, वीर्य

से निर्मित इस शरीर की जो गति आपने स्वप्न में देखी है, वही शाश्वत सत्य है, और यह सत्य किसी अन्य का नहीं है, बल्कि स्वप्न में स्वयं को देखा है, वह अप्सरा कोई और नहीं बल्कि स्वयं तुम थी।''

''मैं भगवन्!'' वह चौंकी।

''हाँ, महारानी तुम स्वयं को इस भौतिक सत्य से पृथक् कैसे कर सकती हो। तुम अगर चाहती हो, तुम्हारा सौन्दर्य सदा निखरता रहे, कभी जीर्णता को प्राप्त नहीं हो, लोग रूप सम्राज्ञी क्षेमा की चर्चा सदा करें तो तुम्हें बाह्य रूप-सज्जा के बजाय, आन्तरिक रूप-सज्जा करनी पड़ेगी तुम्हें मेरे उपदेश भले भयावह लगते हों, परन्तु संसार की क्षणभंगुरता के शाश्वत सत्य को पहचानना होगा, आन्तरिक सौन्दर्य के निखरने के बाद तुम्हें किसी प्रकार का भय नहीं सतायेगा। कभी रूप का लोभ नहीं होगा।''

''मुझे क्या करना होगा देव?''

''तुम्हें विपस्सना सिद्ध करनी पड़ेगी, यह ऐसी साधना है, जिसके बल पर तुम आन्तरिक सज्जा कर सकती हो।''

''मैं समझ गयी देव!''

''तुम अभी से विपस्सना शुरू कर दो!''

''जैसी आज्ञा!'' वह चरणों में झुक गयी। उसका गर्व नष्ट हो चुका था। वह लौटी तो उसके मन की उद्विग्नता नष्ट हो गयी थी। वह शान्त थी।

•

अनाथपिण्डक के प्रयास से शीघ्र ही जेतवन में विशाल प्रासाद खड़ा हो गया। उसकी भव्यता लोगों को आकर्षित करती थी। अब इन्तजार था तो केवल बुद्धदेव का। जो मार्ग में भटके हुए लोगों को उपदेश करते चले आ रहे थे। अब अनाथपिण्डक व्याकुल हो चला था। उसे केवल यह धुन थी कि कब बुद्धदेव यहाँ आयेंगे। उन्होंने मुझसे वादा किया है, वह झूठा नहीं हो सकता। उसकी व्याकुलता देखकर अनाथपिण्डक से जलनेवाले श्रेष्ठी उपहास भी उड़ाते, परन्तु अनाथपिण्डक का विश्वास हिमालय की तरह अडिग था।

एक दिन अनाथपिण्डक गरीबों को पिण्डपात कराकर स्वयं भोजन करने बैठे ही थे कि सूचना मिली कि बुद्धदेव श्रावस्ती के नगर में पधार चुके हैं। उसके हर्ष की सीमा नहीं रही, तत्क्षण ही हस्त-प्रक्षालन कर अगवानी के लिए चल पड़े। पत्नी, बच्चों को बताया, नौकर-चाकर, इष्ट-मित्र, सगे-सम्बन्धी, नगरवासी जो मिलता उससे कहते, ‘‘बुद्धदेव आ गये, जेतवन पहुँचो।’’

वह बुद्धदेव को देखते ही चरणों में गिर पड़े।

‘‘भगवन्! मुझ अनाथ पर बड़ी कृपा की।’’

‘‘अनाथपिण्डक, मैंने तुमसे वादा किया था। भला कैसे भूल जाता।’’ बुद्धदेव मुस्कराते हुए बोले।

‘‘पधारें भगवन्! जेतवन का यह प्रासाद आपकी प्रतीक्षा में है।’’ अनाथपिण्डक ने कहा।

बुद्धदेव की अगवानी में अनाथपिण्डक का पूरा परिवार था। नगरश्रेष्ठी, गण्यमान्य नागरिक आदि विशाल जनसमूह बुद्धदेव के दर्शन हेतु उमड़ पड़ा था। बुद्धदेव ने सबको हाथ उठाकर आशीर्वाद दिया और जेतवन के प्रांगण में बैठने को कहा।

सभी लोगों ने उचित स्थान ग्रहण किया।

अनाथपिण्डक ने हाथ जोड़कर निवेदन किया।

"भगवन्!"

"कहो अनाथपिण्डक!"

"भगवन्, यह जेतवन और प्रासाद आपके निमित्त, निर्मित किया गया है। इस पर आपका अधिकार है, इस वन को मैं पूरी श्रद्धा के साथ आपको दान करता हूँ। और हमारी इच्छा है कि आप सदा इस प्रासाद में निवास करें।"

"यह सम्भव नहीं है, अनाथपिण्डक। मैंने संसार की दुःख निवृत्ति का संकल्प लिया है अतः मुझे भ्रमण करना ही है। हाँ, कोई-कोई वर्षावास यहाँ करता रहूँगा।" बुद्धदेव ने कहा।

"हम कृतार्थ हुए देव, भगवन्! आपका वर्षावास प्रवास श्रावस्तीवासियों के लिए सौभाग्य की बात है।" कहकर अनाथपिण्डक ने चरण छूकर प्रणाम किया। उपस्थित लोग बुद्धदेव का आशीर्वाद ग्रहण करने लगे। बुद्धदेव ने भिक्षुओं को सम्बोधित करते हुए कहा, "प्रिय भिक्षुओ, वर्षाकाल में हम लोगों के जगह-जगह भटकने में अनजाने में हिंसा हो जाती है, जो हम सबके लिए क्षम्य नहीं है। इस दौरान हम यदि किसी एक जगह प्रवास करें तो छोटे-मोटे कीट-पतंगों की भी हमसे हिंसा नहीं होगी अगर हम ऐसा कर पाते हैं तो किसी को दुःख पहुँचाने के पाप से मुक्त हो सकेंगे, इसलिए भिक्षुओ, आज से मैं वर्षावास प्रासाद में व्यतीत करने का मार्ग प्रशस्त करता हूँ।" भीड़ दर्शन कर जाने लगी, लेकिन अनाथपिण्डक वहीं बैठे रह गये। उपदेश का लोभ संवरण करना उनके लिए कठिन था। वहाँ मैंने कई दिन बिताये। वहाँ भी मेरी दिनचर्या यही थी। सुबह भ्रमण, उपदेश, भिक्षाटन तथा शाम को मुझसे मिलनेवाले लोगों से विचार-विमर्श तथा उपदेश।

श्रावस्ती के महाराज प्रसेनजित् को जब पता चला कि आजकल मैं जेतवन में ठहरा हुआ हूँ, तो वह स्वयं को रोक नहीं पाये, और श्रद्धा सहित मेरे पास आये। उस समय अनाथपिण्डक मेरे समीप थे।

"प्रणाम भगवन्!"

"आशीर्वाद!" मैंने उन्हें हाथ उठाकर कल्याण का आशीर्वाद दिया।

"भगवन्! आपका श्रावस्ती आना तथा यहाँ प्रवास करना, श्रावस्तीवासियों के ऊपर असीम अनुकम्पा बरसाने जैसी है। भगवन्! आपके उपदेश की अमृत वर्षा अगर मेरे ऊपर हो जाये तो मेरा जीवन धन्य हो जाये।"

"महाराज, मनुष्य को अपने आचरण में सिद्धान्तों को उतारना चाहिए। इससे आत्मबल मिलता है। जीवन की जटिलताओं को प्रेमरूपी अस्त्र से ही समाप्त किया जा सकता है। प्रेम जीवन का आधार है, परन्तु प्रेम के वशीभूत होकर मनुष्य को आकर्षण, भेद-भाव और पूर्वाग्रह नहीं रखना चाहिए। हमारा प्रेम करुणा और मैत्री पर आधारित होना चाहिए। मैत्री गुण दूसरों को हर्षित करता है। करुणा से दूसरों की दुःख

निवृत्ति सम्भव होती है। मैत्री और करुणा द्वारा जीवन में शान्ति, उल्लास और सन्तोष होता है।"

"मैं धन्य हुआ भगवन्! मेरा जीवन आज सार्थक हो गया। अब से पूर्व मेरा जीवन लक्ष्यविहीन था, मैं अपनी प्रजा को करुणा और मैत्री के सिद्धान्तों पर सुखी करने का प्रयत्न करूँगा।"

महाराजा प्रसेनजित् आत्मविभोर हो उठे। उनकी आँखों से अश्रु छलक उठे। वह देर तक पास बैठे रहे, अपनी जिज्ञासा-भरे प्रश्न पूछते रहे, फिर सन्तुष्ट होकर श्रद्धा सहित चले गये। मैंने ध्यान शय्या पर लेटकर आँखें बन्द कर लिया। आनन्द पाँव दबाने लगा। अनाथपिण्डक उठकर भिक्षुओं की अन्य व्यवस्था में लग गये। जेतवन में रहते हुए कई दिन बीत गये थे। एक दिन मैं नगर में भिक्षाटन कर रहा था। लोगों नें मुझे भिक्षा देने को लेकर उत्साह होता था। तभी एक पागल स्त्री को पत्थर लेकर लोगों को दौड़ाते देखा। उसके शरीर के कपड़े जीर्ण-शीर्ण हो चुके थे। उसके अंग-प्रत्यंग दिखायी पड़ रहे थे। इस बात से अनभिज्ञ वह लोगों को पत्थर मारने और गरियाने में व्यस्त थी। कुछ कामुक लोग फटे वस्त्रों में झलक रहे उसके अंगों को निहारने में व्यस्त थे। कुछ सहानुभूति की बात कर बेचारी, अबला और भाग्य की मारी सम्बोधनों से आपस में बात कर रहे थे।

"यह कौन है भाई?" मैंने पूछा।

"भगवन्! यह पागल स्त्री पटाचारा है। एक दैवीय आपदा में इसका पूरा परिवार मृत्यु के मुख में चला गया। इसने एक साथ अपने पूरे कुनबे की लाश देखी है, इसी का बुरा असर मस्तिष्क पर पड़ा है, और यह पागल हो गयी।" एक नगरवासी ने बताया।

मेरी दृष्टि पुनः पटाचारा की ओर गयी। वह उसी तरह लोगों को दौड़ा रही थी। अचानक वह मुड़ी और हमारी तरफ आने लगी। लोगों ने कहा, "भगवन्! आप हट जाइये, पगली पत्थर मार देगी।" मैं भागने के लिए तैयार नहीं हुआ। मेरे मन में पटाचारा के प्रति करुणा का भाव जाग उठा। मैंने कहा, "रुक जा बहन।"

उसके पाँव ठिठक गये। हाथ में पत्थर लिये जड़वत् मुझे निहारने लगी। मैं अपने चीवर को पटाचारा के जीर्ण-शीर्ण कपड़े में झाँकते शरीर पर डाल दिया। उसके हाथ से पत्थर गिर गया। वह चीवर ओढ़कर वहीं बैठ गयी। जब मैंने उसके सिर पर हाथ रखकर कहा—"बहन चिन्ता मत करो, सब-कुछ ठीक हो जायेगा।" उसका हृदय स्मृतियों की भावना से आप्लावित हो फूट पड़ा। वह दहाड़ मारकर रो पड़ी।

मैंने कहा, "पटाचारा मैं जानता हूँ, प्रकृति ने तुम्हारे साथ बड़ा क्रूर खेल खेला है। परन्तु तुम दुःखी मत हो क्योंकि यह तो उन सबके प्रारब्ध थे। इसमें तुम्हारा कोई दोष नहीं।"

पटाचारा सुबकती रही। मैंने आगे कहा—"बहन! तुम तो मात्र निमित्त हो। यह सांसारिक बन्धनों का दुःख है। उन बन्धनों से मुक्त होकर भी, तुमने उन बन्धनों को ओढ़ रखा है, जो तुम्हें दुःख पहुँचा रहे हैं।"

"मुझे बार-बार बहन का सम्बोधन देनेवाले, सात्त्विक हृदय के श्रमण आप कौन हैं। मैंने तो इस क्रूर समाज की कुदृष्टि से बचने के लिए ऐसी दशा बनायी थी। परन्तु प्रथम बार किसी पागल युवती के लिए बहन सम्बोधन सुना तो पाँव ठिठक गये।" पटाचारा पहली बार बोली।

"मैं गौतम बुद्ध हूँ। मैंने संसार से दुःख निवृत्ति का संकल्प लिया है। तुम सांसारिक बन्धनों का यह अभिशप्त जीवन त्याग दो। और मेरे धर्म में भिक्षुणी बनकर संसार के लिए प्रेरणा बनो, अर्हत् प्राप्त कर दुःख मुक्ति का मार्ग स्वयं के लिए खोल दो।"

"जैसी आज्ञा भगवन्!". उस दिन के बाद पटाचारा ने साधना कर नये जीवन में प्रवेश किया।

मैं श्रावस्ती में कुछ दिन रहा। मुझे सूचना मिली कि शाक्य और कोलीय आपस में रोहिणी नदी के जल को लेकर युद्ध की स्थिति में आ गये हैं। यह जल विवाद राज्य सीमाओं को लेकर था। कपिलवस्तु और मगध के राजगृह की सीमा से लगी इस नदी को लेकर आधिपत्य की लड़ाई में मुझे बड़ी भूमिका निभानी पड़ी। दोनों पक्षों के नेतृत्व कर्त्ताओं को बुलाकर समझाया। बहुत कहा-सुनी के बाद वे मान गये। एक खूनी संघर्ष टल गया। मुझे प्रसन्नता थी, क्षुद्र स्वार्थों की एक टकराहट को रोक पाया। जल तो मनुष्य के लिए प्राकृतिक उपहार है। जीवन है। यह टकराहट निरर्थक थी। मेरे समझाने का असर पड़ा, वे दोनों प्रसन्नता से लौट गये। मैं वैशाली चला आया। वहाँ मैं आम्रवन में ठहरा। मेरी ख्याति चतुर्दिक् फैल चुकी थी। मैं जिधर जाता, जहाँ जाता लोग मुझसे मिलने के लिए व्याकुल हो उठते। वैशाली के तमाम गण्यमान्य नागरिक, सामान्यजन आम्रवन में मुझसे मिलने आते। उपदेश सुनते और अपने दुःखों से मुक्ति पाते।

वैशाली के लिए आम्रपाली एक ऐसा नाम था जो सौन्दर्य सम्राज्ञी थी। उसके सौन्दर्य एवं काम-कला की विशेषता की चर्चा वैशाली के अलावा अन्य नगरों में थी। रसिक लोग अपना समस्त वैभव देकर भी आम्रपाली का सान्निध्य पाना चाहते थे। पर यह सम्भव नहीं था। क्योंकि वह नगरवधू थी। परन्तु वह नृप से लेकर सामान्यजन तक के हृदय में वास करती थी। आम्रपाली की एक झलक पाने के लिए रसिकगण मीलों उसके रथ के पीछे दौड़ते थे। कभी-कभी आम्रपाली भी रथ पर लगे परदे को हटाकर, एक मादक मुस्कान के साथ बंकिम दृष्टि डालती या फिर हँस देती। उसकी स्वच्छन्द हँसी के बीच मोतियों जैसे चमकते दाँत देखकर रसिक अपने को धन्य समझते। नगर- वधू भी मर्यादित आचरण करती थी। वह बिना मूल्य लिये अपना शरीर

किसी को नहीं सौंपती थी। और यह सौभाग्य हर किसी को प्राप्त नहीं होता था। ज्यादातर ऐसे सौभाग्य के क्षण राजपुरुषों को ही प्राप्त होते थे। आम्रपाली तो राजमहिषी जैसा अधिकार रखती थी। उसे सामान्य रसिकजनों से कोई लेना-देना नहीं था। वे तो केवल वृहद् राजकीय नृत्य प्रदर्शन पर ही देख पाते थे। आम्रपाली को छोड़कर अन्य नगरवधुएँ भी जो इस पेशे में काफी ख्याति व धनोपार्जन कर रही थीं, वे नगरश्रेष्ठी व अन्य रसिक जनों की अंकशायनी बनी थीं। परन्तु नगरवधू के श्रेष्ठ पद की स्पर्द्धा में जाने कितनी तरुणियों को अपने नृत्य कौशल से पीछे छोड़कर यह प्रतिष्ठा प्राप्त की थी। इसलिए उसे धन-वैभव की कमी नहीं थी। ऐश्वर्य-भरा जीवन था, दास-दासियाँ उसके इशारे पर नाचते थे।

"परन्तु भगवन्!" इतना कहकर आनन्द संकोच से चुप हो गया।

"कहो आनन्द! क्या पूछना चाहते हो?"

"भगवन्, तो क्या नगरवधू भी सामान्य स्त्री-सी प्रतिष्ठित होती थी।"

"वह प्रतिष्ठित तो होती थी आनन्द, परन्तु सामान्य गृहस्थ स्त्री के समान नहीं। क्योंकि नगरवधू का प्रतिष्ठित पद उन्हें गणिकाओं की प्रतिस्पर्द्धा से प्राप्त होता है, एक ओर जहाँ गृहस्थ स्त्री के समर्पण में प्रेम होता है, वहीं गणिकाओं के समर्पण में व्यावसायिक दृष्टिकोण। नगरवधू की प्रतिष्ठा भौतिक होती है, वहीं गृहस्थ स्त्री की प्रतिष्ठा आत्मिक।"

"परन्तु भगवन्! इससे तो बहुत भ्रम की स्थिति होती होगी, जिसे भौतिक प्रेम और आत्मिक प्रेम में भेद करना न आता हो।"

"वही मनुष्य छला जाता है आनन्द, जैसे श्रेष्ठी कुमार प्रबोध छला गया सामा गणिका द्वारा, उसके कृत्रिम प्रेम में फँसकर।"

"भगवन्! यह प्रसंग भी सुनना चाहता हूँ।"

"हाँ आनन्द! मनुष्य सदा भूत से वर्तमान के लिए शिक्षा ग्रहण करता है।" सुनो, "श्रेष्ठी कुमार प्रबोध मित्रों की संगत में एक सुन्दर गणिका सामा के प्रेम में आबद्ध हो गया। गणिका ने अपने प्रेम-जाल में ऐसा फँसाया कि वह रात-दिन सोते-बैठते उसे ही याद करता था। वह अपने पिता की गद्दी पर मन लगाकर काम नहीं करता था। उसे भोग का ऐसा नशा चढ़ा कि वह शाम होने का इन्तजार करता, और फिर सामा के पास चला जाता। सामा उससे प्रेम के बदले हजार स्वर्ण कार्षापण प्रतिदिन लेती थी। धीरे-धीरे प्रबोध की सम्पदा समाप्त होने लगी। व्यापार चौपट हो गया। प्रबोध के पिता सूरसेन पुत्र के पथभ्रष्ट होने की चिन्ता में बीमार हो गये। व्यापार चौपट हो ही चुका था, एक दिन हृदय में दुःख का पहाड़ लिये दुनिया से विदा हो गये।"

"और प्रबोध?" आनन्द ने पूछा।

"प्रबोध का क्या, वह वैसे ही रहा सामा के प्रेम में पागल, यहाँ तक कि जिस दिन उसने पिता को मुखाग्नि दी, उस दिन भी सामा की गोद में रात बिताया।"

"छीः, बड़ा अधम निकला प्रबोध।"

"आनन्द! बुरे रास्ते पर चलने के लिए एक कदम काफी है और वापस लौटने के लिए जीवन कम।"

"सत्य है भगवन्! परन्तु प्रबोध की कहानी इच्छा न होते हुए भी सुनना चाहता हूँ।"

"प्रबोध की आदत में कोई सुधार नहीं हुआ। समय के साथ एक-एक चीजें बिकने लगीं। वह विपन्नता की चौखट पर पहुँच गया, उसके शुभेच्छुओं ने समझाया कि वह चेत जाये और सामा के यहाँ जाना बन्द कर दे, परन्तु वह नहीं माना। कुछ ही दिन बाद वह दरिद्र हो गया, अब उसके पास एक पैसा भी नहीं रह गया। पिछली रात जब वह सामा की गोद में पड़ा मदमस्त था, तो उसे नहीं पता था कि कल उसके साथ क्या होनेवाला है, वह वैसे ही प्रेम की डींगे मारता रहा, और अगली शाम जब वह सामा के पास पहुँचा... ।"

"कुछ अनहोनी हुई उसके साथ भगवन्!" आनन्द ने पूछा।

"अनहोनी नहीं आनन्द, होनी कहो! जो प्रबोध के साथ हुआ, वह तो होना ही था। बुरे कर्म का बुरा परिणाम तो एक दिन आना ही था। घर में प्रवेश करते ही पूर्व की तरह सामा को प्रबोध ने चन्द स्वर्ण कार्षापण की छोटी थैली आगे बढ़ाते हुए बोला, "सामा! यह मेरे जीवन की अन्तिम पूँजी, हमारे प्रेम को समर्पित, अब मेरे पास कुछ नहीं है।"

सामा थैली को हाथ से उछालते हुए बोली, "क्या इसमें हजार स्वर्ण कार्षापण हैं।"

"नहीं प्रिये, यह मेरी बची हुई समस्त पूँजी है, आओ प्रिये मेरी बाँहों में समा जाओ, आज मैं अत्यधिक व्यग्र हूँ।" प्रबोध ने बाँहें फैलायीं।

सामा उन्मुक्त हँसी हँस पड़ी, "श्रेष्ठी कुमार प्रबोध।" और उसने तीक्ष्ण कटाक्ष से देखा।

अपना नाम सुनकर प्रबोध के पाँवों तले से जमीन खिसक गयी। उसका नशा हिरन हो गया।

"यह कैसी बात कर रही हो प्रिये, मैं तुम्हारा प्रेमी हूँ, जो महीनों तुम्हारी बाँहों में झूलता रहा, शायद तुम मजाक कर रही हो, आओ हम एक हो जायें, मैं दुःख के ऊँचे सोपान पर खड़ा हूँ।" वह आगे बढ़ा।

सामा ने स्वर्ण कार्षापणवाली थैली प्रबोध के मुँह पर मारते हुए बोली, "रुक जाओ वहीं प्रबोध, मैं आर्य गणिका हूँ, प्रेम नहीं जानती, हमारे लिये प्रेम व्यवसाय है और व्यवसाय बिना विनिमय के नहीं होता।"

"परन्तु मैंने तुम्हें प्रति रात्रि हजार स्वर्ण कार्षापण दिये हैं।"

"तो क्या इस बात की उलाहना दोगे, मत भूलो श्रेष्ठी कुमार कि मैंने उसी हजार कार्षापण के बदले अपने शरीर को खिलौने की तरह तुम्हारे हाथों में प्रस्तुत किया है।"

"फिर आज क्यों नहीं!" प्रबोध झुँझला उठा।

"क्योंकि आज तुम्हारे पास हजार कार्षापण नहीं है।" सामा दृढ़ता से बोली।

"यह तो स्वार्थ है!" प्रबोध अधीर हो उठा।

"तुम जिसे स्वार्थ समझते हो, वह स्वार्थ नहीं है बल्कि हमारे व्यावसायिक सिद्धान्त हैं, इसलिए अगर तुम्हारे पास हजार कार्षापण हो तो, सामा की बाँहें खुली हैं। अन्यथा सामने दरवाजा है।" उसने तर्जनी दरवाजे की तरफ इंगित की।

"मेरा प्रेम निष्ठुर नहीं हो सकता सामा, कह दो, कह दो कि यह केवल परिहास है।..." कहते हुए वह सामा की ओर आगे बढ़ा।

"इसे धक्के मारकर घर से बाहर फेंक दो!" सामा ने ताली बजाकर सेवकों को आदेश दिया।

"अब इसकी आवश्यकता नहीं सामा, मैं समझ गया तुम्हारा हृदय संवेदना से नहीं धड़कता, बल्कि कार्षापण की खनक से स्पन्दित होता है। तुम्हारे रगों में खून नहीं प्रवाहित होता, बल्कि स्वार्थ रक्त बनकर, तुम्हारी धमनियों में स्वच्छन्दतापूर्वक विचरण करता है, बिलकुल तुम्हारे व्यवसाय की तरह। मैं जा रहा हूँ सामा, अपने प्रेम को तुम्हारे क्रूर हाथों सौंपकर।"

और वह चला गया, महीनों भटकता रहा, विक्षिप्त-सा, मगर एक दिन वह मेरी शरण में आया, अपना दुःख सुनाया, मैंने उसे उपदेश दिया और कहा कि इस दुःखमय संसार में दुःख की उपासना छोड़ो, और भिक्षु बन संसार के कल्याण के लिए साधना शुरू करो, अर्हत् प्राप्त करो।

बुद्धदेव और आनन्द की वार्त्ता हो ही रही थी कि एक अनजान भिक्षु ने आकर प्रणाम किया।

"प्रणाम भगवन्।"

"अरे प्रबोध! आओ पुत्र, मैं आज तुम्हारी ही चर्चा कर रहा था।" आनन्द उसे निहारता रह गया।

•

जानते हो आनन्द! नगरों में विलासिता की एक व्यवस्था निर्धारित करना, राजाओं के लिए विवशता थी, सामाजिक शुचिता तथा नगरश्रेष्ठियों एवं विलासी प्रवृत्ति के नागरिकों के लिए यह मनोरंजन था। जो नृत्य-गान तथा शारीरिक व्यवसाय की अनुमति गणिकाओं के लिए राजा की ओर से प्राप्त होती थी। उसमें भी नगरवधू को प्रतिष्ठित गणिका माना जाता था। मैं नृत्य-गान तक को सहमति दे देता, जो कि एक कला है, परन्तु नारी अस्मिता का यह व्यावसायिक खेल मेरी दृष्टि में अत्यन्त निन्दनीय था। मैं स्त्री-जाति के इस विडम्बनापूर्ण त्रासदी को लेकर चिन्तित होता था। इसीलिए जब मेरे पास आम्रपाली आयी थी अपने पापमय जीवन से मुक्ति के लिए तो मैं मना नहीं कर सका, यह जानते हुए भी कि गणिका सुन्दरी ने मेरे ऊपर पापाचार का आरोप लगाकर, केवल व्यवसाय किया था। अगर यह व्यवसाय नहीं होता तो, उसे अपने प्राणों से हाथ नहीं धोना पड़ता।

"हाँ भगवन्, सुन्दरी-जैसी जाने कितनी स्त्रियाँ, इस पापपूर्ण व्यवसाय में संलग्न हैं, उनकी मुक्ति का क्या उपाय है भगवन्।"

"आत्मबोध आनन्द, किसी मनुष्य के भटकाव से मुक्ति के लिए आत्मबोध होना आवश्यक है। सुन्दरी की हत्या ने मुझे विचिलत कर दिया, मेरे मन में एक संकल्प जन्म ले चुका था। जब कभी ऐसी गणिकाओं के उत्थान की बात आयेगी मैं पीछे नहीं हटूँगा। हाँ! सुन्दरी-जैसी किसी गणिका को पुनः प्राण न गँवाना पड़े, इसलिए शरण में आये हुए का त्राण आवश्यक है।"

बुद्धदेव ध्यान शय्या पर लेट गये, उनके सामने सुन्दरी की हत्या का पूरा परिदृश्य आँखों के सामने आ गया। कैसी मेरी बढ़ती हुई कीर्त्ति से व्यथित कुछ लोग अपने व्यवसाय के पराभव से देखने लगे। और मुझे अपयश दिलाने के लिए सुन्दरी के पास गये।

"मेरे घर आप लोग!" सुन्दरी ने मादक मुस्कान फेरी।

"सुन्दरी, तुम यह काम क्यों करती हो!" एक ने पूछा।

वह हँस पड़ी, फिर बोली, "आपका प्रश्न अनुचित है भू देवो!"

"सुन्दरी! इस मृद्भाण्ड में केवल स्वर्ण कार्षापण हैं, तुम पूरे जीवन इसे खर्च करना चाहोगी, नहीं कर सकोगी।"

"निश्चय ही किसी साधारण कार्य के लिए इतना धन निर्धारित न हो।" सुन्दरी ने आगन्तुकों को बैठने का संकेत करने के साथ ही कहा।

"तुम्हारी बुद्धिमत्ता ही हमें यहाँ खींच लायी है सुन्दरी।" दूसरे ने कहा।

"आप अपना प्रयोजन तो बतायें!" सुन्दरी ने पूछा।

"प्रयोजन अत्यन्त गोपनीय है, और सरल भी।"

"आप सुन्दरी के आवास पर हैं, गोपनीयता पर सन्देह न करें। और अपना मन्तव्य बतायें।"

"हम चाहते हैं कुछ दिन तुम बुद्ध के आश्रम के समीप से पुष्प-गुच्छ लेकर गुजरो, और हमारे निवास पर रात्रि विश्राम करो। अगले दिन प्रातः उसी आश्रम क समीप से पुनः अपने घर आ जाओ। साथ ही किसी के पूछने पर बताना कि मैं बुद्ध के पास से आ रही हूँ।"

"मैं समझ गयी, सुन्दरी आपकी मन्शा के अनुरूप ही कार्य करेगी।"

"ठीक है हम चलते हैं, परन्तु सावधानी रखना।"

"हम गणिका हैं, सुन्दरी के इतना कहने के साथ वे लोग आश्वस्त होकर चले गये। कुछ दिन बाद सुन्दरी के गायब होते ही चर्चा होने लगी। बात उड़ते-उड़ते मेरे कानों तक भी आयी कि लोग कहते हैं, सुन्दरी तो प्रतिदिन बुद्ध के आश्रम में रात्रि बिताकर लौटती थी, आज नहीं लौटी, ऐसी बातों के हाथ-पाँव नहीं होते फिर भी वे कितनी दूर तक चले जाते हैं। कुछ लोगों के मन में मेरे प्रति अश्रद्धा होने लगी, क्योंकि सुन्दरी के गायब होने में मेरा हाथ होने का प्रचार किया गया। मेरे भिक्षु इस आक्षेप से दुःखी हो गये। बात राजा तक पहुँची, सैनिकों से बातचीत कर महाराज ने गुप्तचर नियुक्त कर दिये। मैंने कह दिया जैसे सूर्य और चन्द्र को बहुत देर बादल नहीं छिपा पाते, उसी प्रकार सत्य को झूठ से छिपाया नहीं जा सकता।"

"दिन बीतने लगे एक दिन मदिरालय में दो व्यक्ति आपस में लड़ बैठे। ते कार्षापण के बँटवारे को लेकर लड़ रहे थे।"

"तुमने मृद्भाण्ड से कार्षापण चुराये हैं!"

"लगता है नशे में तुम बहक गये हो!"

"नहीं, मृद्भाण्ड उठाते समय भारी थे, बाद में मैंने देखा वे आधा खाली थे!"

"अगर तुमने आरोप लगाया तो मैं तुम्हारा सिर फोड़ दूँगा!"

"फोड़कर देखो, मैं तुम्हारा रहस्य खोल दूँगा!"

"अच्छा अगर रहस्य खोले, तो मैं तुम्हारी सुन्दरीवाली गत करूँगा!"

पीछे बैठा एक शराबी जोर से चिल्लाया, "अरे किसका रहस्य खोल दोगे!"

"इसका!" दूसरा शराबी नशे में बोला।

तड़ाक से एक चाँटा दूसरे शराबी के गाल पर पड़ा। "चुप रह।"

"मैं चुप नहीं रहूँगा, तुमने मुझे चाँटा मारा है!" वह झूमते हुए बोला।

पीछे बैठा तीसरा शराबी कान पकड़ते हुए पास आया।

"जानते हो इसने क्या किया!"

"नहीं!"

"तुम्हें कैसे पता, क्योंकि वहाँ तो केवल हम दोनों थे।"

"पर, तू कौन है!" पहला शराबी बोला।

"आँख!" उसने आँखें फैलायीं।

"आँख!" दोनों एक साथ बोले।

"मैं उसको जानता हूँ, जिसने तुम्हारे कार्षापण चुराये हैं।"

"जानते हो!" पहला चौंका।

"हाँ, चलो उसका घर बताता हूँ!" तीसरा बोला और संकेत किया, दोनों को सैनिकों ने पकड़ लिया और जमकर पीटा तो सारा रहस्य खुल गया। उन ब्राह्मणों के कहने पर दोनों ने सुन्दरी की हत्या कर शव बुद्धदेव के आश्रम से कुछ दूरी पर जमीन में गाड़ दिया था। और मृद्भाण्ड चुरा ले गये। दोनों के बताये स्थल से कार्षापण सहित मृद्भाण्ड बरामद हो गया। और उसमें कम कार्षापण के बारे में पहले शराबी ने मार खाकर बता दिया कि उसने कार्षापण की चोरी की है।

सभी अभियुक्त जब महाराज प्रसेनजित् के सामने प्रस्तुत हुए तो उन्हें प्राणदण्ड मिले और मुझे इस कलंक से मुक्ति।

"भगवन्! नगरवधू आम्रपाली आपका दर्शन करने आ रही हैं।" आनन्द ने कहा।

बुद्धदेव ने आँखें खोलीं। देखा एक अनिन्द्य प्रौढ़ा युवती उनके सम्मुख आ रही है। उसकी सुन्दरता, रूप, लावण्य रसिकों को आकर्षित करनेवाले थे। वह हस्तिनी की तरह मादक चाल से मेरे समीप आयी।

"प्रणाम भगवन्!"

मैंने आशीर्वाद की मुद्रा में हाथ उठाया और बैठने का संकेत किया। वह बैठ गयी। मैंने देखा उसके मुखमण्डल पर नगरवधू होने का अभिमान नहीं था। कुछ कातर भाव थे, जैसे कोई इच्छित वर चाहती हो।

"कहो आम्रपाली, इस श्रमण की कुटिया में किस अभीष्ट से आयी हो।"

"भगवन्! जब से मैंने आपके बारे में सुना है, मेरा हृदय आपके चरणों में अनुरक्त हुआ है। मेरी बहुत दिनों से इच्छा भी थी, आपके दर्शन करूँ। आज मेरे अनुचरों ने

जब बताया कि मेरे आम्रवन में आपका आगमन हुआ है तो मैं गौरवान्वित हुई। नारी-जाति को कलंकित करनेवाली इस अभागन का कोई पूर्व जन्म के पुण्य जाग उठे हैं, मैं स्वयं को आपके दर्शनों की इच्छा को दमित नहीं कर पायी देव। और दौड़ी चली आयी।''

''क्या चाहती हो आम्रपाली!'' मैंने पूछा।

''भगवन्! नगरवधू होने के कारण मेरे पास विशाल धन-सम्पदा तथा ऐश्वर्य मौजूद है, परन्तु।'' कहकर आम्रपाली कुछ संकोच से चुप हो गयी।

''परन्तु क्या आम्रपाली, तुम अपना अभीष्ट बताने में संकोच न करो।''

''भगवन्! मैं इस अभिशप्त जीवन से ऊब गयी हूँ। मैं सच में मुक्ति चाहती हूँ देव, मुक्ति चाहती हूँ।'' आम्रपाली की आँखें सजल हो गयीं।

मैं करुणार्द्र हो उठा, ''आम्रपाली! तुम्हें स्वयं पर ग्लानि करने की आवश्यकता नहीं है। तुम्हारा जीवन तो निश्छल है। पापी तो वे हैं जो सामाजिक भय से अँधेरे में मुँह छिपाकर आते हैं। पाप से आच्छादित उनका मन है।''

''भगवन्!'' वह फूटकर रो पड़ी और चरणों में गिर पड़ी।

''शान्त हो जा आम्रपाली, मैंने तुम्हारे हृदय में पश्चात्ताप की अग्नि देखी है। तुम भी अन्य की तरह अर्हत् होने की अधिकारी हो।''

''क्या यह सम्भव है देव!'' आम्रपाली की आँखों में एक चमक आयी।

''अवश्य आम्रपाली!'' कहकर मैंने उसके सिर पर हाथ रखा। उसकी आँखें निर्झर के समान बह उठीं।

''तुम आज से ही विपस्सना शुरू कर दो! तुम्हारे सभी पाप नष्ट हो जायेंगे, और शीघ्र ही अर्हत् प्राप्त कर सकोगी।''

''सच में भगवन् ऐसा हो सकेगा!'' वह खुशी से नाच उठी। मगर उसकी आँखों के अश्रु निरन्तर बहते रहे।

वह हाथ जोड़कर बोली, ''इस पापिनी के ऊपर एक अनुकम्पा और करें!''

''कहो आम्रपाली!''

''भगवन्! मेरी इच्छा है भिक्षुओं सहित आपको अपने घर भोजन कराऊँ।''

''तो इसमें संकोच की क्या बात है, कल का भोजन हम भिक्षुओं सहित तुम्हारे घर करेंगे, हम तुम्हारा आमन्त्रण स्वीकार करते हैं।''

''बड़ी कृपा की भगवन् आपने!'' उसने श्रद्धा से सिर झुकाकर प्रणाम किया। फिर वापस चली गयी। अगले दिन मैं भिक्षुओं सहित आम्रपाली के घर आ गया। उसने यथोचित सत्कार किया। फिर श्रद्धापूर्वक भोजन कराया। भोजन के उपरान्त मैं बैठा था, लोग दर्शन करने आते और जाते। उसी समय आम्रपाली पुनः समीप आयी और निवेदन करते हुए कहा, ''भगवन्! एक इच्छा शेष और रह गयी है।''

"कहो आम्रपाली!"

"भगवन् मेरी इच्छा है जब कभी आप वैशाली आयें, मेरे आम्रवन में निवास करें। इसके लिए मैं अपना आम्रवन आपको दान करती हूँ।"

"मुझे स्वीकार है आम्रपाली!"

"मेरा जीवन सफल हुआ देव!" आम्रपाली के नेत्र सजल हो उठे और दोनों हाथ स्वतः जुड़ गये। मैं आम्रपाली को साधना-सम्बन्धी निर्देश देकर लौट पड़ा। वैशाली में कुछ दिन रहने के उपरान्त मैं राजगृह की ओर चला। यद्यपि महाराज बिम्बिसार के स्नेह को भुला पाना सम्भव नहीं था। फिर भी किसी के लिए संसार की गतिशीलता नहीं रोकी जा सकती। मेरे वहाँ पहुँचते ही, मुझसे स्नेह करनेवाले भक्त, मेरे दर्शनों को दौड़ पड़े। अजातशत्रु को अपनी भूल की अनुभूति हो चुकी थी। उसे लगा कि महाराज की हत्या किये बिना भी उसे सत्ता मिल सकती थी। देवदत्त ने उसे बार-बार भ्रमित किया। स्वयं के पिता होने के बाद ही पिता की भावनाओं की पहचान हो सकी लेकिन अब क्या वह तो खो चुका था अपने स्नेहिल पिता को, वह क्षमा माँगना चाहता था। चाहता था कि वह एक बार फिर बच्चा बनकर अपने पिता से लिपटकर, अपनी भूलों के लिए रोये, जैसे पहले रोया करता था। परन्तु अब कैसे सम्भव हो पाता, मुँह से निकली हुई बात, कमान से निकली हुई तीर और शरीर से निकली हुई आत्मा भला वापस आये हैं आज तक, फिर कैसे सम्भव है। वह उद्विग्न हो राजमहल के छत पर टहलने लगा। मन की शान्ति के लिए वह किसी से बात करना चाहता था, किसी ऐसे से जो उसके मन की व्यथा को कम कर दे। पर किससे यह उसके समझ में नहीं आ रहा था। महात्माओं से बात भी की, परन्तु उसके दुःख का अवसान नहीं हो सका। होता भी कैसे निःस्वार्थ शुभचिन्तक भला मिलते हैं जल्दी। एक मिला था देवदत्त, परन्तु वह निःस्वार्थ कहाँ था। अपनी दमित महत्त्वाकांक्षा को उसके हाथों क्रियान्वित करवाता रहा, जाने कितने पापपूर्ण कर्म उसके हाथों हो गया, क्योंकि देवदत्त की मोह की पट्टी आँखों पर पड़ी थी। वह गम्भीरता से सोचता चला गया। गौतम से प्रतिशोध मेरा अपना नहीं था, वह देवदत्त का था। जिसको वह बड़ी चतुराई से मेरे हृदय में रोप दिया था। इसलिए गौतम के सारे कार्य मुझे ढोंग लगते थे, और देवदत्त के उपयुक्त। गौतम को तो मैंने अपना शत्रु ही समझ लिया है। अब शत्रु की शरण में क्या जाना, ओह देवदत्त तुमने मुझे कैसी दुविधा में डाल दिया है। कितनी रातें मैं आँखों में व्यतीत करूँगा। जीवक के पास भी मेरे चित्त की चंचलता दूर करने का उपाय नहीं है। उसे बुलाया था, अभी तक क्यों नहीं आया। वह उठ खड़ा हुआ। छत के चक्कर काटने लगा। घने अँधेरे को फाड़कर चन्द्रमा आकाश में प्रसन्नता से विचरण कर रहा था। तारेगण जैसे मोहक नृत्य करने के लिए उसे घेर लिये हों। सप्तर्षिगण उन तारों को उपदेश दे रहे हैं, परन्तु सभी तारे उमंग में हैं, चन्द्रमा के उदित होने के कारण, वह सप्तर्षियों की बातें नहीं सुनना चाहते। देवदत्त के राजमहल में प्रवेश पर प्रतिबन्ध लगा दिया था, मैं उससे

मिलना नहीं चाहता था, क्योंकि उसने एक के बाद एक पथ भ्रमित करनेवाला ही मार्ग दिखलाया। उसकी सुविधाएँ छीन ली गयीं। वह मानसिक रूप से व्यथित हो भटक रहा है। राजकीय सुविधाएँ छिन जाना छोटी बात नहीं है।

"प्रणाम महाराज!"

"अरे... जीवक! आओ मैं तुम्हारी ही प्रतीक्षा कर रहा था!" अजातशत्रु का चिन्तन भंग हुआ।

"मैं कितनी रातें आँखों में व्यतीत करूँ जीवक, मन में तरह-तरह के बुरे विचार आते हैं। एक दिन अर्द्धनिद्रा में मैंने स्वप्न देखा कि मेरा पुत्र नंगी तलवार लिये मेरी तरफ चला आ रहा है। उसकी आँखों में मेरे प्रति स्नेह नहीं बल्कि क्रूरता है। क्या करूँ उस अबोध से डरता हूँ।"

"महाराज एक निवेदन करूँ अगर प्राण दान मिले!" जीवक बोला।

"अवश्य करो जीवक, परन्तु ध्यान रहे, उसमें मेरा शुभ हो, मेरी दुश्चिन्ता, मेरे दुःखों का निवारण हो।"

"महाराज! मुझे विश्वास है अगर आप बुद्ध की शरण में जायें तो शीघ्र ही दुःखों की निवृत्ति सम्भव होगी।"

"परन्तु जीवक, मैंने देवदत्त के प्रभाव में आकर बड़ा कष्ट पहुँचाया है बुद्धदेव को, क्या वे सचमुच मुझे क्षमा कर देंगे।"

"महाराज! बुद्ध की शरण में जाने का अर्थ है धर्म की शरण में जाना। और धर्म का हृदय विशाल है। वह स्वीकारोक्ति में भेदभाव नहीं करता। बुद्ध के पास पूर्वाग्रह जैसी कोई चीज नहीं है।"

"बुद्ध के पास कब जाना उचित होगा, जीवक!"

"आप चाहें तो प्रातः भी जा सकते हैं!"

"क्या इस समय बुद्धदेव के दर्शन नहीं हो पायेंगे जीवक। मन बड़ा उद्विग्न है।"

"अभी कोई बहुत रात तो नहीं हुई है। महाराज! चाहें तो मैं वाहन की व्यवस्था करूँ।"

"हाँ जीवक! शीघ्र ही मुझे बुद्धदेव के पास ले चलो।"

इस तरह अजातशत्रु व्यथित हो मेरे पास आया, जब वह मेरे शिविर के समीप पहुँचा तो उसका डरा हुआ मन आशंका कर बैठा। उसने जीवक से पूछा, "जीवक! तुम कहते थे बुद्धदेव के साथ सैकड़ों भिक्षु रहते हैं। परन्तु यहाँ पर किसी प्रकार की भीड़-भाड़ होने की ध्वनि नहीं है। कहीं मेरे साथ किसी प्रकार का धोखा तो नहीं है।"

"नहीं महाराज! बौद्ध भिक्षु संघ के अनुशासन में रहते हैं। सामने मण्डलमाल में दीपक जल रहा है, आपका कोई शत्रु, दीपक जलाकर आपकी प्रतीक्षा नहीं करेगा। आप आशंका त्यागकर मेरे साथ आगे आयें।"

जहाँ मैं बैठा हुआ था, वहाँ अन्धकार था, पर चन्द्रमा के प्रकाश में मुख को पहचाना जा सकता था।

"प्रणाम भगवन्!"

"आओ जीवक! यह साथ में कौन है?"

"महाराज अजातशत्रु, आपके दर्शन के लिए आये हैं भगवन्!"

"प्रणाम भगवन्!" यह ध्वनि अजातशत्रु की थी।

"कल्याण हो भन्ते!" मैंने आशीर्वाद के मुद्रा में हाथ उठाये। और समीप ही बैठने का संकेत किया। दोनों बैठ गये।

"भगवन्, मन बड़ा अशान्त है। जीवन का सुख तुच्छ लगता है, समस्त राजकीय सुख, नीरस एवं क्लेश बढ़ानेवाला लगता है। मन की उद्विग्नता बढ़ती जा रही है।" अजातशत्रु बोला।

"महाराज! यह मन का विकार है। मनुष्य जब मन के विपरीत कोई कर्म करता है तो मन की दशा बदलने लगती है। परन्तु शुरू के कुछ वर्षों तक वह मन पर दबाव बनाने में कामयाब होता है। क्रमशः ऐसी क्रिया होने पर एक दिन मन नियन्त्रण को खो देता है। मन को निर्देशित करने का काम तो मस्तिष्क ही करता है। और मस्तिष्क एक दिन भले-बुरे कर्मों का मूल्यांकन करने लगता है।" मैंने समझाया।

"परन्तु भगवन्! जीवन का अर्थ वैराग्य तो नहीं, कर्म-विधान से पलायन तो कहीं से उचित नहीं है। मनुष्य एक उम्र के बाद अपनी उपलब्धियों के लिए कर्म तो करेगा ही।" अजातशत्रु बोला।

"मैंने कब मना किया महाराज! मैंने तो केवल यह कहा कि अच्छे-बुरे कर्मों का प्रभाव मन पर पड़ता है। अगर मनुष्य यह भेद करने में सक्षम हो जाय, यह कार्य शुचिता भरा है। यही करने से मन की स्वीकारोक्ति होगी। तो शायद दुःख कम हो।"

"शायद क्यों भगवन्?"

"शायद इसलिए कि मन को कर्म के अनुरूप बनाने के लिए उसे साधना आवश्यक है।"

"मैं समझा नहीं देव!"

"महाराज मन तो अत्यधिक चंचल है। मनुष्य के कर्म उसे और भी चंचल बना देते हैं, इसलिए मन पर नियन्त्रण के लिए साधना आवश्यक है, और यह साधना गृहस्थ जीवन में रहकर भी किया जा सकता है। इससे मन को रुग्ण और दुःखी होने से बचाया जा सकता है।" मैंने बताया।

"परन्तु भगवन्! मनुष्य तो धन और काम के पीछे सर्वाधिक भागता है। क्या इस पर नियन्त्रण सम्भव है, अगर सम्भव है तो क्या जीवन की गतिशीलता प्रभावित नहीं होगी।"

"नहीं महाराज! मनुष्य अपनी आवश्यकताओं और इच्छाओं में कमी करके धन की जरूरत कम कर सकता है, साथ ही सन्तानोत्पत्ति तक काम भी आवश्यक है।"

"अगर मनुष्य इसमें सन्तुष्ट न हो तो!"

"महाराज! यदि धन की वर्षा हो, तो भी मनुष्य की इच्छा की पूर्ति नहीं होगी, सभी प्रकार के काम दुःखदायी होते हैं। इसको जानकर ज्ञानीजन देवलोक में भी रति नहीं करते, और सम्बुद्ध श्रावक ऐसी तृष्णाओं को क्षय करने में जीवन व्यतीत करता है, क्योंकि यहाँ से सुख शान्ति का मार्ग प्रस्फुरित होता है और दुःख निवृत्ति शुरू हो जाती है।"

"मेरे लिये क्या आज्ञा है देव!"

"मन को साधो, उसके विपरीत कोई कर्म मत करो, दुःख का अवसान हो जायेगा।"

"प्रणाम भगवन्!"

"कल्याण हो!"

"मेरा भी प्रणाम स्वीकार करें भगवन्!" जीवक बोला।

"कल्याण हो!"

मेरे आशीर्वाद के साथ ही दोनों लौट पड़े। मैं तत्क्षण तो नहीं जान पाया कि मेरे विचारों से अजातशत्रु को मन की शान्ति प्राप्त हुई कि नहीं, परन्तु वह साधना के पथ पर जरूर चल पड़े। यह बात समय के साथ ही पता चल पायी। अब वह प्रायः दर्शन के लिए आते, अपने मन की शंका मिटाते और चले जाते। समय तो गतिमान् है, वह चलता रहता है, समय के साथ अजातशत्रु की मुझमें श्रद्धा बढ़ी थी, वह जान चुके थे, मेरे यहाँ भ्रामक उपदेश नहीं है। जीवन एक मार्ग है, परन्तु चलनेवालों के लिए। महाराज अजातशत्रु का मुझसे जुड़ने का दुःष्प्रभाव देवदत्त पर पड़ा। देवदत्त, अजातशत्रु के किनारा करने से मानसिक रूप से अवसाद में आ ही गया था। जब उसे पता चला कि महाराज अब गौतम की शरण जाकर उपदेश पा रहे हैं तो, वह और भी विक्षिप्त-सा हो गया। अब उसने मुझे पूर्ण शत्रु समझ लिया। साथ ही मेरा अशुभ सोचने लगा तथा मेरे प्राणों का दुश्मन बन गया। मैं जब राजगृह में होता था, प्रायः चक्रमण और साधना गृध्र-कूट पर्वत पर करता। एकान्त में साधक का मन शीघ्रता से सध जाता। मैं जहाँ पर साधना करता। वह स्थल बहुत ऊँचाई पर नहीं था, हाँ, आरापारा टहलने और साधना की उपयुक्त जगह थी। परन्तु अगर कोई पर्वत पर और चढ़ाई करता तो उसके लिए कोई कठिन बात नहीं थी। परन्तु मैंने कभी ज्यादा ऊँचाई पर जाकर साधना करने की बात नहीं सोची।

उस दिन प्रभात होने में समय था। समीर मन्द-मन्द पर्वतमालाओं को छूते हुए आगे बढ़ रहा था। मैं चक्रमण करने के उपरान्त, एक शिला पर बैठकर विपस्सना करने

लगा, यह मेरे प्रतिदिन का नियम था। देवदत्त मेरे प्रति आक्रोशित था ही, उसने मेरी हत्या करने की ठान ली। और एक बड़ा-सा शिलाखण्ड उठाकर आगे बढ़ा, वह मुझे लक्ष्यकर फेंकना चाहता था। तभी उसका पैर किसी पत्थर में ठोकर खा गया। वह असन्तुलित होकर नीचे गिर पड़ा, उस शिलाखण्ड ने उसे ही कुचल दिया। यह संयोग ही था कि मैं जहाँ बैठा साधना कर रहा था, उसके समीप ही वह लहूलुहान होकर गिरा, मेरा ध्यान भंग हो चुका था। मैं शीघ्रता से उसके समीप गया, परन्तु देवदत्त के पास केवल इतना ही समय था कि वह हाथ जोड़कर क्षमा माँग सके। और देखते-ही-देखते उसका प्राणान्त हो गया।

"फिर क्या हुआ भद्दा!" भिक्षुणी सोमा ने ऐसे ही पूछ लिया।

"मैं बहुत घबड़ायी हुई थी। क्योंकि मेरे हाथों किसी की हत्या; यह स्वयं मेरी दृष्टि में जघन्य कृत्य था। साथ ही मैंने उसे अपना सब-कुछ मान लिया था।"

"परन्तु तुम्हारे सामने कोई विकल्प भी तो नहीं था।" एक दूसरी भिक्षुणी ने कहा।

भद्दा कुछ क्षण चुप रही, फिर लम्बी उसाँस छोड़ते हुए बोली, "हाँ बहन, सत्य कहा तुमने, मेरे सामने कोई दूसरा विकल्प नहीं था, जब स्वयं पर विपत्ति आती है, तो किसी-किसी का विवेक काम करता है। मैंने मृत्यु के भय से गिड़गिड़ाना उचित नहीं समझा बल्कि शीघ्र ही इस निर्णय पर पहुँच गयी कि स्वयं को समर्पित करने से अच्छा है, संघर्ष करना। परन्तु सुत्तक मेरी बातों में आ गया, और मैंने आलिंगन के बहाने उसे पहाड़ी से नीचे फेंक दिया।" कहकर वह रो पड़ी। परन्तु अगले ही क्षण सतर्क हो गयी, कि मैंने वह जीवन काफी पीछे छोड़ दिया है, अब एक भिक्षुणी होकर माया-मोह में फँसकर रोना अनुचित है।"

"फिर!"

"फिर मैं जब पर्वत से नीचे उतरी तो काफी बेसुध थी, कहाँ जाऊँ समझ में नहीं आ रहा था। घर से भागकर आयी थी, सो घर जाने की इच्छा नहीं हुई। जीवन के प्रति निराश भी नहीं थी, परन्तु जीवन दिखता नहीं था। कहाँ जाऊँ, क्या करूँ। मैं दो दिन बिना कुछ खाये-पिये भटकती रही। एक दिन मुझे एक जैन श्रमणी मिली, उसने मुझे सम्बल दिया और अपने साथ ले आयी। वहाँ मैंने बहुत-सी स्त्रियों को श्रमण के रूप में देखा, जो अध्ययन में लगी थीं। मैंने भी उन्हीं की तरह श्रमण बनने का निश्चय किया। यह निर्णय मेरे लिये दुष्कर था, परन्तु लेना पड़ा। मुझे अपने केश प्राण की तरह प्रिय थे, उन्हें सजाने, सँवारने तथा विभिन्न प्रकार की वेणियाँ बनाने की कला भी मैंने बालों के कारण ही सीखी थी। वहाँ श्रमण बनने के लिए बाल उतरवाना पड़ा। मगर मैंने जैन आचार्य से अनुमति लेकर कुण्डल के आकार का केश रख छोड़ा, जो मेरी

पहचान भी बना। लोग मुझे कुण्डलकेशा भी कहते, यह नाम मुझे प्रिय हो गया। अब मैं जैन श्रमणियों के बीच भद्दा कुण्डलकेशा थी। अन्य श्रमणियों की तरह मेरा अध्ययन प्रिय शगल हो गया। और मुझे तार्किक बातें प्रिय लगने लगीं, क्योंकि यह तर्क धर्मग्रन्थों पर आधारित था। फिर धार्मिक ग्रन्थों के आधार पर जैन श्रमण-श्रमणियों के बीच मेरा प्रायः शास्त्रार्थ होता और मैं बीस छूटती। फिर मैं निकल पड़ी, विभिन्न धर्मों के मत-मतावलम्बियों से चर्चा होती, वे मेरे अध्ययन, ज्ञान के आगे नतमस्तक हो जाते। समय के साथ मेरे मन में अहंकार भी आ गया, जिसे मैं भाँप नहीं पायी। शायद यह मानवीय कमजोरी थी। अब मैं ऐसी चर्चाओं के लिए पुरुष श्रमणों को भी चुनौती देने लगी। इसी बीच मेरी भेंट सारिपुत्त से हो गयी। मैं अपने ज्ञान के मद में थी ही, धर्म को लेकर एक लम्बी चर्चा हो गयी। चर्चा के दौरान मैंने पाया कि मेरा आध्यात्मिक ज्ञान अध्ययन से उपजा है, वहीं सारिपुत्त का ज्ञान व्यावहारिक है। मेरे सारे प्रश्नों का उत्तर वह बड़ी ही सहजता से देते चले गये। मुझे पहली बार लगा कि धर्म का व्यावहारिक होना कितना आवश्यक है। सारिपुत्त के व्यावहारिक ज्ञान में मेरा अध्ययन बह गया। मेरा अहं चूर-चूर हो गया, जिसको मैंने हृदय से स्वीकार किया। अब मुझे सारिपुत्त की बातें प्रिय लगने लगीं। मैं अधिक सुनना चाहती थी। मेरा बोलना काफी कम हो गया। फिर मैंने उनसे शिष्या बनने का प्रस्ताव रखा, सारिपुत्त ने बड़ी सहजता से स्वीकार करते हुए मुझे बुद्धदेव के पास भेजा। भगवन् के उपदेशों की तेज आँधी, मेरी अज्ञानता और भ्रमित ज्ञान को दूर उड़ा ले गयी।''

''और तुमने यह जीवन कैसे स्वीकार किया!'' भद्दा ने पूछा।

सोणा ने एक लम्बी साँस छोड़ी, साथ में बैठी सभी भिक्षुणियों पर एक दृष्टि डाली। सभी आँखों में करुणा लिये, एक-दूसरे की बातों को सहानुभूतिपूर्वक सुन रही थीं। ऐसा होना केवल बुद्धदेव की अनुकम्पा थी। प्रायः स्त्रियाँ उपहासात्मक या निन्दा भाव से बातें कहती सुनती हैं, परन्तु यहाँ तो बात दूसरी थी। सोणा ने बताना शुरू किया, ''पति के दिवंगत होने पर काफी अकेली पड़ गयी थी। एक पुत्र सहारा था, जिसे बड़ी कठिनाई से पाल-पोसकर बड़ा किया। आँखों में सपने फिर उठे कि पुत्र का विवाह कर, गृहस्थी को मजबूत बनाया जाये। बहू ने आते ही, घर-गृहस्थी को हाथ में ले लिया, कुछ दिन सुख से कटे लेकिन बहू ने मालिकाना अधिकार प्राप्त करने के लिए, मुझे उपेक्षित करना शुरू किया। मैं दोनों को प्रसन्न देखना चाहती थी। सो धीरे-धीरे सारे अधिकार उन्हें सौंप दिया। लेकिन बहू का स्वभाव नहीं बदला, वह प्रायः झगड़ उठती थी। पुत्र भी पत्नी की बातों में आकर मुझे ही खरी-खोटी सुनाता था। रोज की जली-कटी से मन दुःखी रहने लगा। कुछ दिन बीतते-बीतते वे दोनों मारपीट पर उतारू हो गये। उस दिन बहुत दुःख हुआ, जब पुत्र के हाथों मार खायी। सारे सपने टूटकर बिखर गये। एक दिन बुद्धदेव का दर्शन हुआ। उपदेश सुना, हृदय परिवर्तन हो गया। मैं घर से निकलकर भिक्षुणी हो गयी।''

"तुम भी अपनी कहो इसी बहन!" प्रकृति ने कहा।

"मैं क्या हूँ, मेरे जीवन में कोई कहानी नहीं है। कहानी शुरू होने से पहले ही उसका पटाक्षेप हो गया।" इसीदासी ने कहा।

"कुछ तो होगा, जो तुम्हें भिक्षुणी बनने को विवश किया।"

"हाँ, बस इतना जान लो बहन, कि मेरे समक्ष भिक्षुणी बनने के अलावा दूसरा कोई विकल्प नहीं था। एक-दो नहीं, मैंने समय के साथ समझौता करके तीन-तीन बार विवाह किया। परन्तु मेरा दुर्भाग्य मेरे पीछे लगा हुआ था। मेरा विवाह असफल होता रहा, समाज की कुदृष्टि, टिप्पणी और अवहेलना झेलते जीवन जी रही थी। माता-पिता की मृत्यु के बाद परिवार में वह मान-सम्मान नहीं रहा, आये दिन कलह से जीवन नरक बन गया था। घर के लोग चाहते थे मैं कहीं डूब मरूँ और वे मेरे हिस्से की सम्पत्ति का स्वच्छन्दतापूर्वक भोग कर सकें। मेरे जीवन में घोर अन्धकार था। सामने मृत्यु ही दिखायी पड़ती थी। परन्तु एक दिन अचानक सब-कुछ बदल गया, जब सौभाग्य से बुद्धदेव के दर्शन हुए, उनका उपदेश सुना।"

"तुम भी अपनी कहो प्रकृति, तुम युवा हो फिर भी संन्यास की तरफ क्यों आकृष्ट हुई।" सोमा ने पूछा।

"मैं एक ऐसे वर्ग में जन्मी हूँ, जहाँ जीवन को निकृष्ट माना जाता है, मैं चाण्डाल कन्या थी। मेरी जाति के अनुरूप का जीवन मुझे अच्छा नहीं लगता था, हमारी जाति के लोगों को देखते ही लोग दूर से चिल्लाने लगते थे। दूर हटो, चाण्डाल कहीं के, देखो कहीं वस्त्र न छू जाये, ऐ पापी मेरे मार्ग में पड़ गये, अब मुझे स्नान करना पड़ेगा, कुछ तो यह भी कहते कि अरे! जिन आँखों ने इन चाण्डालों को देखा है, उन्हें सुगन्धित जल से धोओ, उन अस्पृश्य चाण्डालों को देखकर पाप लग गया। आदि जाने कितनी बातें हैं, जिन्हें सुनकर आप लोग आश्चर्य करेंगी। मैं तो मान चुकी थी, यह निकृष्ट जीवन भी कोई जीवन है। जहाँ मनुष्य को मनुष्य न समझा जाये। कभी-कभी स्वयं से यह प्रश्न हो उठता था कि इस वर्ण में जन्म लेने पर हमारा क्या दोष है, क्यों जन्मजात तिरस्कार झेलने की स्थिति है। बड़ी होने पर मन में कई बार आया कि मनुष्य कितना स्वार्थी है, अपने सुख के लिए जिस समाज की कल्पना की उसमें से अपने जैसे ही एक मनुष्य को अस्पृश्य घोषित कर दिया।"

सारी भिक्षुणियाँ प्रकृति की बातों को ध्यान से सुन रही थीं, क्योंकि प्रकृति की बातें अन्य भिक्षुणियों से अलग थीं।

"फिर तुम भिक्षुणी कैसे बनी!" भद्दा ने पूछा।

"एक दिन की बात है। जेठ का महीना था। हवाएँ थमी हुई थीं, जनजीवन काफी प्रभावित हो चुका था। पक्षी भी छाया देखकर विश्राम कर रहे थे। वह चिलचिलाती धूप कि आदमी को भस्म कर दे। छोटे-मोटे ताल-तलैया सूख गये थे, लोग पानी के लिए

भी व्याकुल हो इधर-उधर छटपटाते रहते। अचानक कहीं से स्थविर आनन्द गुजरे, वह प्यास से व्याकुल थे, पर कहीं पानी नहीं था, जिनके पास था वह झूठ बोल रहे थे, पानी नहीं है। संयोगवश मैं घड़े में पानी लिये कहीं से आ रही थी। स्थविर ने मुझे रोका, मैं रुकना नहीं चाहती थी, मैंने मार्ग बदला, परन्तु वह पुनः सामने आकर खड़े हो गये। उन्होंने पानी पीने की इच्छा जतायी। मैंने कहा, "मैं चाण्डाल कन्या हूँ।"

वह हँसकर बोले, "पानी भेदभाव नहीं जानता, पानी पिलाकर मेरी प्राण रक्षा करो।"

मैंने संकोच के साथ पानी पिलाया, परन्तु मन उल्लसित हो उठा। पानी पीने के बाद उन्होंने कहा, "आदमी ने अपनी सुख-सुविधा के लिए यह व्यवस्था बनायी है। इससे तुम्हें दुःखी होने की आवश्यकता नहीं। जहाँ तक हो सके, संसार के प्राणियों का दुःख निवृत्ति में सहयोग करना।"

मैं उनके चरणों में गिर पड़ी। मैं चाहकर भी अपनी भावनाओं पर नियन्त्रण नहीं कर पा रही थी। जब से सोचने-समझने लायक हुई, किसी आदमी को पहली बार स्नेह से बात करते पाया, हृदय द्रवित हो पिघल रहा था। जो आँखों से लगातार बह रहे थे। मैंने कहा, "हे भिक्षु! आप कौन हैं और मुझ चाण्डाल कन्या पर इतनी बड़ी कृपा क्यों की?"

"मैंने कृपा तुम पर नहीं की बालिके, बल्कि एक प्यासे भिक्षु को जल पिलाकर तुमने कृपा की। हाँ, अगर तुम सोचती हो मेरी दृष्टि में वर्ग विभेद क्यों नहीं है तो सीधी बात है, हमारे बुद्धदेव प्राणी-से-प्राणी में अन्तर नहीं मानते, फिर हम क्यों मानें।"

"उनके जाने के बाद मेरी इच्छा में बौद्ध भिक्षुणी बनकर जीवन जीने की हुई, और मैंने एक दिन बुद्ध की शरण ग्रहण किया। तब से आज तक मैं यहीं हूँ।"

"सोमा तुम कुछ नहीं बताओगी!" इसी ने पूछा।

"पुरानी बातें तो मैं बता ही चुकी हूँ, आज कुछ नयी बात बताती हूँ।" सोमा ने कहा।

सारी भिक्षुणियाँ और जिज्ञासु हो उठीं, वे सभी सोमा के मुखमण्डल को निहारने लगीं। सोमा ने चिर-परिचित मुस्कान के साथ भिक्षुणियों की ओर देखा और कहना शुरू किया।

"भिक्षुणी संघ से जुड़ने के बाद मुझे साधना पर बैठना अच्छा लगता था। पर मन को देर तक नियन्त्रित नहीं कर पा रही थी, इसलिए एक दिन बुद्धदेव से अनुमति लेकर मैं समीप के वन में चली गयी। मैं उत्साहित थी कि अब से मुझे किसी प्रकार की कठिनाई नहीं आयेगी। एक वृक्ष के नीचे मैं ध्यान मुद्रा में बैठी ही थी कि एक सुन्दर युवक मेरे समीप आया, वह अत्यन्त आकर्षक था। उसने मुझे अकेली वन में देखकर कहा, "देखने से तो तुम किसी स्वर्ग की अप्सरा जैसी प्रतीत होती हो, इस निर्जन वन में क्या कर रही हो।"

परन्तु मैंने कोई उत्तर नहीं दिया, सोचा कोई साधारण युवक होगा, उत्तर नहीं पायेगा तो स्वयं ही अपने मार्ग चला जायेगा। परन्तु वह गया नहीं, थोड़ी ढिठाई से बोला, "लगता है तुमने गृह-कलह से तंग आकर भिक्षुणी बनने का निश्चय किया है।"

"मैं कुछ न बोली।" वह आगे बोला, "अरे सुन्दरता की देवी, तुम अपने साथ अन्याय कर रही हो। जरा एक दृष्टि मेरी ओर देखो स्वयं ही भिक्षुणी वेश त्याग दोगी, सत्य कहता हूँ, तुम मेरी शरण में आ जाओ, मैं तुम्हें महारानी का पद-प्रतिष्ठा दिलाऊँगा, तुम्हारी सेवा में अनुचर-अनुचरियों की कतारें लगी होंगी, बहुमूल्य वस्त्राभूषण से सुसज्जित होगी, मनपसन्द के स्वादिष्ट व्यंजन खा सकोगी, वायुवेग से चलनेवाले रथ पर आरूढ़ हो संसार का भ्रमण करोगी।"

"मैं इस बार भी कुछ नहीं बोली", वह पुनः बोला, "अरे, मेरी युवा संगिनी, किस मोह में पड़ी हो, तुम्हारा भिक्षुणी वेश ऐसा लगता है जैसे सुन्दरता को गुदड़ी में लपेट कर रख दिया गया हो, तुम अपने साथ न्याय करो, मेरी बात मान लो, आओ।" उसने बाँहें फैलायीं। कुछ क्षण प्रतीक्षा कर पुनः बोला, "मैं भी तुम्हारी तरह युवा हूँ। क्या तुमने जीवन को सुरभित करने का स्वप्न देखना बन्द कर दिया है। क्या तुम्हारी इच्छा को किसी ने दमित कर रखा है। तोड़ दो ये बन्धन, आओ मेरे समीप आओ, मेरे प्रेम को स्वीकार करो, मेरी युवा संगिनी।"

उसके बार-बार प्रणय-निवेदन और प्रलोभन देने के कारण मुझे क्रोध आ गया, मेरा ध्यान भंग हो चुका था। आँख खोलते ही गुस्से से मैंने कहा, "अरे दुष्ट मार, तू क्या समझता है मैं तुम्हें नहीं पहचानती, इस नीरव वन में अकेली स्त्री को काम-मोहित करने का प्रयास करनेवाले दुष्ट, मैं तुम्हारी चालों को अच्छी प्रकार से समझती हूँ। जितना शीघ्र हो सके, तू यहाँ से भाग जा, तेरा कोई भी अस्त्र मुझे छू भी नहीं पायेगा।"

"मेरी फटकार से वह निराश हो गया और असली रूप में आ गया। इसके साथ ही बुद्धदेव द्वारा निर्मित भिक्षुणी संघ में प्रवेश का द्वार मैंने बन्द कर दिया, वह हताश हो अचानक अन्तर्धान हो गया।"

"बड़ी विचित्र कहानी सुनायी सोमा तुमने, क्या यह सत्य है।" भद्दा ने पूछा।

"किसी भिक्षुणी के जीवन में झूठ का कोई स्थान नहीं है।"

"एक सत्य मुझसे भी सुनो तुम लोग।" वहीं बैठी पटाचारा ने कहा।

सभी भिक्षुणियों का ध्यान उधर चला गया, जिधर पटाचारा बैठी थी। क्योंकि अब से पूर्व वह केवल श्रोता थी, शान्त थी। पटाचारा ने कहा, "यह बात मेरे जीवन से नहीं जुड़ी है, अपितु सभी भिक्षुणियों के संघ जीवन एवं सामाजिक प्रतिकार की एक घटना मात्र है, जो हमें सतर्क एवं सावधान करती है।"

पटाचारा की बात से भिक्षुणियों ने अनुभव किया कि यह वार्त्ता अब गम्भीर रूप ले चुकी है, जो भिक्षुणी संघ के लिए आवश्यक है। वे सब अत्यन्त गम्भीर हो गयीं, जो स्त्री के सहज गुण के विपरीत था।

पटाचारा ने आगे कहा, "श्रमण के दौरान मिली दूसरे भिक्षुणी संघ की एक भिक्षुणी ने बताया कि एक बार अँधेरा होने पर उन्होंने रात्रि विश्राम का निर्णय लिया। और समीप के गाँव में ब्राह्मण परिवार में विश्राम की अनुमति माँगी। ब्राह्मणी सहृदय थी, उसने सभी भिक्षुणियों को जल पिलाया, कुशल क्षेम पूछा, परन्तु...।"

पटाचारा के परन्तु कहने के साथ ही सभी भिक्षुणियों के कान खड़े हो गये।

"परन्तु क्या पटाचारा?" भिक्षुणियों ने पूछा।

जब उस भिक्षुणी ने रात्रि विश्राम की बात कही तो ब्राह्मणी ने कहा, "बहन मेरे पति घर पर नहीं हैं, रात्रि विश्राम की अनुमति तो वही देंगे, हाँ, तुम लोग चाहो तो कुछ देर प्रतीक्षा कर सकती हो।"

"उसका पति विलम्ब से आया", अपने घर में इतनी सारी भिक्षुणियों को देखकर वह अत्यन्त क्रोधित हुआ और बोला, "अरे! इन सिरमुड़ी वेश्याओं को किसने घर में घुसने दिया, निकलो यहाँ से, ये तो मेरे घर को भ्रष्ट कर देंगी।"

भिक्षुणियों को ऐसे प्रत्याशित व्यवहार की उम्मीद नहीं थी। वे चुपचाप घर से जाने लगीं, अँधेरा हो चुका था, ब्राह्मणी ने पति से निवेदन किया, "रात्रि का प्रहर है, इस समय स्त्री-जाति को भेजना उचित नहीं होगा।"

परन्तु वह और आग-बबूला हो गया, "इन वेश्याओं से तुम्हें सहानुभूति रखने की आवश्यकता नहीं, किसी कीमत पर मैं इन्हें घर में रहने की अनुमति नहीं दूँगा।"

"और अन्ततः वे सभी रात्रि में ही संघ में लौटीं, यद्यपि भगवन् का कठोर निर्देश था कि कोई भिक्षुणी रात्रि में संघ से बाहर न जाये।"

वे सभी पटाचारा के मुँह से ऐसी अपमानजनक बातें सुनकर अवाक् रह गयीं, पटाचारा ने ही आगे कहा, "बहनो! पुरुष के बर्बर व्यवहार को स्त्री आज से नहीं झेल रही है, अपितु प्राचीनकाल में भी ऐसे उदाहरण मिलते हैं। यह पुरुष सत्तात्मक समाज की एक विकृति मात्र है। ऐसी अपमानजनक बातें और सुनने को मिली हैं, परन्तु हमें केवल भगवन् की वाणी पर विश्वास करना है, हमारे आचार-विचार संघ के नियमों के अनुकूल होने चाहिए। जहाँ एक तरफ स्त्री होने के नाते कई प्रकार की परिस्थितियों का सामना करना पड़ेगा, वहीं हमारे शास्ता के उपदेशों से जीवन की जटिलता स्वतः समाप्त हो जायेगी।"

बुद्धदेव ध्यान मुद्रा में बैठे थे। आनन्द भिक्षाटन को गया हुआ था। अन्य भिक्षु भी भिक्षाटन सहित अन्य कार्यों में व्यस्त थे। कोई हास-परिहास में व्यस्त है। कोई गम्भीर चिन्तन व्यक्त कर रहा है। कोई आराम मुद्रा में लेटा हुआ है। कोई भिक्षाटन में प्राप्त भोज्य पदार्थ ग्रहण कर रहा है।

बुद्धदेव के ध्यान में पुत्री के प्रणय की याचना करते हुए, ब्राह्मण मांगदीय का मुखमण्डल दिखायी देने लगा।

"हे तपस्वी! आप प्रणय संगिनी के रूप में, मेरी सर्वगुणसम्पन्न, मेधावती, गौरवर्णी, अत्यन्त रूपवती पुत्री मांगदीया को स्वीकार करें। वह आपके जीवन को सुरभित कर ऊर्जावान् बना देगी।"

"नहीं विप्रवर, यह सम्भव नहीं है, मैंने संसार का त्यागकर, कठिन साधना के बाद यह जीवन प्राप्त किया है! मुझे पुनः सांसारिक दलदल में प्रवेश करने की इच्छा नहीं है। अपनी पुत्री के लिए अन्य वर तलाश लें।" बुद्धदेव ने कहा।

"मुझे तो आपसे सुन्दर युवा नहीं दीखता। मैं समझता हूँ आप ही मेरी पुत्री के लिए योग्य वर हैं।"

"मैं उत्सुक नहीं हूँ, ब्राह्मण। मुझे ऐसी बातों से कोई लेना-देना नहीं है। आप जा सकते हैं।"

"मेरी पुत्री पर जरा दृष्टिपात तो करें। स्वयं ही आप अपना निर्णय बदल देंगे।" वह अपनी पुत्री की ओर देखते हुए बोला।

"आप मुझे शरीर की बाह्य सुन्दरता से परिचय करवा रहे हैं, जिसका मुझे कोई आकर्षण नहीं है। मैं इस शरीर को अस्थि-मज्जा, चर्म से बना दोषपूर्ण निर्माण ही मानता हूँ। यह नश्वर है, मुझे आसक्ति में बाँधने की कुचेष्टा न करें ब्राह्मण। आपका प्रयोजन यहाँ सिद्ध नहीं होनेवाला है।"

बुद्धदेव के अस्वीकार भाव से अन्दर-ही-अन्दर मांगदीया कुढ़ने लगी। उसे अपमान-सा महसूस हुआ। उसे लगा कि पिता द्वारा बार-बार इस तपस्वी से प्रणय याचना अनुचित है। उसकी हथेलियाँ स्वेद से चिपचिपा उठीं। उसका हृदय जल उठा। इतना अहंकार है इस तपस्वी को, उसकी क्रोध में जलती आँखें और फूलते-पिचकते नथुने से आभास हो चला था कि वह बुद्धदेव को समुचित उत्तर देना चाहती है। परन्तु पिता के समक्ष कुछ कह नहीं पायी।

"मेरी पुत्री में कोई दोष है तपस्वी!" मांगदीया के पिता ने पूछा।

"गुण और दोष की विवेचना तो तब होती ब्राह्मण, जब मुझे प्रणय-सम्बन्धी कोई विचार स्वीकार होता।"

बुद्धदेव ने अपनी बात पूरी नहीं की थी कि मांगदीया बोल पड़ी, "पिताश्री, मुझे ऐसे पुरुष से प्रणय नहीं करना है, जो सौन्दर्य की कुत्सित परिभाषा करता हो।"

"यह तुम्हारी अज्ञानता है देवि! सांसारिक अनाकर्षण ही मेरी पूँजी है, तुम्हें, तुम्हारे विचारों के अनुरूप योग्य वर अवश्य मिलेगा, परन्तु इसके लिए अनुसन्धान जारी रखो।" बुद्धदेव का इतना कहना भर था कि मांगदीया पैर पटकती हुई बोली, "बस, बस, मुझे आपके परामर्श की आवश्यकता नहीं, चलिये पिताश्री, बहुत अपमान सह लिया।" कहने के साथ ही वह चल पड़ी। और उसके पीछे मांगदीय।

बुद्धदेव के ध्यान में दूसरा दृश्य उभरा। जहाँ महारानी सामावती की सेवा में लगी, खुज्जुत्तरा ने प्रसंगवश बुद्धदेव के उपदेश सुनाये। उपदेश सुनकर सामावती इतनी प्रभावित हुई कि वह बुद्धदेव के दर्शन को लालायित हो उठी, फिर एक दिन दोनों ने दर्शन किया, उपदेश सुना। अब महारानी सामावती प्रायः बुद्धदेव की चर्चा करने लगी। यह बात मांगदीया को चुभने लगी। मांगदीया के सौन्दर्य से प्रभावित महाराज उदयन ने उससे विवाह कर लिया था। कुछ समय तो सब-कुछ ठीक रहा, परन्तु बुद्ध की प्रशंसा मांगदीया के हृदय में सुषुप्त पड़े प्रतिशोध की अग्नि को और भी बढ़ा दिया। किन्तु महाराज के भय से चुप रही। एक दिन महाराज ने आम्रवाटिका घूमने का प्रस्ताव सभी रानियों से किया। सभी रानियाँ दास-दासियाँ वाटिका पहुँचीं। वहाँ पूर्व में विश्राम कर रहे बौद्ध भिक्षु पिण्डोल भारद्वाज को देख रानियाँ उपदेश सुनने लगीं। परन्तु मांगदीया नहीं गयी। वह और जल उठी। जब महाराज उदयन वहाँ पहुँचे तो मांगदीया ने ईर्ष्यावश चुगली कर दी। महाराज ने गुस्से में भरकर भिक्षु को भला-बुरा कहा और वाटिका से निकलवा दिया। यह बात अन्य रानियों को अच्छी नहीं लगी, परन्तु वे चुप रहीं। वे समझ गयीं कि मांगदीया ने कान भरकर महाराज को आक्रोशित किया है। समय के साथ बुद्धदेव की बढ़ती ख्याति और खुज्जुत्तरा के साथ महारानी सामावती का बुद्धदेव में दिनोंदिन बढ़ता अनुराग, मांगदीया को इतना खलता कि वह एक दिन भयंकर षड्यन्त्र कर बैठी। वह भी महाराज उदयन की अनभिज्ञता में। महाराज उदयन को बुद्धदेव में रुचि नहीं थी। इसलिए वह मांगदीया की झूठी बातों को सच मान बैठते,

वह प्रायः सामावती के विरुद्ध महाराज के कान भरती और एक दिन महारानी सामावती का महल आग की लपटों से घिर गया। आग इतनी भयंकर कि उस पर नियन्त्रण पाना मुश्किल था। महारानी सामावती, दासी खुज्जुत्तरा सहित अन्य सेवक-सेविकाएँ जल मरीं। जब महाराज को इसकी जानकारी हुई तो अत्यन्त दुःखी हुए और गुप्तचर नियुक्त कर दिये कि आखिर महल में आग कैसे लगी। गुप्तचरों ने मांगदीया को दोषी पाया। महाराज ने मांगदीया सहित इस षड्यन्त्र में सहयोगी उसके रिश्तेदारों को जीवित जमीन में गड़वा दिया। और उनके सिरों को आग लगवा दिया। दुःखी महाराज उदयन बुद्धदेव की शरण में गये, जहाँ उनके उपदेशों से दुःख की निवृत्ति हुई।

"भगवन्!" अनिरुद्ध ने पुकारा।

बुद्धदेव ने आँखें खोलीं, देखा सामने अनिरुद्ध खड़ा है, उसका मुँह आँसुओं से गीला है, एक तरफ आनन्द भी दुःखी है, वह भिक्षाटन से लौट चुका था, परन्तु रो रहा था। सामने बैठे अन्य भिक्षुओं पर दृष्टि डाली तो देखा वे सब भी दुःखी हैं।

"क्या बात है अनिरुद्ध? तुम लोग दुःख से आच्छादित क्यों हो?"

"भगवन्! महामौद्गल्यायन निर्वाण को प्राप्त हुए।" कहने के साथ अनिरुद्ध फफक पड़ा।"

"तो इसमें दुःखी होने जैसी क्या बात है, यह तो मनुष्य की श्रेष्ठतम उपलब्धि है।"

"देव! महामौद्ग की हत्या की गयी है।"

"हत्या!" बुद्धदेव चौंक पड़े।

"हाँ देव! हत्या, कल रात्रि में प्रतिशोध में जलते कुछ अवांछनीय तत्त्वों ने उनकी हत्या कर दी, ग्रामीणों को शंका है महामौद्ग के सामाजिक परिवर्तन से क्षुब्ध लोगों ने ही ऐसा कुकर्म किया है।" अनिरुद्ध ने बताया।

"सारिपुत्त के बाद एक मौद्ग ही था, जिससे धम्म स्वरूप के विस्तार को गति मिली। मुझे लगता है जैसे मेरे दोनों हाथ नहीं रहे।" इतना कहकर बुद्धदेव शून्य में निहारने लगे।

कुछ देर दोनों स्तम्भित खड़े रहे फिर अनिरुद्ध ने पूछा, "कोई आज्ञा देव।"

"हाँ, महामौद्ग के अन्तिम संस्कार में मैं स्वयं भाग लूँगा, देखो अनिरुद्ध उनके शारीरिक अवशेषों पर चैत्य का निर्माण करना।"

"जी भगवन्!" बुद्धदेव उठना चाहते तो आनन्द और अनिरुद्ध ने आगे बढ़कर सहारा दिया।

वहाँ से लौटने के बाद बुद्धदेव ने कहा, "आनन्द! आज राहुल से मिलने की इच्छा हो रही है।"

"कोई आज्ञा देव!" आनन्द ने पूछा।

"चलो चलते हैं!" वह चल पड़े, आनन्द उनका अनुकरण करता रहा।

राहुल को सूचना मिली तो वह शीघ्रता से आया, और प्रणाम किया।

"प्रणाम देव!"

"राहुल! जाने क्यों आज तुमसे मिलने की इच्छा प्रबल हो गयी।"

"मेरा भाग्य है भगवन्!" उन्होंने अपना हाथ राहुल के कन्धे पर रखा। कुछ दूर चलने के बाद एक जगह जहाँ पात्र में पानी रखा था वहाँ रुक गये। फिर राहुल ने पात्र से पानी निकालकर पाँव धोये और फिर आसन पर बिठाया। राहुल, आनन्द व अन्य भिक्षु भी बैठ गये।

बुद्धदेव ने कहा, "राहुल, क्या तुम उस पात्र में भरे स्वच्छ जल को देखते हो।"

"हाँ भगवन्!"

"जिन मनुष्यों को मिथ्यावादन करने में लज्जा की अनुभूति नहीं होती, उनका श्रमण ज्ञान जल के समान त्याज्य है।"

"उचित है देव!"

"और अगर उस पात्र को औंधा कर दिया जाय तो!" भगवन् ने पूछा।

"तो सारा जल गिर जायेगा!"

"हाँ राहुल, उस औंधे पात्र की तरह उस झूठे का जीवन होता है।"

"सत्य है देव!"

"अच्छा राहुल, जब उस पात्र में जल की एक बूँद भी नहीं है।"

"हाँ भगवन्!"

"जानते हो राहुल, उस रीते पात्र की तरह उस श्रमण का जीवन है, जो श्रमण जीवन पाकर भी कुछ संग्रह नहीं कर पाया।"

"सत्य है देव!"

"राहुल! जिस मनुष्य को झूठ बोलना प्रिय है, तथा उसे लज्जा की अनुभूति नहीं होती, वह प्रत्यक्ष तथा अप्रत्यक्ष रूप से कई पापों का जिम्मेदार होता है। अतः तुम अपने श्रमण जीवन को अभ्यास के उस उत्कर्ष पर पहुँचाओ, जहाँ हास-परिहास में भी मिथ्या वादन का पाप न हो।" बुद्धदेव ने कहा।

"शिरोधार्य है भगवन्!" राहुल ने सिर झुकाकर स्वीकारोक्ति दी।

वक्कलि को बुद्धदेव की बातें कम प्रिय लगती थीं, वह तो उनका मुखमण्डल ही निहारा करता था। वह मोहग्रस्त हो चुका था। उसे जब भी अवसर मिलता बुद्धदेव के निकट बैठ जाता और निर्निमेष बुद्धदेव को देखता। एक दिन बुद्धदेव ने अनुभव किया कि वक्कलि ध्यान-साधना से भटक गया है, तभी तो यह मेरे शरीर पर मोहित है। उन्होंने वक्कलि को फटकारा, "वक्कलि! यह तुम मुझे पागलों की भाँति क्या निहारा करता है। मेरी देह क्या तुझसे भिन्न है। अरे अबोध, यह देह भी तुम्हारी तरह हाड़, रक्त, मज्जा से निर्मित है। मेरी भी काया भीतर से उतनी ही गन्दी है जितनी किसी अन्य की। मुझे निहारने से तुम्हारा कोई कल्याण नहीं होनेवाला है। मुझे देखना है तो

मेरे अन्दर समाविष्ट धर्म को देखो और जो धर्म को देखना है तो सत्य स्वरूप को देखना है। इसी में तुम्हारा कल्याण है।''

फटकार पाकर वक्कलि को भूल का अनुभव हुआ, शीघ्र चरणों में गिर पड़ा।

''भूल हुई देव!'' वक्कलि बोला।

''हाँ वक्कलि, यह सदा ध्यान रखना, अपनी जिम्मेदारियों को दूसरे पर डालकर निश्चिन्त नहीं होना चाहिए। किसी चमत्कार की प्रतीक्षा नहीं करनी चाहिए। जो तुम्हें प्राप्त करना है, उसके लिए स्वयं प्रयास करो। ध्यान साधना से भटके हुए को मार्ग नहीं मिलता।''

वक्कलि प्रणाम कर साधना के लिए उन्मुख हुआ। उसका सारा भ्रम मिट चुका था।

बुद्धदेव ध्यान मुद्रा में बैठे थे, अचानक ही कुछ स्मृति हो आयी। ''आनन्द।''

''जी भगवन्!''

''उस भिक्षु विवाद का क्या हुआ?''

''भगवन्! वह बाहिय तो जैसे संघ में भेद करने पर तुला हुआ है। और अनिरुद्ध कुछ नहीं बोलता।'' आनन्द ने कहा।

''आनन्द! क्या संघ के विवाद तुम सारिपुत्त और मौद्‌ग सुलझाने में अक्षम हो।''

''नहीं देव!''

''फिर कब से यह दायित्व अनिरुद्ध को दिया गया।''

आनन्द चुप रहा, कुछ न बोला।

''देखो आनन्द! अपने दायित्व को कभी दूसरों पर नहीं थोपना चाहिए। इससे विसंगति बढ़ती है, और मनुष्य कर्त्तव्यच्युत हो जाता है।''

''भूल हुई भगवन्!'' आनन्द क्षमा प्रार्थी हुआ।

''अच्छा ठीक है आनन्द, मुझे स्वयं ही इस विवाद को मिटाना होगा, सिद्धान्तों को लेकर ऐसे छोटे-मोटे विवाद तो होते रहते हैं। क्योंकि विवेक बढ़ने पर तर्क शक्ति बढ़ जाती है।''

''उचित है भगवन्!''

बुद्धदेव ध्यान मुद्रा त्यागकर सिंह शय्या पर हुए।

एक दिन मैं प्रभातपूर्व चक्रमण कर रहा था। अन्धकार पूरी तरह समाप्त नहीं हो पाया था। आनन्द भी साथ था। खर्र-खर्र की ध्वनि आ रही थी। परन्तु स्पष्ट कुछ दिखायी नहीं दे रहा था।

''यह ध्वनि कैसी है आनन्द!''

''भगवन्, अनुमान होता है मार्ग की सफाई करनेवाला कोई भंगी है।''

''आनन्द, यह धन्यवाद के पात्र हैं, जो मार्ग को स्वच्छ कर चलने योग्य बना देते हैं।''

आनन्द चुप रहा।

"कोई दुविधा है आनन्द!"

"हाँ, भगवन्! यह अत्यधिक तिरस्कृत जाति है, आप धन्यवाद के पात्र बता रहे हैं।"

"आनन्द! मनुष्य का मनुष्य से भेद क्यों? क्या तुम बता सकते हो, यह कार्य अगर यह व्यक्ति न करे तो स्वच्छता कायम रह सकेगी? याद रखो, हर वैभवशाली सम्पन्न व्यक्ति के पीछे जाने कितने तिरस्कृत पात्रों का अदृश्य योगदान होता है, अगर यह सभी अपनी जिम्मेदारी से विमुख हो जायें तो श्रेष्ठता, निम्नता की सतह पर आ जायेगी इसलिए आनन्द, मैं कहता हूँ यह व्यक्ति धन्यवाद का पात्र है।"

"सत्य है भगवन्, मेरा भ्रम दूर हुआ!" आनन्द ने कहा।

"अरे यह ध्वनि क्यों बन्द हो गयी!"

मैंने और आनन्द दोनों ने दृष्टि दौड़ायी तो देखा एक व्यक्ति मार्ग के किनारे दुबककर खड़ा है। उसके हाथ में मार्ग को साफ करनेवाला झाड़ूवाला डण्डा था। अन्धकार समाप्त हो चुका था। अब किसी को स्पष्ट देखा जा सकता था। आनन्द ने कहा, "भगवन्, लगता है मार्ग के स्वच्छता का कार्य पूर्ण कर लिया है।"

"नहीं आनन्द! उसे ध्यान से देखो, कितना भयभीत है, अपने पूरे व्यक्तित्व को समेटकर गुदड़ी हो चुका है।"

"हाँ देव, सत्य है! लगता है उसने हमें देख लिया था, और कदाचित् हमारी बातें भी सुनी हों।"

"हो सकता है, परन्तु आनन्द, आज इसका मिथ्या भय दूर करूँगा, मनुष्य-मनुष्य से भयभीत हो उचित नहीं।"

मैं आनन्द के साथ सुणीत के निकट पहुँच चुका था।

"क्यों दूर खड़े हो भन्ते, मेरे निकट आओ!" मैंने कहा।

"नहीं भगवन्, मैं अस्पृश्य हूँ! लोग तो हमारी छाया से भागते हैं। कहते-कहते उसकी आँखें तिरस्कार की निर्बाध कल्पना से भर आयीं।"

"क्या नाम है तुम्हारा?"

"सुणीत!"

"डरो नहीं सुणीत, मैं तथागत बुद्ध हूँ!"

"भगवन्! मैंने सुन रखा था, आज देख भी लिया मैं धन्य हुआ देव, मैं धन्य हुआ।" इतना कहते-कहते वह बिलख उठा।

मैं और समीप गया और स्नेह से कहा, "पास आओ सुणीत!"

"नहीं भगवन्, किसी जन्म के पुण्य थे, जो आपके दर्शन हुए!"

"भय मत करो सुणीत आओ!" मैंने बाँहें फैला दीं।

अचानक वह दौड़ा, उसके हाथ का वह डण्डा छूट गया, वह सीधे मेरे चरणों में गिर गया और फूट-फूटकर रोने लगा।

"उठो सुणीत, तुम बुद्ध की शरण में हो, तुम धर्म की शरण में हो, तुम संघ की शरण में हो, अपने पूर्व विचारों को पुरातन जीर्णवस्त्र समझकर उसका त्याग करो, देखो यह संसार तुम्हारा आलिंगन करने को तैयार है।"

"भगवन्!" कहने के साथ-साथ वह फफक कर रो पड़ा, मैंने देखा आनन्द ने भी अपनी गीली आँखें पोंछी, फिर हम साथ-साथ आगे बढ़ गये।

संघ पहुँचकर मैंने सुणीत के सन्दर्भ में कुछ जरूरी निर्देश दिये और जल पीने की इच्छा प्रकट की।

आनन्द चला गया, कुछ देर बाद लौटा तो उसके हाथ में जल से भरा एक पात्र था। मैंने जल पीने के बाद आनन्द से कहा, "आनन्द।"

"आज्ञा भगवन्!"

"तुम सभी भिक्षुओं को एक जगह बुलाओ, मैं अपनी अनुभूति बाँटना चाहता हूँ।"

"जैसी आज्ञा भगवन्!" वह प्रणामकर चला गया।

थोड़ी देर बाद लौटकर बोला, "भगवन् सारे भिक्षु एकत्रित हैं!"

मैं चलने को उद्यत हुआ तो आनन्द ने सहारा दिया, बढ़ती उम्र में रुग्णता और जीर्णता ने अत्यधिक कमजोर कर दिया है, मैं अनुभव करता, परन्तु जीवन तो सतत चलने का नाम है। मैं उस स्थल पर आया। जहाँ सारे भिक्षु एकत्रित थे। मैंने भिक्षुओं को सम्बोधित किया। "भिक्षुओ! मिताहार से ऊर्जा प्राप्त होती है, ऐसा मैंने अनुभव किया है। पिछले कई दिनों से मैं एक प्रहर केवल रात्रि में भोजन कर रहा हूँ और अनुभव करता हूँ कि पहले की अपेक्षा ऊर्जावान् हूँ। शरीर को निरोग व स्वस्थ रखने के लिए कम खाना भी उचित होता है। अगर आप लोग मिताहार करें व एक प्रहर भोजन करें, तो निश्चय ही कल्याणकारी सिद्ध होगा। जीवन को संचालित करने के लिए जितनी ऊर्जा चाहिए, उतना एक प्रहर के भोजन से प्राप्त होगा।"

●

"भगवन्! हम पावा के निकट हैं, कुछ दिन की यात्रा के बाद हम पावा नगरी में होंगे।" आनन्द बोला।

"हाँ आनन्द, एक भक्त का बड़ा आग्रह है कि मैं उसके घर आतिथ्य ग्रहण करूँ। उसको भ्रम था कि मैं उसका आतिथ्य ग्रहण कर सकूँगा या नहीं। उसने किसी से सुन रखा था कि बुद्धदेव केवल बड़े श्रेष्ठियों या राजाओं के यहाँ ही आतिथ्य ग्रहण कर सकते हैं, यह कितना भ्रामक है तुम जानते हो।"

"हाँ देव!"

"इसलिए हम निर्वाण से पूर्व चुन्द का आतिथ्य अवश्य ग्रहण करेंगे।"

"जैसी आज्ञा देव, परन्तु एक निवेदन है भगवन्!" आनन्द ने हाथ जोड़कर कहा।

"भगवन्, शारीरिक अस्वस्थता का परिणाम देख रहा हूँ, आप थके होने और श्वास के फूलने की दशा में भी चलते रहते हैं। यह उचित नहीं, विश्राम आवश्यक है।"

बुद्धदेव हँस पड़े, "तुम ठीक कहते हो आनन्द, पहले की अपेक्षा कुछ शीघ्र थकने लगा हूँ। चलो इसी वृक्ष की छाया में विश्राम कर लूँ।"

"हाँ देव! श्रम परिहार का यह उचित साधन है।" बुद्धदेव ने आम्रवृक्ष के नीचे ध्यान शय्या में बैठकर आँखें बन्दकर लिया। आनन्द भी दूसरी तरफ लेटकर धूप कम होने की प्रतीक्षा करने लगा।

बुद्धदेव ध्यान की सीढ़ी चढ़ते वहाँ पहुँचे।

"अनिरुद्ध!"

"हाँ देव!"

"इस वर्षावास के दौरान मैं तीन महीने की गहन साधना में हूँ। अतः किसी भी दशा में पिण्डपात करानेवाले व्यक्ति को छोड़कर, मेरे कक्ष में दूसरा कोई प्रवेश न करे।"

"जैसी आज्ञा भगवन्!"

मैं अनिरुद्ध को कड़े निर्देश देकर साधना पर बैठा। मेरी साधना में भटकाव नहीं था, बल्कि गहराई थी। जहाँ मैं बैठते ही भूख-प्यास से ऊपर उठकर गहरा चिन्तन करने लगता। वर्षावास मेरे लिये उपयुक्त समय था, मेरे लिये ही क्यों, सभी साधक भिक्षुओं के लिए। क्योंकि इन दिनों भिक्षुओं को ज्यादा आना-जाना मना कर रखा था। पिण्डपात की व्यवस्था कोई-न-कोई भक्त कर देता था, कोई बड़ी कठिनाई नहीं थी। वैसे भी वर्षावास के दौरान ज्यादा खाना उचित नहीं होता है, क्योंकि अजीर्णता होने की सम्भावना बनी रहती है। मेरे भिक्षु मेरे कठोर निर्देश मानते थे, फिर भी किसी ने पूछ ही लिया था।

"देव, आप हम भिक्षुओं को आवागमन से क्यों प्रतिबन्धित करते हैं, क्या यह स्वास्थ्य के लिए उपयुक्त है।"

"उचित है तुम्हारा प्रश्न भिक्षु, वर्षा ऋतु विभिन्न प्रकार के रोगों को साथ लिये आती है। असमय और बार-बार वर्षा में भीगना स्वास्थ्य के लिए हितकर नहीं है। साथ ही मैंने स्वयं तथा अपने लिये भिक्षुओं से अहिंसा का वचन लिया है। ऐसे में वर्षा में उत्पन्न होनेवाले सतत कीट-पतंगों तथा केचुआ आदि हमारे पाँवों के नीचे आकर मृत हो जाते हैं, और हम परोक्ष रूप से अनभिज्ञता में पाप के भागीदार हो उठते हैं, जो अर्हत् होने में बाधा है, मैं कदापि नहीं चाहूँगा कि कोई भिक्षु अनजाने में भी ऐसी भूल करें।"

मेरे वचनों का प्रभाव उस पर पड़ा और वह शीश नवाकर चला गया। वर्षावास के समय वह वस्तुस्थिति प्रायः होती थी। परन्तु इस बार मैंने अनिरुद्ध को कड़े निर्देश दिये। मैं साधना के दौरान इतने गहराई में उतर जाता जहाँ, बहुत-सारी स्मृतियाँ आती-जाती रहतीं, खट्टी-मीठी अनुभूतियाँ दुहरायी जातीं। एक दिन मैं साधना में था, कि ध्वनि सुनायी दी। उस ध्वनि को मैंने पहले कभी नहीं सुना था, परन्तु जाने क्यों वह शब्द मेरे हृदय में उतरने लगे। मैं कुछ छटपटा-सा उठा।

"पुत्र!" पुनः ध्वनि उभरी।

"मैं व्याकुल हो उठा!"

"गौतम!"

मैंने अचकचाकर इधर-उधर देखा। उस ध्वनि ने कहा, "पुत्र! तुम मुझे इसलिए नहीं देख पा रहे हो कि तुमने मुझे देखा नहीं है, अच्छा किया गौतमी ने तुम्हें अपना नाम दे दिया।" सात दिन के थे तुम, जब मैंने गौतमी को तुम्हें सौंपा था। वह रो रही थी। हम सभी बहनों में अत्यधिक प्रेम था। मैंने उससे कहा, "गौतमी, मैं चाहती हूँ मेरा पुत्र बड़ा होकर मेरे नाम से नहीं तुम्हारे नाम से जाना जाये। इसलिए इसके पालन-पोषण की जिम्मेदारी तुम्हें सौंप रही हूँ।"

वह गिड़गिड़ा रही थी, "नहीं बहन, तुम्हें जीना होगा, अपने पुत्र के लिए, हम सबके लिए।"

"मुझे व्यर्थ सान्त्वना मत दो गौतमी, मैं मृत्यु के सन्निकट हूँ, यह देखो मुझे ले जाने के लिए देवगण स्वयं आये हैं।" कहते-कहते मेरा शरीर एक तरफ लुढ़क गया।

मेरा हृदय कम्प कर रहा था, इधर-उधर देखा और स्वतः मेरे मुँह से निकल पड़ा, "माँ!"

"व्यथित न हो मेरे पुत्र, मुझे यहाँ-वहाँ कहाँ ढूँढ़ता है, मैं तो तुम्हारे हृदय में हूँ, तू मेरा ही तो अंश है।"

वह ध्वनि मुझे अत्यधिक व्याकुल कर दी।

"माँ! मैं तुम्हें देखना चाहता हूँ, मैं अबोध था, शिशु था, इसलिए देख नहीं पाया, छू नहीं पाया। तुम्हारी गोद में सो नहीं पाया। माँ क्या तुम मुझे दर्शन नहीं दोगी।" मैं विह्वल हो उठा।

"क्यों नहीं पुत्र, मैंने कहा न, मैं तुम्हारे हृदय में हूँ, तुम मुझे देख सकते हो, छू सकते हो, बातें कर सकते हो, मेरी गोद में सो सकते हो, मगर मन की आँखों से, मन के हाथों से, मन की जिह्वा से, मन के शरीर से लो देखो।" कहने के साथ ही एक छाया मेरे सामने खड़ी हो गयी।

"मैं बड़बड़ाया कौन गौतमी माँ!"

"नहीं पुत्र, मैं तुम्हारी माँ हूँ!" तभी मैंने देखा एक बालक हाथ फैलाये माँ से लिपट गया। माँ ने स्नेह से सिर पर हाथ फेरा, माथा चूमा, दोनों की आँखें सजल थीं। मैं द्रष्टा बना देख रहा था। मन में आ रहा था कि पूछूँ कि, "माँ यह बालक कौन है? क्या मैं इस सौभाग्य से वंचित रहूँगा।" तभी अगले क्षण ध्वनि आयी, "अरे गौतम, तुम भ्रमित, चकित क्यों हो, तुम जिसे मेरी गोद में देख रहे हो, यह बालक कोई और नहीं बल्कि तुम हो।"

"मैं!" मैंने आश्चर्य किया।

"हाँ पुत्र! कोई मनुष्य अपना बचपन कहाँ देख पाता है, वह तो किसी से सुनकर या फिर किसी छायाकृति को देखकर अनुमान भर लगा पाता है, जैसा कि तुम देख रहे हो।"

"मैंने देखा बालक रूप में मैं माँ से कभी मनुहार करता, कभी स्वयं ही प्रसन्न हो गले लग जाता, कभी उसकी पीठ पर चढ़ गले में बाँहें डाल झूला झूलता।" मैंने माँ से कहा, "माँ कोई कहानी नहीं सुनाओगी।"

"सुनाऊँगी पुत्र, तुम्हारे ही जन्म की कहानी तुम्हें सुनाऊँगी।" मैं उसी तरह माँ की पीठ पर लदा कहानी सुनता रहा।

आषाढ़ का कृषि उत्सव समाप्त हुआ था। सब लोग थके-थके से थे। मगर उत्सव की सफलता को लेकर बातें कर रहे थे। मैं भी थकी-माँदी अपनी शय्या पर आकर सो गयी। अत्यधिक थकान के कारण गहरी निद्रा में चली गयी। अचानक तेज हवाएँ चलने

लगीं। वातायनों पर लगे पर्दे हिलने लगे। कुछ देर बाद हवाएँ मन्द पड़ीं, मगर मेरा कक्ष सुगन्धि से भर गया। वह मुझे बहुत प्रिय लग रहा था। मैंने देखा विभिन्न वातायनों से चार दिव्य पुरुष मेरे कक्ष में प्रवेश किये। वे मेरे पास आकर मुझे प्रणाम किये और बातें कीं। क्या बातें कीं, यह मुझे याद नहीं। अगले ही क्षण मैंने देखा, "मेरी शय्या आकाश में उड़ रही है। वे देव पुरुष सुरक्षा की दृष्टि से मेरी शय्या के चारों कोनों पर खड़े थे। वे मुझे एक ऐसे स्थल पर ले गये जहाँ की रमणीय शोभा देखने लायक थी, वहाँ के समीर के झोंकों में वही सुगन्ध थी, जो कुछ देर पहले मैंने कक्ष में अनुभूति की थी। ऊँची-ऊँची पर्वतश्रेणियों से घिरी पर्वतमालाओं को देखा, वे हिम से आच्छादित थीं। कहीं झरने की कल-कल सुनायी पड़ रही थी, तो कहीं स्वच्छ अमृत के समान चमकती हुई नदी बह रही थी। शाल वनों से आच्छादित वह स्थल अत्यन्त मनोरम था। उस स्थल पर शाल पुष्प ऐसे खिले थे, जैसे किसी के स्वागत के लिए बिछाये गये हों। मैं चकित-सी उस अभिराम दृश्य को देख रही थी, कि अचानक देवांगनाओं के परिहास की ध्वनि सुनायी दी। मेरा ध्यान उधर गया तो देखा वे सब अत्यन्त सुन्दर वेश-विन्यास किये मेरी तरफ चली आ रही हैं। अगले ही क्षण वे मुझे शय्या से उठाकर अमृतमयी नदी में ले गयीं, स्नान कराया, दिव्य वस्त्राभूषण पहनाये। मेरी बेड़ियाँ गूँथीं, हाथ और पाँव में मेंहदी रचाये, महावर लगाये, वे मेरे ऊपर पुष्पवर्षा करती रहीं, मैं भी हास-परिहास में स्वयं को भूल गयी थी। अचानक एक दिव्य प्रकाश प्रकट हुआ। पहले तो मेरी आँखें उस दिव्य प्रकाश को सहन नहीं कर पायीं मैंने अपनी आँखें मूँदनी चाहीं, तभी देखा उस दिव्य प्रकाश की जगह एक सफेद हाथी मेरे सन्निकट आ रहा है। अरे...यह तो हस्ति शिशु है। मैं आश्चर्यचकित थी। वह सूँड़ में कमल का पुष्प-गुच्छ लिये समीप आया और मेरी प्रदक्षिणा की। फिर मेरे चरणों में सारे पुष्प चढ़ा दिये। वह अचानक गायब भी हो गया, मैंने देखा उस समय सभी देवांगनाएँ और वे देव मेरी स्तुति करते हुए मेरी आरती उतार रहे थे। बारी-बारी से सभी ने मुझे प्रणाम किया। फिर वे देव मुझे मेरे कक्ष तक छोड़ गये। नींद खुली तो स्वयं को अपनी शय्या पर पाया।"

"माँ, कितनी रोमांचक है यह कहानी!" माँ की पीठ पर झूलते हुए मेरे बाल रूप ने पूछा।

"पुत्र, क्या आगे की कहानी नहीं सुनोगे!" माँ ने गालों पर हलकी चपत लगाते हुए पूछा।

"क्यों नहीं माँ, कहानी मुझे अच्छी लगती है। गौतमी माँ सुनाया करती थीं। आज प्रथम बार तुम्हारे मुँह से सुन रहा हूँ। सुनाओ न माँ।" मैंने सिर हिलाते हुए कहा।

"सुनो पुत्र!" निद्रा खुलने के पश्चात् मैंने तुम्हारे पिताश्री से स्वप्न के बारे में बताया। वे गम्भीर हो गये और ज्योतिषियों से स्वप्न के बारे में पूछा। उन्होंने गणना-मनना करके बताया कि, "महाराज! चिन्तित होने की कोई आवश्यकता नहीं, महारानी ने गर्भधारण किया है। यह स्वप्न देवपुरुष के प्रादुर्भाव का संकेत है। आप

उन भाग्यशाली लोगों में से हैं, जिनके घर युगों-युगों में एक बार ऐसे दिव्य पुरुष का अवतार होता है।"

हम लोगों ने ज्योतिषियों की बातों पर पूर्ण विश्वास किया। समय बीतता रहा, दस माह बीत चुके थे। जाने क्यों मुझे मायके जाने की इच्छा हो रही थी, महाराज से जब मैंने कहा तो वे मना कर दिये और कहा, "पुत्र प्रसव के बाद चली जाना, अभी तुम्हारे लिये लम्बी यात्रा उचित नहीं है।" मैंने पुनः निवेदन किया, "महाराज! अगर आप अनुमति दें तो लुम्बिनी वन तक ही घूम आऊँ, जी बहल जायेगा।" काफी ना-नुकर के बाद महाराज ने लुम्बिनी जाने की अनुमति दे दी। साथ ही अनेक दास-दासियाँ भी साथ भेजे। मैं लुम्बिनी वन जाकर घूमने लगी। हरे-हरे वृक्ष, वनस्पतियाँ, पुष्पवृक्ष, लताएँ, फलदार वृक्ष, हरी-हरी घास मुझे अत्यधिक प्रिय लगे। मेरा मन वात्सल्य प्रेम में आप्लावित हो रहा था। मैं वृक्षों व पुष्पों को पुत्रवत् स्नेह से सहलाती वन घूम रही थी कि अचानक तेज प्रसव पीड़ा हुई। मैं पीड़ा से छटपटा उठी। दासियों ने तत्काल ही मेरे इर्द-गिर्द वस्त्रों का घेरा बना दिया। पीड़ा से छटपटाते हुए मैंने एक वृक्ष की लटकी हुई डाल का सहारा लिया। कुछ ही देर में तुम्हारा जन्म हो गया।"

"मेरा जन्म माँ!" मैंने माँ की पीठ पर झूलते ही पूछा।

"हाँ, तेरा जन्म!" कहकर उन्होंने मेरे सिर को खुजाया।

मैं हँस पड़ा। "फिर क्या हुआ माँ!" मैंने पूछा।

"फिर ऽऽ!" माँ ने कुछ सोचने का स्वाँग किया। फिर मुस्कराते हुए बोली, "फिर तू चलने लगा, पगला कहीं का।" कहकर माँ हँस पड़ी और मैं भौंचक हो उसका मुँह निरखने लगा। फिर अचानक ही मेरा बाल रूप कहीं गायब हो गया। इस तरह साधना के दौरान ही मैं माँ से मिलता, बातें करता। जाने कब तीन माह बीत गये पता ही नहीं चला। मेरी अगवानी करने आनन्द आया था। अनिरुद्ध के कहने पर वह अक्सर ही आनन्द को मेरी सेवा में उन्मुख करता।

तीन महीने बाद जब मैं साधना कक्ष से निकला। तो चातुर्मास पूर्ण हो चुका था। भक्तों व भिक्षुओं की एक भारी भीड़ मेरे दर्शन के लिए लालायित थी। जो सुनता आज बुद्धदेव के दर्शन होंगे, वे भागे आते उसी भीड़ में उत्पला भी थी। उसे दर्शन की उत्कण्ठा थी। परन्तु उस गरीब को कौन पूछ रहा था। सभी भागे जा रहे थे। कीमती वस्त्राभूषण से सुसज्जित अपने-अपने वाहनों से। मलीन वस्त्रों में लिपटी उत्पला के पैरों में पादुका तक नहीं थी। उसके मन में आशंका थी कि इन बड़े-बड़े श्रेष्ठियों के आगे उत्पला भला कैसे पहुँच पायेगी। वह भी शीघ्रता से मेरे पास पहुँच जाना चाहती थी। परन्तु निरुपाय थी। वह निराश होकर बैठ गयी। उसने आसमान की ओर देखा, और मन-ही-मन मेरे दर्शन के संकल्प को दुहराया।

सारी तैयारियाँ पूरी थीं। मेरे स्वागत और पूजन के लिए नगरश्रेष्ठी अनाथपिण्डक और स्वयं महाराज प्रसेनजित् आनेवाले थे। पूरा प्रांगण भिक्षुओं और श्रद्धालुओं से

भरा-पटा था। चारों तरफ से आवाजें आ रही थीं। तभी एक चमचमाता हुआ स्वर्णजड़ित रथ द्वार पर रुका, नगरश्रेष्ठियों और भिक्षु सहित समस्त उपस्थित नागरिकों की दृष्टि उस रथ की तरफ गयी, यह आगन्तुक कौन है। इसी कौतूहल में चारों ओर खुसुर-फुसुर होने लगी। लोगों ने अनुमान लगाया कि महाराज प्रसेनजित् होंगे या श्रेष्ठी अनाथपिण्डक। परन्तु वहाँ किसी स्त्री को रथ से उतरते देख लोगों ने दाँतों तले उँगली दबा ली।

"अरे... यह तो उत्पला है!"

"कौन उत्पला!"... किसी ने पूछा।

"भिक्षुणी उत्पला, मैंने नगर में क्षुधा-तृप्ति के लिए भिक्षा माँगते देखा है कई बार।" एक ने कहा, "चुप करो, ऐसी बे-सिरपैर की बातें करोगे तो लोग पागल समझेंगे तुम्हें। अरे मेरे पास इतनी भी अक्ल नहीं है, जिसके पास खाने के लिए दो मुट्ठी अन्न के दाने नहीं हैं, वह इस रत्नजड़ित रथ पर आरूढ़ होकर भला कैसे आयेगी।" एक बूढ़े ने कहा।

"हाँ, हाँ, बताओ कि जिसके पास तन ढँकने के लिए ठीक वस्त्र तक नहीं हैं, वह भला कैसे इन रेशमी वस्त्रों में लिपटी, पूर्ण श्रद्धा के साथ यहाँ उपस्थित है।" दूसरे ने कहा।

"उसके हाथ में स्वर्ण का यह पूजन थाल तो देखो, उसमें रखी हुई पूजन-सामग्री, फलादि देखकर तुम्हारी क्षुद्र बुद्धि नहीं जान पायी कि यह कोई दूसरे देश की रानी है।" तीसरे ने कहा।

"कोई रानी नहीं है यह, यह उत्पला है मैं अच्छी तरह पहचानता हूँ।" पहला बोला।

"लगता है तुम्हारी बुद्धि मारी गयी है, नहीं तो ऐसी बे-सिरपैर की बातें नहीं करते।" दूसरा व्यक्ति, पहलेवाले को घूरते हुए बोला।

"तुम लोग चाहे जो कहो। मुझे तो लगता है, यह परिवर्तन किसी की अनुकम्पा का परिणाम है।" पहला व्यक्ति बोला।

"किसकी अनुकम्पा है यह तो बताओ!" दूसरा बोला।

"किसी की भी श्रेष्ठी अनाथपिण्डक या फिर महाराज प्रसेनजित् की।" पहला बोला।

"हम तो कहते हैं, अगर तुम्हारी बात मान भी लें तो यह अनुकम्पा बुद्धदेव की है, परन्तु तुम्हारे लिये शोध का विषय है कि यह अनुकम्पा किसकी है।" कहकर वे हँस पड़े।

पहला व्यक्ति सिर खुजाने लगा।

उत्पला ने बुद्धदेव की पूजा की। वह आँसुओं का अर्घ्य लेकर बार-बार बुद्धदेव के चरणों में सिर झुका रही थी।

उसी समय श्रेष्ठी अनाथपिण्डक और महाराज प्रसेनजित् भी पधारे। उन्होंने भी क्रमशः पूजन किया। बौद्ध भिक्षु और नागरिकों ने भी श्रद्धा के पुष्प चढ़ाये। उत्पला चली गयी। उसका मनोरथ पूर्ण हुआ। कहाँ से आयी और कहाँ गयी यह रहस्य बना रहा। क्योंकि लोगों ने उत्पला को अगले दिन पुराने वेश-भूषा में भिक्षाटन करते देखा।

उस दिन भीड़ ज्यादा थी। श्रद्धालु दर्शन के लिए व्याकुल हो उठे। मैं, आनन्द, अनाथपिण्डक और महाराज प्रसेनजित् के साथ समस्त उपस्थित श्रद्धालुओं के आशीर्वाद के लिए चल पड़ा। लोग प्रेम में भरकर मेरे ऊपर पुष्पवर्षा कर रहे थे। मैं हाथ उठाये आशीर्वाद मुद्रा में आगे बढ़ रहा था। अचानक एक जगह अपनी ही काष्ठ प्रतिमा देखकर चौंक पड़ा।

"यह प्रतिमा तो मेरी है आनन्द!"

"हाँ देव! आपके वर्षाकाल के दौरान दूर-दराज से आनेवाले श्रद्धालुओं को आपकी अनुपस्थिति दुःख पहुँचाती थी। इसलिए महाराज प्रसेनजित् ने हम लोगों के परामर्श से यह काष्ठ प्रतिमा बनवायी है।" आनन्द ने बताया।

मैंने प्रसेनजित् की ओर देखा, वह हाथ जोड़े विनीत भाव से खड़े थे। उन्होंने कहा, "भगवन्! यह कार्य श्रद्धावश हमने आपकी अनुमति के बिना किया है। अतः आपकी आज्ञा से हम इसे हटवा देंगे।"

"नहीं महाराज! इसे यहाँ रहने दिया जाय, श्रद्धालुओं के लिए उचित है कि वे मेरी उपस्थिति और अनुपस्थिति दोनों में पूजन कर सकते हैं।"

महाराज सहित सभी भिक्षु मुस्करा उठे। मैं प्रतिमा के सम्मुख गया। अद्‌भुत है महाराज।

प्रसेनजित् सिर झुकाकर बोले—"आपकी अनुकम्पा है देव!"

फिर मैंने देर तक श्रद्धालुओं को दर्शन दिया। भीड़ कई दिन तक आती रही। उनके दर्शनों का क्रम चलता रहता। एक सूचना मिली कि पिताश्री नहीं रहे। जैसे अन्य किसी को पिता के न होने का दुःख पहुँचता है, वैसे मुझे भी पहुँचा। शरीर की क्रिया-गति के रहस्यों को जानने के बाद भी यह भावात्मक अभिव्यक्ति थी। मुझे उनके अन्तिम संस्कार में पहुँचना है। मैंने आनन्द सहित कुछ भिक्षुओं को साथ लिया और चल पड़ा। वहाँ मेरी प्रतीक्षा हो रही थी। माँ गौतमी और (यशोधरा) गोपा दोनों अत्यधिक व्यथित थे। क्योंकि जिन्हें वह सम्बल मानकर जी रहे थे वह नहीं रहे। अन्तिम संस्कार के बाद मैं लौटना चाहा, तो गौतमी माँ ने प्रव्रज्या ग्रहण करने की पुनः याचना की।

मैंने मना कर दिया और वापस लौट आया।

अचानक ध्यान भंग हो गया। मैंने देखा आनन्द जागकर बैठा है। मेरे लिये जल का प्रबन्ध कर रहा है। मैंने हाथ-मुँह धोया और फिर हम पावा की तरफ चल पड़े। मार्ग में कहीं-कहीं गाँव भी पड़ते जहाँ हम भिक्षाटन भी कर लेते। मार्ग में ही मैंने आनन्द से पूछा।

"आनन्द!"

"हाँ, देव!"

"तुम्हें याद है, पिताश्री के देहावसान के बाद माँ गौतमी और (यशोधरा) गोपा प्रव्रज्या पाने को व्यग्र थीं।"

"हाँ भगवन्, मुझे अच्छी प्रकार से याद है। माँ गौतमी तथा राहुलमाता ने अपनी सेविकाओं सहित प्रव्रज्या ग्रहण करने वैशाली तक आयी थीं। दृढ़ निश्चय के साथ। वहाँ आपने तीसरी बार प्रव्रज्या देने से मना कर दिया।"

मैं हँस पड़ा, "हाँ आनन्द! सही कहा तुमने, मैंने तीसरी बार उन्हें प्रव्रज्या देने से इनकार कर दिया, इससे वे अत्यधिक निराश व हताश थीं।"

"हाँ देव, सचमुच वे निराश थीं। उन्हें आपका यह कठोर व्यवहार उचित नहीं लगा।"

"जानते हो क्यों आनन्द, मैं नहीं चाहता था कि स्त्रियों को संघ में सम्मिलित कर नयी परम्परा का सूत्रपात करूँ।"

"मगर क्यों देव!" मेरी जिज्ञासा बढ़ी।

तभी एक भीड़ आकर देव के चरणों में लोटने लगी। भगवन् श्रद्धालुओं को उपदेश देने में व्यस्त हो गये।

•

चलते-चलते आनन्द ने अनुभूति की कि बुद्धदेव पहले की अपेक्षा जीर्णता को प्राप्त हो गये हैं। बार-बार बीमारियों की चपेट में आने के बावजूद भी वे संसार की दुःख निवृत्ति का संकल्प नहीं भूले थे। इसलिए वह सतत चलने में विश्वास करते थे। आनन्द का हृदय करुणा से बार-बार भर उठता था। इतने वर्षों से साथ-साथ होने का परिणाम ही था कि वह बुद्धदेव को तनिक कष्ट होने देना नहीं चाहता था, परन्तु क्या करे बुद्धदेव अपनी धुन के पक्के हैं। शरीर की जीर्णता से स्वास्थ्य भी ठीक नहीं रहता था। फिर भी वे अपनी दिनचर्या में कोई बदलाव नहीं लाये थे। वह चाहते थे, अब बुद्धदेव अत्यधिक श्रम न करें। विश्राम करें। और वह खूब सेवा में संलग्न रहे। परन्तु देव को विश्राम कहाँ भाता था। बुद्धदेव जब विश्राम करते तो आनन्द देर तक पास खड़ा होकर उनका मुखमण्डल निहारा करता। और अपने हृदय में उमड़-घुमड़ रहे बादलों को रोकने का प्रयास करता, परन्तु चुपचाप नेत्र बरस ही उठते थे। जिसका आभास बुद्धदेव को भी हो जाता। वे आँख बन्द किये ही पूछते, ''क्या हुआ आनन्द?''

और आनन्द बात टाल जाता, ''कुछ नहीं भगवन्, देख रहा था, आप सोये हैं या जागे हैं।''

''क्यों कोई जिज्ञासा है?'' बुद्धदेव ने पूछा।

''हाँ देव! मैं जानना चाहता था आप स्त्रियों का संघ में प्रवेश क्यों नहीं चाहते थे।'' आनन्द ने पूछा।

''आनन्द! पुरुष अपनी कमजोरियों को सदा से स्त्री पर थोपता आया है। मुझे ऐसा लगता था, संघ में स्त्रियों के प्रवेश से दोष उत्पन्न होने की सम्भावना बनी रहेगी। संघीय व्यवस्था की लम्बी आयु के लिए स्त्रियों का दूर होना ही उचित होता है।''

''परन्तु देव! सामाजिक विद्रूपता का भी ध्यान रखना आवश्यक होता है। स्त्री तो पुरुष की बराबर की संगिनी है। फिर उपेक्षात्मक भाव क्यों।''

"आनन्द! हमारे यहाँ पितृसत्तात्मक व्यवस्था चलती है। स्त्री परिवार की रीढ़ होती है, वह सृजन शक्ति है। अगर मैं स्त्री को संघ में शामिल होने की अनुमति दे देता तो, पारिवारिक व्यवस्था चरमरा जाती। क्योंकि परिवार में छोटी-मोटी समस्याएँ तो लगी ही रहती हैं। स्त्रियाँ घर-बार छोड़कर संघ में शामिल हो जातीं। फिर सामाजिक विघटन की समस्या आ जाती।"

"भगवन्, जब से आपने भिक्षुणी संघ की अनुमति दी है। स्त्रियों का गिरता मनोबल थम गया है। उन्हें पूर्व की अपेक्षा समाज में उच्च स्थान प्राप्त हुआ है। फिर आपके पूर्व विचार सही थे या अबके विचार।"

"आनन्द, विचार तो देश-काल-परिस्थिति के अनुरूप बदलते ही रहते हैं। परन्तु उसमें भविष्य का चिन्तन होना आवश्यक है। भिक्षुणी संघ का निर्माण तुम्हारे हठ का परिणाम है। अगर तुम हठ नहीं करते तो मैं अपने पूर्व विचार पर दृढ़ रहता।"

"सत्य कहा देव आपने! मैंने हठ किया था, परन्तु मैंने समाज में उन स्त्रियों की दशा देखी है जो विभिन्न परिस्थितियों में दयनीय जीवनयापन को विवश थीं, आज वे सभी मानसिक शान्ति लाभ करते हुए, सामाजिक उन्नयन में संलग्न हैं। पितृसत्तात्मक समाज तो बहुविवाह भी कर लेता है। अनमेल विवाह से असमय वैधव्य स्त्री के लिए अभिशाप था। पति के श्रमण बन जाने पर, मृत होने पर या फिर पागल होने की स्थिति में स्त्री कुण्ठा या पारिवारिक उपेक्षा का शिकार हो जाती थी। कुछ को गणिका बनकर नारकीय जीवन जीने के लिए विवश होना पड़ता है। ऐसी जाने कितनी विसंगतिपूर्ण समस्याएँ थीं, जिनको हमारा समाज कुष्ठ की तरह धारण करने को विवश था।"

"हाँ आनन्द, सही कहा तुमने। इसीलिए मुझे भिक्षुणी संघ की अनुमति देते समय भिक्षु संघ की अपेक्षा भिक्षुणी संघ को कठोर नियमों में आबद्ध करना पड़ा। इसके पीछे पुरुष समाज की रूढ़िवादी सोच नहीं थी, बल्कि मेरा विचार था कि अगर भिक्षुणियाँ इन कठोर नियमों का पालन करती रहेंगी, तो पुरुष कभी अपनी कमजोरियों को उन पर थोप नहीं पायेगा। और वे सहजतापूर्वक श्रमण बन अर्हत् हो सकेंगी।"

चलते-चलते अँधेरा हो चला था। बुद्धदेव ने रात्रि विश्राम का निर्णय लिया। आनन्द ने कहा, "सामने कोई गाँव लगता है क्यों न यहीं विश्राम किया जाये। भोजन की व्यवस्था भी हो जायेगी। प्रातः हम पावा की ओर चल पड़ेंगे।"

"हाँ आनन्द, यही उचित है, इसलिए चलो चलते हैं।"

कहकर बुद्धदेव आनन्द के साथ गाँव में प्रवेश किया। वहाँ ग्रामीणों में उनकी ख्याति खूब थी। ग्रामीणों ने पिण्डपात की व्यवस्था किया। बुद्धदेव ने ग्रामीणों को उपदेश भी दिये। फिर ध्यान शय्या पर लेट गये। आनन्द भी श्रम-परिहार के लिए लेटा पर, उसके मन में जिज्ञासाओं की लड़ी थी। वह देव से वार्त्ता कर अपनी जिज्ञासाओं का समाधान चाहता था, पर वे विश्राम कर रहे थे। उसने भी आँखें बन्द कर सोने का प्रयास किया। परन्तु आँखों में नींद नहीं थी। वह सोच रहा था कि उसने किस प्रकार

प्रजापति गौतमी को प्रव्रजित करने की अनुमति माँगी थी। कितनी कठोरतापूर्वक अस्वीकृत किया था देव ने गौतमी माँ के प्रस्ताव को।

"देखो न आनन्द! गौतम मेरी बात नहीं सुनता। अब मैं किसके सहारे जीऊँगी। कौन मेरा सम्बल होगा। महाराजश्री रहे नहीं। एक पुत्र था वह भी मुख मोड़ लिया। तुम देखो आनन्द, मेरी जैसी जाने कितनी दुर्भाग्यशालिनी स्त्रियाँ समाज में कुण्ठा-भरा जीवन जीती हैं। क्या तुम्हारे भगवन् को नहीं सूझता।"

आनन्द चुप रहा, गौतमी लगातार बोले जा रही थीं। "जाने कितनी शाक्य स्त्रियाँ लालायित हैं, वह श्रमण बन शान्ति लाभ प्राप्त करें। उन्होंने वर्षों अपने परिवार के लिए जीवन होम किया है। आज वही परिवार मुख मोड़े हुए है। एक-एक स्त्रियों की मार्मिक कहानियाँ हैं। क्या तुम्हारे शास्ता सामाजिक विद्रूपता की इस भयावहता से भाग रहे हैं। क्या उन्हें भी परिव्राजकों और निर्ग्रन्थों की तरह अपनी ही सुधि रहती है। समाज के विखण्डित होते इस स्तम्भ के प्रति कोई जिम्मेदारी नहीं। बोलो आनन्द, तुम बोलते क्यों नहीं। चुप क्यों हो। क्या तुम अपने शास्ता को यह नहीं बता सके कि आदिकाल से स्त्रियाँ संन्यास धर्म की ओर उन्मुख रही हैं। फिर उन्होंने निर्ममतापूर्वक स्त्रियों के लिए संघ का द्वार क्यों बन्द कर रखा है।"

आनन्द फिर भी चुप रहे, उसकी समझ में नहीं आ रहा था कि वह क्या निर्णय ले। वह शास्ता से कैसे कहे, गौतमी माँ की इस पीड़ा को।

"सात दिन के थे, तुम्हारे शास्ता, जब उनकी माँ ने मुझे सौंपा था। मैंने उनके लिए स्वयं के उमंगों का गला घोट दिया। और ममता के आँचल से हर विपत्तियों से सुरक्षित रखा था उन्हें। आनन्द, मैं तुम्हें उसी ममता की सौगन्ध देती हूँ। शास्ता से कह दो वह स्त्रियों के लिए प्रव्रज्या का मार्ग खोल दें, अन्यथा समस्त शाक्य स्त्रियाँ मृत्यु को वरण करने से नहीं चूकेंगी।" प्रजापति गौतमी अन्तिम निष्कर्ष पर पहुँच चुकी थीं।

"माता! मैं शास्ता से आग्रह करूँगा। आपकी बातों ने मेरे मन-मस्तिष्क पर छाये भ्रम के बादल हटा दिये। मैं अपने प्रयास में कोई कमी नहीं छोड़ूँगा। इस बात के लिए मैं आपको आश्वस्त करता हूँ।" आनन्द ने पहली बार बोलकर प्रजापति गौतमी के हृदय में उम्मीद का दीपक जला दिया। माता गौतमी ने कहा, "आनन्द! मैं शास्ता के उत्तर के लिए तुम्हारी प्रतीक्षा करूँगी।"

आनन्द चला गया। माता गौतमी वहीं बैठ गयीं, असहाय, निराश्रित, जैसे संसार में कोई अपना सगा नहीं हो। जीवन का कोई उद्‌देश्य शेष नहीं बचा हो।

जब आनन्द ने निवेदन किया कि देव! स्त्रियों को प्रव्रज्या का अधिकार देकर समस्त स्त्री-जाति के कल्याण का मार्ग खोल दीजिये तो बुद्धदेव ने कहा, "आनन्द, तुम इतने उत्साहित क्यों हो। यह जानते हुए कि मैंने स्त्री प्रव्रज्या को कठोरता से निषेध किया है।"

आनन्द हाथ जोड़कर खड़ा हो गया, उसकी आँखों में करुणा के भाव स्पष्ट दिखायी दे रहे थे। आँसू की दो बूँदें बुद्धदेव के चरणों पर पड़ीं।

आनन्द बोला, "भगवन्! देवी गौतमी की पीड़ा से अभिभूत हूँ। उनके हृदय में स्त्री-जाति के प्रति करुणा और सहानुभूति है। आपके धर्म में भटकी हुई मानवता को सम्बल मिला। क्या स्त्री-जाति को इस कृपा से वंचित कर देखना उचित होगा। देव! आज उन्होंने अत्यन्त दुःखी होकर कहा कि शास्ता ने मेरी ममता की उपेक्षा की है। अगर शाक्य स्त्रियों को प्रव्रजित होने का अधिकार नहीं मिला तो उद्देश्य और आधारहीन हो चुकी हम सभी प्राणहन्ता हो जायेंगी। मैं आपसे करबद्ध निवेदन करता हूँ देव, कि माता गौतमी की बातों में सत्यता है। आप उन्हें प्रव्रजित कर स्त्री-जाति के उत्थान का मार्ग प्रशस्त कर दीजिये।"

"आनन्द, तुमने अपनी बातों से मुझे अपना निर्णय बदलने के लिए विवश कर दिया है। तुम माता गौतमी से पूछ लो अगर वे मेरी आठ शर्तों को मानने के लिए तैयार हैं तो मैं यह अधिकार दे सकता हूँ।"

"वे शर्तें क्या हैं देव!" आनन्द ने पूछा।

"फिर मैंने उन्हें आठ शर्तें बतायीं। माता गौतमी ने सहजता से स्वीकार किया और सैकड़ो स्त्रियों सहित धर्म में प्रव्रज्या ग्रहण की। मैंने स्त्रियों के लिए भिक्षुणी संघ बनाया और आठ शर्तें लागू की गयीं।"

आनन्द ने करवट बदला, कौवों की कर्कश ध्वनि ने निद्रा भंग कर दी।

हम पावा के लिए पुनः चल पड़े थे। बहुत देर तक न आनन्द कुछ बोल पाया न ही मैं। हम केवल चलते रहे। अचानक मैंने आनन्द से पूछा।

"आनन्द!"

"हाँ देव!"

"मौद्ग के बिना पूर्वाराम अत्यन्त सूना-सा होगा न।"

"हाँ देव! पूर्वाराम की जिम्मेदारी मौद्गल्यायन ने बड़ी सहजतापूर्वक संचालित कर रखी थी।"

"हाँ आनन्द! अनाथपिण्डक के जेतवन विहार के पश्चात् विशाखा का पूर्वाराम भी शीघ्र बनकर तैयार हो चुका था। तुम्हें तो याद होगा न।"

"हाँ भगवन्, मुझे अच्छी तरह से याद है।"

"जानते हो आनन्द, विशाखा में पिता के संस्कार मौजूद थे। उसके पिता अक्सर ही मेरे दर्शन के लिए आते थे और उपदेश सुनते थे। विशाखा भी पिता के साथ आती थी। विशाखा भिक्षुओं के प्रति सहृदय थी। उसके द्वार से कोई भिक्षु भूखा नहीं लौटा। विशाखा के पुण्य क्षीण नहीं हुए थे। इसलिए उसका विवाह ऐसे परिवार में हुआ था, जो धार्मिक प्रवृत्ति का था। विशाखा के श्वसुर श्रेष्ठी मिगार, एक अनुशासित किन्तु सहृदय व्यक्ति थे। वह निर्ग्रन्थों के प्रभाव में थे। जैसे कोई अपनी प्यास समुद्र के खारे पानी से बुझाना चाहे तो, वह प्यासा ही रह जाता है। उसकी प्यास नहीं मिटती, वही

दशा श्रेष्ठी मिगार की थी। परन्तु विशाखा जैसी गुणवती बहू पाकर उनका जीवन धन्य हो गया। क्योंकि विशाखा में परिवार संचालन की अत्यन्त कुशलता थी। वह कड़े अनुशासन के साथ धार्मिक प्रवृत्तिवाली थी। वह मिगार को समय से पिण्डपात कराने के साथ, दवा-दर्पण का ध्यान रखती थी। वह माता के समान स्नेहपूर्वक डाँट भी पिलाती थी। इसलिए मिगार श्रेष्ठी उन्हें प्रेम से माता कहकर बुलाते थे। धीरे-धीरे विशाखा, मिगार माता के नाम से प्रसिद्ध हो गयी।''

''हाँ देव, सच में, मैंने सुना है लोग उन्हें मिगार माता कहकर बुलाते हैं।'' आनन्द ने उत्साह से कहा।

''आनन्द, विशाखा का पूर्वाराम जब बनकर तैयार हुआ, तो उसने हमें दान किया था। उस अवसर पर तुम थे।''

''हाँ देव, मुझे अच्छी तरह से याद है। बड़ा भव्य आयोजन हुआ था। इतना विशाल प्रासाद भिक्षुओं के लिए उचित था।'' आनन्द बोला।

''आनन्द! तुम्हें याद होगा कि विशाखा ने भिक्षुओं और भिक्षुणियों के लिए वर्ष में एक बार एक जोड़ी वस्त्र देने का भी निर्णय लिया था क्योंकि उसे लगता था ज्यादा परेशानी भिक्षुणियों को होती है। उन्होंने जीवन-भर भिक्षुओं और भिक्षुणियों को एक वेला पिण्डपात कराने का निर्णय लिया वह भी मुझसे अनुमति लेकर। विशाखा का यह निर्णय अनाथपिण्डक की तरह था।''

''हाँ भगवन्! विशाखा और अनाथपिण्डक सांसारिक जीवन में रहते भी हुए एक श्रमण ही थे।'' फिर कुछ याद आते ही आनन्द पुनः बोल पड़ा।

''भगवन्, प्रचलित धर्म में पशुबलि को लेकर आपका यज्ञ निषेध जनसाधारण से लेकर राजाओं ने भी स्वीकार किया तो क्या विरोध का स्वर पूर्णतया दब गया।''

''आनन्द, अज्ञानता में मनुष्य जो कर्म करता है, वह बिना सोचे-समझे करता है। सही वस्तुस्थिति का ज्ञान होने पर वही चीजें निरर्थक लगने लगती हैं। मैंने केवल लोगों को सही वस्तुस्थिति से अवगत कराया।''

तुम्हें याद होगा आनन्द, जब महाराज प्रसेनजित् परम्परागत यज्ञ की तैयारी पूर्ण कर चुके थे, यज्ञ के होता मन्त्रोच्चार कर रहे थे। श्रावस्ती की प्रजा का एक विशाल जनसमूह वहाँ इकट्ठा था। प्रजा में उत्साह था। सैकड़ों मूक पशुओं को बलि हेतु यूपों के समीप लाया जा चुका था। वाद्य यन्त्रों व मन्त्रोच्चार की ध्वनियों का समवेत स्वर गूँज रहा था। वह हम लोगों का प्रथम श्रावस्ती आगमन था। मेरे विचारों से बहुत लोग अवगत नहीं थे। महाराज ने हम लोगों की अगवानी की, मेरे पूछने पर आयोजन बताया कि परम्परागत पुण्य अर्जित करने के लिए वर्षों से यह यज्ञ होता आ रहा है। मैंने कहा, ''महाराज, पुण्य अर्जन के लिए पशुबलि ही क्यों, अन्य प्रकार के यज्ञ हैं जिनमें पशुबलि नहीं है। क्या आपको पुण्य का भागीदार नहीं बना सकता।''

मेरे इस प्रश्न पर महाराज प्रसेनजित् निरुत्तर हो गये, और फिर कहा, "भगवन्, यह यज्ञ प्राचीन समय से होता आ रहा है। और सबका मानना है ऐसे यज्ञ हमें दैवीय आपदाओं से बचाते हैं। मेरे राज्य में सब कुशल मंगल हो, मेरी प्रजा पर किसी प्रकार की विपत्ति न आये, इसलिए यह विशाल यज्ञ आहूत किया गया है।"

"महाराज! क्या आपने पिछले वर्ष यज्ञ नहीं किया था?" मैंने पूछा।

"किया था देव!"

"फिर आपके राज्य में भयानक दुर्भिक्ष क्यों? क्यों अकाल के वश में होकर सैकड़ों जन असमय काल-कवलित हो गये, क्यों आपकी प्रजा दाने-दाने को तरस रही है, क्यों लोग पलायन के लिए विवश हैं।" मैंने कई प्रश्न लगातार पूछे।

"भगवन्, यह अनुष्ठान प्रजा के कल्याण के लिए है। सम्भव हो, यज्ञ की सफलता से यह विपत्ति टल जाये, और वर्षा हो जाये।" महाराज ने कहा।

"महाराज! किसी अवश्यम्भावी कल्पना की पूर्णता के लिए सैकड़ों मूक पशुओं की हत्या, यह महापाप-जैसा जघन्य कृत्य है। इससे कभी कल्याण नहीं होगा।" मैंने समझाया।

"फिर कल्याण कैसे होगा देव?"

"सात्त्विक यज्ञ महाफलदायक होते हैं, यह तीन प्रकार की अग्नियों से प्रज्वलित होता है।"

"कौन-कौन-सी अग्नि, देव!"

"पहला आहवनीयाग्नि, दूसरा गार्हपत्याग्नि, तीसरा दक्षिणाग्नि। यही तीनों अग्नियाँ वास्तविक यज्ञ को पुण्यभागी बनाती हैं।" मैंने समझाया।

"कैसे देव?"

"माता और पिता को पहली अग्नि समझना चाहिए। उनका सत्कार व पूजा करनी चाहिए। प्रजा, पत्नी, बच्चे, दास तथा कर्मकार को दूसरी अग्नि तथा श्रमण एवं ब्राह्मणों को तीसरी अग्नि समझकर सेवा करनी चाहिए।"

"इसे और स्पष्ट बतायें देव!"

"महाराज! यह मनुष्य के हाथ में है कि इस सात्त्विक यज्ञ को चाहे तो प्रतीक के रूप में करे या प्रत्यक्ष, दोनों दशा में कल्याणकारी तथा महाफलदायक है।"

"यह सुनकर महाराज प्रसेनजित् ने बलि के लिए तैयार किये सैकड़ों मूक पशुओं की मुक्ति की घोषणा कर दी।" यह देखकर अधिकांश लोग प्रसन्न हुए, कुछ लोगों को महाराज का यह निर्णय उचित नहीं लगा। परन्तु वे कुछ कह नहीं पाये।

मैंने पुनः महाराज से कहा, "महाराज! मनुष्य को केवल स्वयं के भले-बुरे कर्म देखने चाहिए। स्वयं के मूल्यांकन का इससे बेहतर कोई मार्ग नहीं है। किसी देश की वास्तविक समृद्धि तभी सम्भव है, जब वह राष्ट्र सभी के कल्याणार्थ एकजुट होकर कार्य करें। अस्वाभाविक स्थिति संकटसूचक हो सकती है। इसलिए जहाँ तक सम्भव हो सके, मनुष्य को बचना चाहिए। क्योंकि देवताओं के लिए भी की गयी हिंसा पाप है।"

"मैं धन्य हुआ भगवन्, अब तो फिर कभी ऐसी भूल नहीं होगी।" महाराज ने मेरे चरणों में सिर रखकर प्रतिज्ञा की। फिर हाथ जोड़कर बोले, "मुझे आज्ञा भगवन्।"

"आप सात्त्विक यज्ञ सम्पन्न करायें, मेरा आशीर्वाद है।" कहकर मैं लौट पड़ा था।

"याद है भगवन्, मुझे अच्छी प्रकार याद है।" आनन्द ने चलते-चलते कहा।

"जहाँ तक विरोध की बात है, मैंने ऐसा कुछ भी नहीं किया कि लोगों को कष्ट हो। केवल सामाजिक चेतना को विस्तार दिया। धर्म और सामाजिक चेतना में मेल नहीं होने से विरोध होना स्वाभाविक है।" मैंने कहा और एक वृक्ष के नीचे श्रम-परिहार के लिए मुड़ गया। आनन्द ने भी वही किया। गर्मी अधिक थी। बुद्धदेव ने वृक्ष की पत्तियों को देखा उनका हिलना बन्द था।

"जल लाऊँ देव।" आनन्द ने पूछा।

"हाँ आनन्द, जल की आवश्यकता का अनुभव हो रहा है।" मैं सिंह शय्या पर लेटते हुए बोला।

"अच्छा भगवन्, मैं अभी लाया!" कहकर आनन्द जल लाने चला गया।

थोड़ी देर बाद लौटा तो हाथ में जल से भरा हुआ एक पात्र था।

"भगवन्, जल लाया हूँ!"

"ले आये आनन्द, लाओ!" पहले मुँह धुला, फिर जल पिला।

"बड़ा मीठा जल है!"

"हाँ भगवन् पास में ही एक सोता था। और यह पात्र एक वनवासी ने दिया है।" आनन्द ने बताया।

"अच्छा-अच्छा, अब तुम भी जल पी लो, थोड़ा आराम कर लो, फिर चलेंगे।" मैंने लेटे-लेटे ही कहा।

"अच्छा भगवन्!" और आनन्द जल पीकर आराम करने लगा। थोड़ी देर बाद हम पुनः चल पड़े।

"भगवन्, प्रचलित धर्म के लोग आक्षेप करते हैं कि गौतम लोगों को भ्रमित करते हैं।"

"नहीं आनन्द, किसी धर्म के प्रति अनास्था सामाजिक चेतना है। मनुष्य के सामाजिक जीवन की समस्याओं के निवारण में धर्म की असफलता अनास्था का कारण बनता है। तुम समझ सकते हो आनन्द, प्रचलित धर्मों में लोगों को जीवन का समाधान नहीं मिल रहा था, इसी कारण लोगों का विश्वास टूटने लगा, जिसके आक्रोशस्वरूप वे आक्षेप करते हैं।" मैंने बताया।

"यही सत्य है भगवन्!"

"हाँ आनन्द, इसीलिए मैं भिक्षुओं से बार-बार कहता हूँ, या तो धर्माचरण करो या फिर आर्य मौन रहो।"

●

"क्या हुआ देव?" आनन्द ने बुद्धदेव को मुस्कराते हुए देखकर पूछा।

"आनन्द! एक प्रसंग याद आ गया था।"

"वह क्या भगवन्!" आनन्द ने कौतूहल से पूछा।

"उन दिनों मैं राजगृह में था। सुबह मैं चक्रमण पर निकलता था, यह तो तुम जानते ही हो।"

"हाँ भगवन्!"

"एक दिन की बात है, मैं परिव्राजकों के एक आश्रम से गुजर रहा था। किसी धार्मिक मुद्दे को लेकर जोर-जोर से बहस हो रही थी। कौवा झामर जैसा।" परिव्राजकों के गुरु ने मुझे देख लिया, तो परिव्राजकों को चुप कराते हुए बोले, "अरे! चुप रहो, श्रमण गौतम आ रहे हैं। क्या तुम लोग नहीं जानते, उन्हें शोर-गुल अच्छा नहीं लगता। तुम लोग जोर-जोर से बातें न करके चुप रहो।"

"एकाएक सन्नाटा छा गया, निर्ग्रन्थ गुरु की बातें मेरे कानों में पड़ चुकी थीं, मैं अचानक उनके आश्रम में न जाकर आगे बढ़ गया।"

"सुनो आनन्द! मनुष्य के जीवन में अनुशासन की अहम् भूमिका होती है। जो जीवन अनुशासित नहीं होता वह बिखरा हुआ होता है। इसलिए मनुष्य को चाहिए कि वह अनुशासित जीवन जीने की आदत डाले। जीवन में बहुत-सारी कठिनाइयाँ स्वतः समाप्त हो जायेंगी।"

"हाँ भगवन्, मुझे याद है जब सारिपुत्त और मौद्‌ग बहुत-सारे भिक्षुओं को लेकर आये थे। वे अपने-अपने सामानों को रखने के लिए लड़ बैठे।" आपने मुझे बुलाकर पूछा, "यह हो-हल्ला कैसा है आनन्द?"

"भगवन्, सारिपुत्त और मौद्‌गल्यायन आये हैं साथ में सैकड़ों की संख्या में भिक्षु हैं। वे जगह को लेकर आपस में लड़ रहे हैं।"

"दोनों को बुलाओ!"

"जी भगवन्!" सारिपुत्त और मौद्ग्ग से प्रणाम करके पूछा।

"भिक्षुओं के इस स्थान को मछुआरों की बस्ती-जैसा परिवेश दिया तुम दोनों ने, संघ के अनुशासन को भंग किया है।"

"सत्य है भदन्त! ये भिक्षु मेरे कहे में नहीं हैं। यहाँ आने से पूर्व ये सब लम्बी-लम्बी डींगें मारते थे, परन्तु अब यही भिक्षु रहने के लिए गड़बड़ी मचाये हुए हैं।"

"ठीक है सारिपुत्त और मौद्ग्ग, तुम दोनों इन भिक्षुओं को लेकर शीघ्र यहाँ से चले जाओ।"

सारे भिक्षुओं के साथ दोनों वापस जाने लगे। लोगों ने पूछा, "अभी-अभी आप लोग आये हैं, फिर वापस क्यों जा रहे हैं।"

"भन्ते! अनुशासन भंग करने का दण्ड भगवन् ने हमें दिया है। इसलिए हम वापस जा रहे हैं।" सारिपुत्त ने कहा।

अनिरुद्ध ने बुद्धदेव से प्रार्थना की! भगवन्, अन्य भिक्षुओं की अनुशासनहीनता का दण्ड सारिपुत्त और मौद्ग्ग को क्यों।"

"अनिरुद्ध, सारिपुत्त और मौद्ग्ग को भिक्षुओं को यहाँ लाते समय संघ के अनुशासन से उन्हें अवगत कराना चाहिए था।"

"मैं समझ सकता हूँ देव कि उनकी वजह से संघ में अशान्ति का परिवेश बन गया था, परन्तु आप क्षमा कर उन्हें वापस बुलाने का आदेश दें, मुझे विश्वास है, नये भिक्षु शीघ्र संघ के नियमों को समझकर उचित आचरण करेंगे।"

"ठीक है अनिरुद्ध, मैं तुम्हारे कहने पर उन्हें क्षमा करता हूँ, जाओ उन्हें बुला लाओ, पर ध्यान रहे संघ में अनुशासनहीनता मैं स्वीकार नहीं करूँगा।"

"उचित है देव!" बुद्धदेव को प्रणाम कर अनिरुद्ध उन्हें वापस बुला लाया।

चलते-चलते ही बुद्धदेव ने आनन्द से कहा, "जानते हो आनन्द, अनुशासन का अर्थ शासन करना कदापि नहीं होता, जीवन को व्यवस्थित करने के लिए, शासन के पीछे चलनेवाला एक ढंग है, जो अनुकरणीय होता है।" बातों का क्रम चल ही रहा था कि अचानक तेज हवाएँ चलने लगीं। आसपास कहीं छिपने की कोई व्यवस्था नहीं। आँधियों ने धूल से शरीर पाट दिया। आकाश धूल से आच्छादित हो चला था। सामने का मार्ग दिखना कठिन हो गया। ऐसा लगने लगा जैसे पाँव उखड़ जायेंगे। सूर्य का अता-पता नहीं था। चारों तरफ अन्धकार-जैसा छा गया।

बुद्धदेव ने कहा, "आनन्द! तेज तूफान है। हमें कहीं सुरक्षित स्थान को ढूँढ़ लेना चाहिए।"

"हाँ देव! परन्तु कुछ मार्ग दिखे तब न। धूल कणों से आँखें भर गयी हैं। रास्ता चलना दूभर है।"

हम जैसे तूफान का सीना चीरकर आगे बढ़ रहे थे। हम ऐसे हिल-डुल रहे थे, जैसे धरती डगमग हो रही हो। सामने एक विशाल पाकड़ का वृक्ष दिखा।

"भगवन्! सामने पाकड़ का वृक्ष है, अगर किसी तरह हम वहाँ पहुँच जायें तो सुरक्षित हो जायेंगे।" आनन्द बोला।

"नहीं आनन्द, ऐसी परिस्थिति में हमें बड़े वृक्ष का नहीं छोटे वृक्ष का सहारा लेना चाहिए, तेज आँधियों में बड़े वृक्ष ही धराशायी होते हैं, छोटे वृक्षों का कुछ नहीं बिगड़ता।"

"तो फिर भगवन् हम कर क्या सकते हैं, कुछ दिखता भी तो नहीं।" आनन्द स्वयं को आँधियों से सुरक्षित रखने का प्रयास करते हुए बोला।

"आनन्द!" हमारे सामने दो विकल्प हैं।

"वह क्या भगवन्!"

"एक तो हम यहीं रहकर आँधियों से संघर्ष करते रहें, या फिर तेज चलकर उस पाकड़ के पार चले जायें।"

"पाकड़ के पार चलते हैं!" आनन्द बोला।

"नहीं आनन्द! यहीं कहीं छोटे-मोटे वृक्ष की शाखा पकड़ लो।"

"यहाँ तो एक-दो बड़े कमजोर किस्म के वृक्ष हैं!" आनन्द बोला।

"हमारी सुरक्षा के लिए ये पर्याप्त हैं, आओ!" बुद्धदेव और आनन्द छोटे-से शीशम के वृक्ष की शाखा पकड़कर खड़े हो गये। आँधियाँ पूरे वेग से चल रही थीं। अचानक बादलों में गड़गड़ाहट होने लगी और चमक भी।

"लगता है वर्षा भी होगी!"

"हाँ आनन्द, आँधी से बचने के लिए यह वृक्ष पर्याप्त था। परन्तु वर्षा के लिए नहीं, हमें कुछ और सोचना चाहिए।"

अभी हम दोनों बात ही कर रहे थे कि एकाएक चर्रऽऽ की आवाज के साथ पाकड़ का वृक्ष धराशायी हो गया। यह देख आनन्द बोल पड़ा, "भगवन्! आपका निर्णय सही था।"

"आनन्द, विपत्ति काल में विवेक का साथ नहीं छोड़ना चाहिए।"

वर्षा की बूँदें तेज हो गयीं, धूल मिट्टी से सनी वे बूँदें हमें बदरंग बना रही थीं, पर हम असहाय थे। तेज हवा थम गयी। बरसात के साथ मन्द-मन्द हवाएँ चल रही थीं। मैंने आनन्द से कहा, "आनन्द! अगर हम गिर चुके पाकड़ के आड़ में रहें तो वर्षा की तेज बूँदों के आघात से बच सकते हैं।"

"हाँ देव! अभी बरसात भी तेज नहीं है।"

"आँधियों के थम जाने से मार्ग दिखने लगा था। हम दोनों शीशम के वृक्ष की डालियाँ छोड़, पाकड़ के वृक्ष के समीप पहुँच गये। वह वृक्ष इतना विशाल था कि उसकी आड़ में तेज बौछार से हम बच सके।"

काफी देर तक बारिश हुई, हम कुछ ठण्ड का अनुभव करने लगे।

"भगवन्! हमारे तो सारे वस्त्र भीग चुके हैं, ठण्ड भी लग रही है।"

"चिन्तित न हो आनन्द, बिन मौसम की बरसात में स्थायित्व नहीं होता।"

आनन्द चुप हो गया। हम वर्षा बन्द होने की प्रतीक्षा करने लगे। काफी देर बाद वर्षा बन्द हुई, पहले हलकी फिर पहले जैसी धूप हो गयी। हमने झोली में रखे वस्त्र सुखाये, बदले, फिर चल पड़े। मैंने आनन्द से पूछा, "आनन्द।"

"हाँ भगवन्!"

"भिक्षु संघ के प्रारम्भ काल में कैसी-कैसी कठिनाइयाँ आती थीं, मनुष्य कितना स्वार्थी है, जो स्वयं के जीने के लिए लाख उपाय करता है, और दूसरों के दुःख-दर्द से आँख मूँद लेता है।"

"हाँ देव! तभी तो वह यह समझ लेता है कि जन्म-मरण जैसे दुःख से वह वंचित रहेगा।"

"यह कैसे सम्भव है आनन्द, इससे संसार का कौन प्राणी बचा है, इसलिए जहाँ तक हो सके मानवता को जीवन का ध्येय मानकर कल्याण में संलग्न होना चाहिए। तुम्हें याद होगा संघ में सम्मिलित वह भिक्षु, जो रुग्ण होकर मरणासन्न हो गया था। कोई भिक्षु बीमारी से छटपटाते उस भिक्षु के समीप जाना उचित नहीं समझता था। क्योंकि असहाय अवस्था में वह मल-मूत्र का विसर्जन भी अपनी शय्या पर ही करता था। गन्दगी और दुर्गन्ध से उस कक्ष की दशा अत्यन्त दयनीय थी। उस रुग्ण भिक्षु को पिण्डपात भी किसी प्रकार मिल जाता था। अब तो वह अपनी मृत्यु की कल्पना में मुझे स्मरण करता था। संयोगवश मैं उस दिन संघ में आया। सारी व्यवस्था ठीक-ठाक थी, केवल उस रुग्ण भिक्षु के कराहने की ध्वनि आ रही थी। मैंने पूछा तो सारी स्थिति से अवगत हुआ।" मैंने भिक्षुओं को डाँटते हुए कहा, "भावी भय अत्यधिक कष्टकारी होता है। तुम लोगों को अपने ज्येष्ठ को सम्मान देना चाहिए। प्रयत्न का फल मीठा होता है।"

इसके बाद मैंने उस रुग्ण की सेवा स्वयं की, उसे स्नान कराया, कपड़े बदले, घावों पर ओषधिलेपन किया। पिण्डपात कराया, धीरे-धीरे वह स्वस्थ हो गया। मैंने सभी भिक्षुओं को बुलाकर कहा, "भिक्षुओ, यहाँ पर संघ के भिक्षु ही तुम्हारे परिजन हैं, इनकी आत्मीय भाव से सेवा करो, जीर्णता, निर्बलता, रुग्णता तथा मरण का सामना सबको करना है।"

"भिक्षुओं ने अपनी भूल स्वीकार किया और संकल्प लिया। ऐसी भूल हम कभी नहीं दुहरायेंगे।"

बाद में मैंने उस वस्तुस्थिति को ध्यान में रखकर संघ के कठोर नियमों में वृद्धि की।

"हाँ देव! भली प्रकार स्मरण है मुझे।" आनन्द ने कहा।

"आओ आनन्द! थोड़ा विश्राम कर लें, अब पहले की अपेक्षा जीर्णता का अनुभव ज्यादा होने लगा है, थकान जल्दी हो जाती है।"

"हाँ देव, आयें!" कहकर आनन्द आगे बढ़कर एक वृक्ष की छाया में संघाटी बिछा दिया।" मैं बैठकर श्रम-परिहार करने लगा। आनन्द मेरा पाँव दबाने लगा। आनन्द ने मेरे मुख की ओर देखा। उसकी आँखें करुणा से भर आयीं।

"जल लाऊँ भगवन्!"

"नहीं आनन्द, अब अगला विश्राम हम पावा में ही करेंगे, वहीं जल पियेंगे।"

आनन्द ने अनुभव किया, मेरी आँखों के नीचे, काला घेरा बना हुआ था, होंठ के बार-बार सूखने से सफेद पर्पटी बन गयी थी। तीन महीने पूर्ण होने में कुछ दिन ही शेष हैं, पता नहीं क्या होगा, भावी कल्पना से उसका हृदय भर आया, आँखों के आँसू पुनः बह उठे।

"क्या हुआ आनन्द?"

"कुछ नहीं देव, आपकी स्मृतियों में भावुक हो गया था।" आनन्द बोला।

"कुछ याद आया आनन्द?" मैंने पूछा।

"हाँ देव! श्रावस्ती के श्रेष्ठी अनाथपिण्डक से जुड़ी एक घटना याद आ गयी।

"क्या?"

"अनाथपिण्डक ने अनुभव किया कि जब आप श्रावस्ती से बाहर होते हैं जेतवन उदास-सा प्रतीत होता है, श्रद्धालु निराश हो लौट जाते हैं, ऐसे में एक दिन उसने मुझसे निवेदन किया। भन्ते! तथागत के अन्य जनपदों में प्रवास के दौरान यह विहार अत्यन्त उदास व अश्रद्धेय लगता है। ऐसे में श्रद्धालुओं को भावगत कष्ट होता है वे निराश होकर लौट जाते हैं। आप क्यों नहीं पूछते कि तथागत की अनुपस्थिति मैं कौन-सा सम्भावित स्थल होगा जो पूजनीय होगा। फिर मैंने इसी सन्दर्भ में आपसे चर्चा किया था।" आनन्द बोला।

"हाँ आनन्द, मुझे याद आया। अनाथपिण्डक श्रद्धावश मुझसे पूछ नहीं पाया था। जब तुमने पूछा तो मैंने कहा, "मेरे प्रतीक चैत्य के रूप में बोधिवृक्ष लगाओ।"

"हाँ भगवन् और मैंने, मौद्‌ग को भेज बोधिस्थल से उसका बीज मँगवाया।" अनाथपिण्डक, विशाखा आदि भक्तों के कहने पर उस बीज को रोपने की तिथि तय हुई। सबकी इच्छा थी यह शुभकार्य महाराज प्रसेनजित् के हाथों सम्पन्न हो। और उस दिन भव्य आयोजन हो। परन्तु महाराज प्रसेनजित् ने इसका सौभाग्य अनाथपिण्डक को सौंप दिया। सबकी उपस्थिति में बोधिवृक्ष रोपा गया। कुछ समय बाद जब वृक्ष आकार ले बड़ा हुआ तो मैंने आपसे निवेदन किया, "भगवन्! जो समाधि आपने ज्ञान-प्राप्ति के लिए बोधिवृक्ष के नीचे लगायी थी, वही समाधि इस वृक्ष के नीचे मानव के कल्याण के लिए लगायें।"

"ठीक है आनन्द, एक दिन के लिए मैं वहीं समाधि लगाता हूँ।"

और फिर आपने समाधि से जागने के पश्चात् कहा था।

"आनन्द! यह बोधिवृक्ष ही मेरा स्थायी निवास होगा इसलिए इसकी शाखाओं को हर जगह लगाने की मैं अनुमति देता हूँ।"

"इसके बाद भगवन् के विहारों से श्रद्धालुओं का यह दुःख सदा के लिए समाप्त हो गया।"

"अच्छा आनन्द, इन दिनों वज्जियों की क्या दशा है?"

"वज्जी लोग सुखी और सम्पन्न हैं देव। इन दिनों उनकी समृद्धि लगातार बढ़ रही है। उनकी शक्ति के आगे कोई टिकनेवाला नहीं है। हाँ, मगध नरेश अजातशत्रु का अमात्य वस्सकार वज्जियों में फूट डालकर राज्य हथियाना चाहता है। इसके लिए वह आये दिन कूटनीतिक चालें चलता है।" आनन्द ने बताया।

"महाराज अजातशत्रु क्यों नहीं रोकते।"

"रोकने का प्रश्न ही नहीं है देव। अजातशत्रु की महत्त्वाकांक्षा समाप्त नहीं हुई है। वह ज्यों-की-त्यों है। वह अमात्य के प्रभाव में है। उन्हें लगता है वे वज्जियों को परास्त कर राज्य को अपने राज्य में मिला लेंगे।"

"यह असम्भव है आनन्द!"

आनन्द चुप रहा परन्तु मैंने बोलना जारी रखा, "सुनो आनन्द! जब तक वज्जी मेरे बताये पदचिह्नों पर चलेंगे, उन्हें कोई परास्त नहीं कर सकता। तुम्हें याद होगा कई वर्षों पूर्व अमात्य वस्सकार महाराज अजातशत्रु का सन्देश लेकर आये थे।"

"हाँ देव!"

"वस्सकार का कहना था महाराज ने जानना चाहा है कि वज्जियों पर आक्रमण का उचित अवसर क्या होगा, जिससे हमारी जीत सुनिश्चित हो।"

"वास्तव में इस बारे में मुझसे परामर्श वस्सकार की एक चाल थी। जिसे मैं समझ चुका था मैंने खुले शब्दों में वस्सकार को समझाया, "अमात्य वस्सकार! युद्ध किसी समस्या का समाधान नहीं है। अपनी उन्नति के लिए दूसरे का दमन उचित मार्ग नहीं है। एक व्यक्ति युद्ध में लाखों व्यक्तियों को जीत ले, दूसरा व्यक्ति स्वयं को जीत ले, तो निश्चय ही दूसरा व्यक्ति सच्चा युद्ध विजयी है।"

"परन्तु भगवन्! महाराज की इच्छा...।" अमात्य अपनी बात कह भी नहीं पाया था कि मैं बोल पड़ा।

"जाकर कहना महाराज से, इच्छाओं के दास तो कायर होते हैं। अमात्य वस्सकार! जब तक मेरे बताये सात नियमों का पालन वज्जी करेंगे, तब तक कोई उन्हें जीत नहीं सकता, उनकी उन्नति दिनोंदिन होती रहेगी।"

"भगवन्! सिंह सेनापति आपके दर्शन चाहते हैं।" आनन्द ने कहा।

"भेज दो!" बुद्धदेव ने कहा।

राजकीय वेश-भूषा से सुसज्जित एक युवा कक्ष में प्रवेश किया। घुँघराले बाल, पतली मूँछ, उसके गोरे मुखमण्डल पर खूब फबते थे। बड़ी-बड़ी आँखें उसके योद्धा होने की गवाही कर रहे थे। कटि प्रदेश में लटक रहा असि उसके सजग प्रहरी होने को व्यक्त कर रहे थे। उसने आते ही प्रणाम किया, "प्रणाम भगवन्।"

"कल्याण हो!" बुद्धदेव ने हाथ उठाया।

"भगवन्! एक शंका काफी दिनों से हृदय को मथ रही है। परन्तु उचित संयोग नहीं बन पाने से मैं दर्शन नहीं कर पाया।"

"कहो सिंह सेनापति, क्या शंका है तुम्हें?" बुद्धदेव ने पूछा।

"भगवन्! आपके अहिंसा की हर तरफ चर्चा है। परन्तु सोच में एक दुविधा समा गयी है, कुछ लोग कहते हैं गौतम अकर्मण्य होने की शिक्षा देते हैं।" सिंह सेनापति हाथ जोड़कर बोला।

"नहीं सेनापति, मेरे उपदेशों में कहीं से अकर्मण्य होने का सन्देश नहीं है, जो लोग तुम्हें ऐसी बात बताते हैं, वे मेरे उपदेशों की अनुचित व्याख्या करते हैं।"

"भगवन्, मेरी शंका है, हम योद्धा हैं, हमें युद्ध करना पड़ता है। अगर हम आपके अहिंसा के उपदेशों को आत्मसात् करें, तो शत्रु भारी पड़ सकता है। फिर न्याय प्रक्रिया में दण्ड विधान हिंसा दोनों को प्रभावित कर सकती है।" सेनापति ने कहा।

"नहीं सिंह, अभियुक्त पर दोष सिद्ध होने पर की गयी हिंसा, हिंसा नहीं होती। और न ही अपने शत्रु का प्रतिकार करने के लिए किया गया युद्ध हिंसा है। दोनों अगर न्याय विधान के परिणामस्वरूप होती हैं तो वह दोषमुक्त हैं, हाँ, इसमें विकल्प खुले होने चाहिए।"

"कैसे विकल्प भगवन्?"

“शान्ति और अहिंसा का पथ!”

“यह तो वही बात हुई!”

“नहीं सेनापति, यह वही बात नहीं है। कोई राजा राज्य-विस्तार या निजी स्वार्थ-पूर्ति के लिए युद्ध आमन्त्रित करता है तो वह हिंसा के परिवृत्त में आता है। अगर कोई स्वयं की सुरक्षा के लिए प्रतिकार का कदम उठाता है तो वह हिंसा नहीं है। भले ही उसमें बहुत रक्तपात हो। क्योंकि अगर वह ऐसा नहीं करता है तो कर्त्तव्यच्युत होता है और कर्त्तव्यच्युत होना भी हिंसा है।”

“उचित है भगवन्!” सिंह सेनापति ने कहा।

“सिंह! मनुष्य को व्यावहारिक रूप से मन, कर्म और वचन से अहिंसा के प्रति संकल्पित होना चाहिए, अगर वह ऐसा करने में सफल हो जाता है तो निश्चय ही मानवता के लिए प्राण वायु बन सकेगा।” बुद्धदेव ने कहा।

“मैं धन्य हुआ देव, मेरे मन में यह कुण्ठा विषाद का रूप ग्रहण कर चुकी थी। आपकी अनुकम्पा से इसका पूर्णतया तिरोधान हो गया।” कहकर सिंह सेनापति ने प्रणाम किया और कक्ष से बाहर निकल गया। परन्तु मेरा विचार प्रवाह जारी था।

“आज अगर अहिंसा की अनुचित व्याख्या करनेवाले सफल होते तो निश्चय ही समाज टूटकर विद्रूप अवस्था में पहुँच जाता, सिंह सेनापति के द्वारा यह ध्वनि दूर तक पहुँचेगी।”

बुद्धदेव ध्यान शय्या पर लेटे थे, उनके चिन्तन का क्रम जारी था। उनके सामने वैशाली का दूसरा चित्र उभरा।

“भगवन्! दुर्भिक्ष से लोग मर रहे हैं। गरीब दाने-दाने को तरस रहे हैं।” एक भक्त ने कहा।

“देव! इतने बड़े अकाल में भी, स्वार्थ के वशीभूत लोग अपनी स्वार्थपूर्ति के लिए लूट-पाट के अलावा भयाक्रान्त कर ठगी कर रहे हैं। जीवन नरक होता जा रहा है।” दूसरे ने कहा।

“भगवन्, आज मैंने नगर के बीच एक अश्वत्थ के वृक्ष के पास सैकड़ों लोगों की भीड़ देखी।” तीसरे ने कहा।

“कैसी भीड़ भन्ते?” मैंने पूछा।

“भगवन्, कोई ढोंगी है। स्वयं को ब्राह्मण बताता है। कहता है तुम्हारे पास जो भी अन्न-धन्न है, शीघ्र लाकर मुझे चढ़ाओ। नहीं तो मैं प्राण दे दूँगा।”

“प्राण दे दूँगा!” मैं चौंका।

“भगवन्! वह वृक्ष पर उलटा लटका हुआ, लोगों को भयभीत करनेवाली बातें कर धन का दोहन कर रहा था।”

"फिर!"

"फिर क्या भगवन्!" वह कहता है, "अगर तुम लोग मुझे अन्न-धन दान नहीं करोगे, तो मैं प्राण दे दूँगा। और ब्रह्मराक्षस बनकर गाँव-भर को सताऊँगा। चैन से जीने नहीं दूँगा।" तीसरा भक्त बोला।

"चिन्ता न करो भाई, ऐसे स्वार्थी लोगों से संसार भरा-पटा है। तुम लोग ऐसे पाखण्डी लोगों के चक्कर में मत फँसना। दुर्बल हृदय के सीधे-सादे मनुष्य ऐसे पाखण्डियों के झाँसे में पड़कर अपना धन गँवाते हैं। तुम सचेत रहो और दूसरों को भी सचेत करो।" मैंने कहा।

"परन्तु इस भयानक अकाल का क्या होगा। क्या लोग इसी तरह भूख-प्यास से तड़पकर मरेंगे। कोई ऐसा गाँव नहीं है जहाँ से ऐसी असमय काल-कवलित होनेवाली घटनाएँ सुनने को न मिल रही हों।" पहला भक्त बोला।

"कुछ उपाय करें भगवन्!" दूसरा बोला।

"क्या तुम लोग मुझसे चमत्कार की उम्मीद करते हो?" मैंने पूछा।

सभी चुप हो गये।

"देखो! मनुष्य को सम्भावित समस्या के निवारण के लिए कुछ उद्यम पूर्व में कर लेने चाहिए, ऐसा करने पर आनेवाली समस्या लम्बे समय तक नहीं टिक पाती या फिर आते ही चली जाती है।"

मैंने उन सबकी ओर देखा। वे कुछ उदास हो गये थे। शायद उन्होंने मुझसे जो अपेक्षा पाल रखी थी, वह निर्मूल निकली। मैंने पुनः सम्बोधित किया, "भन्ते! सत्य को स्वीकार करना सीखो, चमत्कार से भ्रम बना रहता है। तुम्हारा पुरुषार्थ ही असली चमत्कार है। तुम इससे क्या नहीं कर सकते। तुम किसी के बहकावे में मत पड़ो। ऐसे बार-बार पड़नेवाले अकाल से स्वयं लड़ना सीखो।"

"हम क्या करें देव?" सबने एक साथ पूछा।

"इस धरती के हृदय में क्या कुछ नहीं समाहित है, तुम अगर चाहो तो जलधारा बहा सकते हो।"

सभी के मुरझाये मुख प्रसन्नता से खिल गयी।

"हम समझ गये देव!" सबने एक साथ कहा।

मैं मुस्करा उठा, और कल्याण के लिए हाथ उठाकर आशीर्वाद दिया। सब मुझे प्रणाम कर बाहर निकलने लगे। एक ने पलटकर पुनः पूछा, "देव! एक शंका है।"

"जब तक यह अकाल रहेगा क्या वह ढोंगी ऐसे ही पड़ा रहेगा।"

"यह अकाल पर नहीं तुम्हारी चेतना पर निर्भर है। अगर मनुष्य अपनी बुद्धि का प्रयोग करे तो ऐसे ढोंगियों के लिए समाज में कोई स्थान नहीं रहेगा।"

"सत्य है भगवन्!" वह सन्तुष्ट हो, जाने लगा। मैंने सबको रोका और आकाश की ओर दिखाया, और कहा, "प्रकृति सबका ध्यान रखती है।"

सबने देखा बादल का एक टुकड़ा सूरज के साथ लुका-छिपी खेल रहा था। सब हर्ष से नाच उठे।

आनन्द ने आवाज दी, "भगवन्!"

मेरी तन्द्रा भंग हुई। मैंने आनन्द की ओर देखा, वह चलने के लिए उद्यत था।

"भगवन्! हम पावा के सन्निकट हैं। अगर हम अभी चल पड़े तो आज ही पावा में होंगे।"

"चलो विश्राम तो पूरा हो ही चुका है, यह जर्जर तन शीघ्र विश्राम माँगने लगा है।"

"हाँ देव, यह उचित भी है।"

फिर हम दोनों चल पड़े, मार्ग में वार्त्ता का क्रम जारी रहा।

"आनन्द! अब मैं वृद्धावस्था में प्रवेश कर चुका हूँ। इसलिए शारीरिक व्याधियाँ लगी रहती हैं, फिर भी मैं उद्देश्य-पूर्ति में संलग्न हूँ।"

"हाँ देव! यही तो मैंने सीखा है आपसे। गतिशीलता ही जीवन है। परन्तु देव, आपके बिना मेरा जीवन क्या होगा।" उसकी आँखें करुणा से डबडबा आयीं।"

"नहीं आनन्द, अभी-अभी तुमने कहा कि गतिशीलता ही जीवन है, फिर किसी के होने या न होने से संसार तो नहीं रुकता न। फिर तुमने कैसे सोच लिया कि बुद्ध के नहीं रहने पर, तुम्हारे जीवन का कोई औचित्य नहीं रह जायेगा। आनन्द, तुम मेरे सर्वाधिक निकटस्थ हो। तुम्हें संघ की गतिशीलता के लिए मेरे बाद भी दायित्व निभाना है। संघ में गतिशीलता बनी रहे, और मार का प्रवेश न हो, इसका समुचित प्रबन्ध तुम्हें करना है।"

आनन्द ने अँगूठे के पोर से डबडबायी आँखों को साफ किया, "आपकी आज्ञा शिरोधार्य है देव!"

चलते-चलते हम पावा पहुँच गये। अपने लिये यथोचित स्थान ढूँढ़ने लगा। पावा में एक घना आम्रवन था, मुझे लगा यह उचित स्थान है। वैसे भी वनों से मेरी संगत कोई नयी बात नहीं है, बल्कि यह मेरे जन्म के साक्षी थे। मैंने आनन्द से कहा, "आनन्द!"

"हाँ देव!"

"इसी आम्रवन में मेरे निवास की व्यवस्था करो, वैसे भी मुझे ईंट-पत्थरों से निर्मित आवास में सुखानुभूति नहीं होती, वन्य जीवन ही मेरे लिये सुखकर होता है।" मैंने कहा।

"भगवन्, क्या आपकी वनों पर विशेष अनुकम्पा है, जो वनों या वाटिका को आपने विशेष महत्त्व दिया है।" आनन्द ने पूछा।

"नहीं, आनन्द! ऐसी बात नहीं है। मनुष्य भौतिक संसाधन जुटाने में जीवन जीना भूल चुका है। मुझे लगता है हम जितने प्रकृति के पास रहेंगे, सुखी रहेंगे। क्या तुम्हें

नहीं लगता आनन्द, कि हम जब किसी वन या वाटिका में निवास करते हैं तो अत्यधिक सहज हो उठते हैं।"

"सत्य है देव मैंने अनुभूति किया है!" आनन्द बोला।

"आनन्द, किसी ग्रामीण से चुन्द तक मेरे आगमन की सूचना भिजवा दो।"

"अच्छा भगवन्!" कहकर आनन्द किसी ग्रामीण के खोज में चल पड़ा। एक वृक्ष के नीचे ध्यान शय्या पर बैठ गया। थोड़ी देर बाद चुन्द को सूचना मिली तो वह भागते हुए आया, उसके साथ गाँव के भी कुछ लोग थे।

"प्रणाम भगवन्।" चुन्द ने चरण छूकर शीश नवाया।

"कल्याण हो!" मैंने आशीर्वाद दिया।

"भगवन्, आपने मेरी लाज रख ली।" फिर वह अन्य ग्रामीणों की ओर मुड़कर बोला, "मैंने कहा था भगवन् अवश्य पधारेंगे।" कहते-कहते उसका गला रुँध गया, आँखें डबडबा आयीं।

अत्यन्त शीघ्रता से चुन्द सहित अन्य ग्रामीणों ने हमारे रहने योग्य भूमि साफ-सुथरा किया। पिण्डपात के लिए पूछा तो मैंने मना कर दिया। और कहा, "चुन्द पिण्डपात तो केवल हम एक बार करते हैं वह भी दिन में। इसलिए हमारी चिन्ता छोड़ दो।"

"परन्तु भगवन्! मेरी हार्दिक इच्छा है कि मैं आपको पिण्डपात कराऊँ।"

"ठीक है चुन्द, कल दिन में हम तुम्हारे यहाँ पिण्डपात ग्रहण करेंगे।" मैंने कहा।

"अहो भाग्य मेरे, भगवन्, अहो भाग्य।" कहकर उसने पुनः मेरे चरणों में सिर नवाया।

चुन्द अपने ग्रामीण साथियों के साथ देर तक बैठा रहा, कुशल-क्षेम के अलावा कुछ उपदेशात्मक बातें भी मैंने कीं।

"चुन्द! जहाँ दूसरे लोग हिंसक वृत्ति से आचरण करते हों, वहाँ हमें अहिंसा का आचरण करना चाहिए। दूसरे प्राणाघात करते हों, तो हमें प्राणाघात से निवृत्त होना चाहिए। दूसरे अगर स्वार्थ में चुगली करते हैं तो हमें चुगलखोरी से बचना चाहिए। उसी प्रकार गाली-गलौज, वृथा प्रलाप, दूसरे की सम्पत्ति का लोभ, द्वेष, ईर्ष्या, मिथ्या दृष्टि आदि से बचना चाहिए।"

चुन्द हाथ जोड़े श्रद्धा भाव से मेरी बात सुनता रहा। मैंने पुनः आगे कहा, "चुन्द! जो स्वयं गहरे कीचड़ में फँसा हुआ है, दूसरे को कीचड़ से बाहर नहीं निकाल सकता। इसी प्रकार जिसने अपनी बुराइयों को समाप्त नहीं किया है। वह दूसरों को दुष्प्रवृत्तियों से दमित होने का मार्ग नहीं बता सकता। इसलिए चुन्द! मेरा मानना है क्षमा से क्रोध को जीतो, असाधु को साधुत्व से, और कृपण को दान से जीतना सुखकर व फलदायी होता है।"

"चुन्द! कटुता छोटे-बड़े सबमें समान रूप से होती है। इसलिए मनुष्य को सद्प्रवृत्तियों को अपनाना चाहिए और सदा अपनी क्षमता के अनुरूप ही कार्य करना चाहिए।"

इस तरह मैंने चुन्द को ढेर-सारी ज्ञानवर्द्धक बातें बतायीं, और कहा, "चुन्द! अब तुम घर जाओ। कल तुम्हारे यहाँ मैं अवश्य पिण्डपात करूँगा।"

चुन्द घर वापस चला गया। उसने अपनी पत्नी से कहा, "ओ भाग्यमती सुनती हो।"

"क्या है?"

"भगवन् बुद्धदेव ने हमारे घर भोजन करना स्वीकार किया है वे कल दोपहर को पधारेंगे।"

पहले तो भाग्यमती प्रसन्न हुई। फिर अचानक उदास हो गयी। चुन्द पत्नी की उदासी ताड़ गया। वह बोला, "क्या बात है, क्या तुम प्रसन्न नहीं हो।"

पत्नी ने सिर हिलाते हुए कहा, "नहीं ऐसी बात नहीं है, मुझसे ज्यादा सौभाग्यवती कौन होगी, जिसके घर स्वयं बुद्धदेव पिण्डपात करें।"

"फिर उदासी का क्या कारण है!"

"तुमने आमन्त्रित तो कर दिया, परन्तु खिलायेंगे क्या, यह भी सोचा है।"

"इसमें सोचना क्या है, जो कुछ बना दोगी, वे ग्रहण कर लेंगे।" चुन्द ने कहा।

"नहीं स्वामी! बुद्धदेव को हम साधारण भोजन नहीं करा सकते। आखिर वे हमारे अतिथि हैं।"

"फिर चाहती क्या हो?" चुन्द ने पूछा।

"देखिये हम आर्थिक रूप से इतने सम्पन्न तो नहीं हैं कि जो कुछ सोचा वह शीघ्र पूरा हो जायेगा। हाँ, अगर हम कुछ अच्छा खिला सकें तो अपने मन को शान्ति मिलेगी।" चुन्द की पत्नी ने कहा।

पत्नी की बात सुनकर चुन्द भी कुछ देर के लिए स्तब्ध रहा। आखिर वह भगवन् को क्या खिलाये। पत्नी ने चिन्तित देखा तो सुझाया, "एक बात मानेंगे।"

"बोलो!"

"मैंने वाटिका के पूर्व दिशा में बहुत-सारी स्वयंभू खुमी देखी हैं।"

चुन्द का मुख प्रसन्नता से खिल गया। वह बीच में बोल पड़ा, "हाँ-हाँ, मैंने भी देखी है।"

"तो ठीक है कल प्रातः जाकर खुमी उखाड़ लाना, ओदन के साथ खुमी बहुत अच्छी लगती है। भगवन् को भी पसन्द आयेगी।"

चुन्द अपनी पत्नी का हाथ अपने हाथों में लेकर बोला—"भाग्यमती, तुमने अच्छी बात सुझायी।" उसने लजाकर हाथ छुड़ा लिया।

अगले दिन चुन्द और उसकी पत्नी ने अत्यन्त उत्साहपूर्वक सारी व्यवस्था की। भोजन बन जाने तक मैं आमन्द और अन्य भिक्षुओं सहित आ पहुँचा। चुन्द और उसकी पत्नी ने स्वागत किया और श्रद्धापूर्वक भोजन कराया। भोजन बहुत ही स्वादिष्ट था।

सब लोगों ने जमकर खाया। मुझे भी जाने क्यों आज ज्यादा खाने की इच्छा हो रही थी। मैं खाये जा रहा था। आनन्द के मन में आया कि वह मुझे टोके, परन्तु अशिष्टता न हो जाये, इसलिए श्रद्धाभाव से चुप रहा। मैंने जमकर ओदन और खुमी खायी। शायद वृद्धावस्था में जिह्वा अनियन्त्रित हो उठती है। जो भी हो हम भोजन के उपरान्त चुन्द दम्पति को आशीर्वाद देकर आम्रवन तक आये। वहाँ मैं विश्राम की इच्छा से लेट गया। सोचा थोड़ी देर में भोजन पच जायेगा। परन्तु अचानक पेट में तेज दर्द होने लगा। आनन्द सहित अन्य भिक्षु मेरे लिये चिन्तित हो उठे। मुझे खून के शौच हुए। जीवक दूर था, उसने निर्देश दिया था कि खान-पान में विशेष सतर्कता रखूँ। परन्तु आज चुन्द के प्रेम को मना नहीं कर पाया। मेरा शरीर कमजोर होने लगा। अब स्वयं चल पाना मेरे लिये कठिन था। अब आनन्द के अलावा एक अन्य भिक्षु भी चलने में सहयोग करते। मेरी श्वास गति भी तीव्र थी। मैंने आनन्द से कहा, "आनन्द! मुझे अभी विश्राम करना है। मेरे महापरिनिर्वाण का समय अत्यधिक निकट है। तुम जगह-जगह भिक्षुओं को सन्देश दे दो। वे अन्तिम दर्शन चाहें तो आकर कर लें। हमें आज ही कुसीनारा के लिए प्रस्थान करना है।" आनन्द की आँखें डबडबा आयीं, पर वह कुछ नहीं बोला। केवल मेरे निर्देश के अनुरूप सबको सूचनाएँ भेजने में लग गया। करीब दो घण्टे विश्राम के बाद पीड़ा कुछ कम हुई। मैं आनन्द व दो अन्य भिक्षुओं के साथ चल पड़ा। मार्ग में पड़नेवाली नदियों को पार किया और कुशीनगर में पहुँच गया। मैं मल्लों के शालवन में रुका। और आनन्द से बोला, "आनन्द! इन वृक्षों के नीचे संघाटी बिछा दो, मैं आराम करूँगा। इन्हीं यमक शालवृक्षों के नीचे मेरा आज परिनिर्वाण होगा।"

बिन मौसम ही शालवृक्षों से सुगन्धित पुष्प गिरने लगे। मैंने वृक्षों की ओर देखा, हाँ! बिलकुल ऐसे ही सुगन्धों की बात माँ ने बतायी थी। वे मुस्करा उठे। आनन्द का हृदय दुःख से आप्लावित हो रहा था, वह फफककर रो पड़ा।

"आनन्द!" मेरी आवाज सुनते ही उसने सतर्क हो आँसू पोंछा। और समीप आकर हाथ जोड़कर बोला।

"कोई आज्ञा भगवन्!"

"तुम मल्लों को भी सूचना भेज दो!"

"जी भगवन्!" कहकर आनन्द ने सबको सूचना भेजने की तैयारी की। फिर पुनः समीप आकर विनीत भाव से बोला, "देव! एक जिज्ञासा है।"

"बोलो आनन्द!" मैंने पूछा।

"भगवन्! चम्पा, राजगृह, श्रावस्ती, साकेत तथा काशी जैसे महत्त्वपूर्ण नगरों को छोड़कर इस क्षुद्र जंगली स्थल पर क्यों परिनिर्वाण कर रहे हैं।" आनन्द ने पूछा।

मैंने उसकी बात अनसुनी कर दी। जैसे कुछ सुना ही न हो। मैं पीड़ा से छटपटा रहा था। अतः बायीं करवट हो, आँखें बन्द कर लिया और आनन्द उसी तरह प्रतीक्षारत था। अपने प्रश्न के उत्तर के लिए।

●

वृद्ध ब्राह्मण द्रोण ने पहले तथागत को प्रणाम किया। फिर आनन्द के स्कन्ध पर हाथ रखकर सान्त्वना दी। फिर पास बुलाकर बोला, "स्थविर आनन्द!" तथागत के परिनिर्वाण के इस स्थल के सन्दर्भ में प्राचीनकाल से एक किंवदन्ती प्रचलित है।

आनन्द कुछ बोला नहीं, परन्तु वृद्ध द्रोण ने बताना शुरू किया, "बहुत समय पहले किसी काल में महासुदस्सन नामक यहाँ एक राजा हुआ था। उसकी दो रानियाँ थीं। राजा को पुत्र नहीं थे। बहुत समय बाद छोटी रानी ने पुत्र को जन्म दिया। बड़ी रानी ने छल से पुत्र को मरवा डाला। उसके हजार टुकड़े कर एक मंजूषा में भर नदी में बहा दिया। और छोटी रानी से कहा तुमने एक मृत मांस पिण्ड को जन्म दिया है। रानी ने सन्तोष कर लिया। वह मंजूषा पड़ोसी राजा को मिली, जो भ्रमण पर निकला हुआ था। मंजूषा खोलकर देखा तो स्तब्ध हो गया। उसने अपने राजवैद्य को मंजूषा सौंप दिया। राजवैद्य ने कहा, 'राजन्! मेरे पास एक चिकित्सा विधि है, जिससे यह पुनः बालक के रूप में जीवित हो जायेंगे। परन्तु एक नहीं हजार बालक के रूप में।' "

राजा ने अनुमति दे दी। राजवैद्य ने उन हजार टुकड़ों को हजार घड़ों में रखवाकर अनुसन्धान शुरू किया। एक वर्ष पश्चात् वे सभी एक हजार नवजात बालक के रूप में पाये गये। राजा बहुत प्रसन्न हुआ। वह उन्हें अपने पुत्र की तरह पाल-पोसकर बड़ा किया। इस राजा का महासुदस्सन राजा से बड़ा पुराना वैर था। राजा के हजार पुत्र बड़े योद्धा व विध्वंसकारी हुए। एक दिन उसने अपने सगे पिता महासुदस्सन के ऊपर चढ़ाई कर दिया। राजा ने सुना तो वे भयभीत हो गये। परन्तु छोटी रानी के स्तनों में दूध उतर आया। छोटी रानी को इस बात का पता चल चुका था कि बड़ी रानी ने उसके पुत्र को हजार टुकड़े कर नदी में बहा दिया था। परन्तु वह साक्ष्य के अभाव में कुछ नहीं कह पायी। आज वर्षों बाद जब उसके स्तनों में दूध उतर आया तो वह आश्वस्त हो गयी, कि ये सभी मेरे पुत्र हैं। पिता-पुत्र में युद्ध न हो इसके लिए उसने महल के बारजे से स्तन दबाया, और उसके स्तन से निकलनेवाली दूध की धारा उन योद्धाओं

के मुँह में पड़ी। वे मान गये कि वे हमारी सगी माँ हैं और हम अपने सगे पिता पर आक्रमण के लिए चढ़ाई करने आये हैं। उन हजार पुत्रों ने एक साथ धनुष-बाण त्याग दिये और साधना पर बैठ गये। राजा ने सुना तो वह भी मोह त्यागकर साधना करने लगा। बाद में प्रसन्न देवताओं ने राजा को आशीर्वाद दिया कि कलियुग में एक श्रमण बनकर यहाँ आओगे, और यहीं तुम्हारा परिनिर्वाण होगा, तुम्हारे हजार पुत्र, बुद्ध बनेंगे।''

''आप क्या कहना चाहते हैं कि तथागत ही वह राजा हैं!'' आनन्द ने पूछा।

वृद्ध द्रोण ने कहा, ''स्थविर, किंवदन्ती तो किंवदन्ती है, जिह्वा ही उसका साक्ष्य है।''

तभी तथागत ने करवट ली और पुकारा, ''आनन्द!''

''जी भगवन्!''

''आज रात्रि के अन्तिम प्रहर में मेरा परिनिर्वाण होगा। परन्तु मेरी एक बात याद रखना। चुन्द का पिण्डपात करके मैं रुग्ण नहीं हुआ हूँ। सम्भव हो मेरे परिनिर्वाण के बाद, भावुक भिक्षुगण चुन्द के ऊपर मिथ्या आरोप मढ़ दें कि चुन्द के भोजन से मेरी मृत्यु हुई है, नहीं तो बड़ा अनर्थ होगा। सांसारिक लोगों का भिक्षुओं से विश्वास उठ जायेगा। इसलिए तुम उससे जाकर कहना तुम्हारा पिण्डपात करके भगवन् महापरिनिर्वाण को प्राप्त हुए। प्रथम भिक्षा सुजाता का खीर खाकर सम्बोधि को प्राप्त हुए। दूसरी भिक्षा तुम्हारी पाकर महापरिनिर्वाण। देखो आनन्द, ध्यान रखना चुन्द को किसी प्रकार दौर्मनस्य न हो।'' मैंने कहा।

''जैसी आज्ञा देव!'' आनन्द भावुक हो उठा। जो जहाँ सुनता बुद्धदेव के अन्तिम दर्शन के लिए चल पड़ता। कुछ ही देर में श्रमणों और सांसारिक लोगों की भीड़ तथागत के दर्शन को उमड़ पड़ी। यह क्रम देर रात्रि तक चलता रहा परन्तु भीड़ कम नहीं हुई। आनन्द ने भीड़ को दूर से दर्शन के लिए अनुमति दी, वार्त्ता के लिए नहीं। परन्तु उसी समय एक वृद्ध भीड़ को चीरता हुआ आनन्द के समीप आया।

''स्थविर आनन्द! मैं तथागत से दीक्षा लेना चाहता हूँ।''

''यह सम्भव नहीं विप्र!'' आनन्द बोला।

उसी समय तथागत ने पूछा, ''कौन है आनन्द?''

''मैं सुदत्त हूँ देव!''

''आनन्द! इन्हें आने दो।''

''परन्तु भगवन्...! आनन्द ने कुछ कहना चाहा।

''चिन्ता न करो आनन्द, सुदत्त श्रेष्ठ ब्राह्मण है, यह थोड़े में मेरी बात समझ जायेंगे, इन्हें पास आने दो।''

सुदत्त समीप आया और मेरे पाँवों पर सिर रखकर प्रणाम किया। मैंने अन्तिम उपदेश दिया।

''सुनो सुदत्त! मृत्यु का भय व्यर्थ है, इससे मनुष्य को शारीरिक व मानसिक सुख नहीं मिल पाता। वह वर्तमान और भविष्य दोनों में कष्ट उठाता है।''

"जो काम पहले करना हो, उसे पहले ही करना चाहिए। तथा जीवन में द्वेषरहित सत्य भाषण करना चाहिए। जिस प्रकार हवा के तेज बहाव से पर्वत कम्पित नहीं होते, उसी प्रकार सज्जन व्यक्ति निन्दा से।"

"पुष्प की गन्ध वायु के विपरीत नहीं जाती, किन्तु सज्जनों की गन्ध वायु के विरुद्ध जाती है।"

"असत्यवादी नरकगामी होता है!"

"सुदत्त! जिसकी निन्दा करने की मनोवृत्ति उच्छिन्न हो गयी है, वही समाधि को प्राप्त करता है।"

इसलिए हे भिक्षु! अब तुम संसार में मनुष्य जाति के कल्याण के लिए हृदय में करुणा के भाव लेकर जाओ।"

सुदत्त पुनः मेरे पाँवों पर सिर रखकर प्रणाम किया और चला गया। मैं महापरिनिर्वाण के समीप था। रात्रि का अन्तिम प्रहर चल रहा था। लोगों के दर्शनों का क्रम टूटा नहीं था। वे सब दुःखी थे। पर व्यर्थ में। मेरी आँखों के सामने कुछ पुराने दृश्य उभरे। वैशाली में प्रवास के दौरान आनन्द ने राहुल के निर्वाण की सूचना दी। गोपा का मुखमण्डल उभरा। पिताश्री का मुस्कराता हुआ मुख, माताश्री का मुख, सारिपुत्त और मौद्ग, जाने कितने दृश्य स्मृति-पटल पर आये और चले गये।

मैंने आँखें खोलीं, "आनन्द!"

आनन्द रो रहा था, उसकी आँखें लाल थीं, कपोल आँसुओं से सिक्त थे। अन्य भिक्षु भी जो जहाँ था वह दुःखी होकर-होकर अश्रुअर्घ्य दे रहा था।"

मैंने पुनः कहा, "आनन्द!"

वह समीप आया, मैंने उसका हाथ अपने हाथों में लिया। वह फूट-फूटकर रो पड़ा।

"रोओ मत आनन्द, जीवन का सत्य जानकर जब तुम रोते हो, तो भला इन सांसारिक लोगों को कौन सम्हालेगा।"

मेरी जिह्वा फँसने लगी। होंठ सूख रहे थे। मैंने जीभ होंठों पर फिरायी, वह कुछ गीला हुआ।

"भगवन्! आपके बाद हम दुःख निवृत्ति के लिए किसके शरण में जायेंगे।" इतना कहकर वह पुनः रो पड़ा।

"सुनो आनन्द! मनुष्य मद के कारण पर्वत, वन, उद्यान, वृक्ष और चैत्य की शरण में जाता है। लेकिन यह उत्तम शरण नहीं है। यहाँ दुःख की निवृत्ति नहीं है। सर्वाधिक उत्तम शरण है, बुद्ध पुरुषों का शरण। मनुष्यों का उन्हीं की शरण में कल्याण है।" कहते-कहते शरीर एक तरफ लुढ़क गया।"

आनन्द सहित सभी भिक्षु रो पड़े। वातावरण में रुदन तैर गया।

●●●